"十四五"时期国家重点出版物出版专项规划项目

中国隧道及地下工程修建关键技术研究书系

"十四五"国家重点研发计划资助（编号：2022YFC3005203）
National Key R&D Program of China
住房和城乡建设部研究开发项目资助（编号：2022-K-044）

隧道地下穿越轨道交通关键技术研究与应用

农兴中　肖军华　翟利华　刘健美　编著

RESEARCHES AND APPLICATIONS OF KEY TECHNOLOGIES FOR
TUNNELING CROSSING
RAIL TRANSIT FACILITIES

人民交通出版社股份有限公司
北　京

内 容 提 要

本书基于作者在隧道地下穿越工程的相关研究成果和工程实践经验，系统总结了地下穿越工程的评估与设计方法、变形控制与计算方法、施工控制要点及应急对策、监控量测技术等，并对8个具有典型意义的隧道地下穿越工程案例进行了详细阐述，具有实际的指导意义和较高的参考价值。

本书可供从事城市轨道交通工程以及相关领域工程建设、管理、设计、施工等人员使用，也可作为在校师生的参考用书。

图书在版编目（CIP）数据

隧道地下穿越轨道交通关键技术研究与应用 / 农兴中等编著. — 北京：人民交通出版社股份有限公司，2023.11

（中国隧道及地下工程修建关键技术研究书系）

"十四五"时期国家重点出版物出版专项规划项目

ISBN 978-7-114-18417-8

Ⅰ.①隧… Ⅱ.①农… Ⅲ.①隧道施工 Ⅳ.①U455

中国版本图书馆 CIP 数据核字（2022）第 258212 号

Suidao Dixia Chuanyue Guidao Jiaotong Guanjian Jishu Yanjiu yu Yingyong

书　　名：	隧道地下穿越轨道交通关键技术研究与应用
著　作　者：	农兴中　肖军华　翟利华　刘健美
责任编辑：	刘彩云
责任校对：	孙国靖　宋佳时
责任印制：	张　凯
出版发行：	人民交通出版社股份有限公司
地　　址：	（100011）北京市朝阳区安定门外外馆斜街 3 号
网　　址：	http://www.ccpcl.com.cn
销售电话：	（010）59757973
总　经　销：	人民交通出版社股份有限公司发行部
经　　销：	各地新华书店
印　　刷：	北京印匠彩色印刷有限公司
开　　本：	787×1092　1/16
印　　张：	20.25
字　　数：	430 千
版　　次：	2023 年 11 月　第 1 版
印　　次：	2023 年 11 月　第 1 次印刷
书　　号：	ISBN 978-7-114-18417-8
定　　价：	158.00 元

（有印刷、装订质量问题的图书，由本公司负责调换）

本书编委会

编　　　著：	农兴中　肖军华　翟利华　刘健美

主　　　审：竺维彬　史海欧　朱建峰　杨德春　王　睿

其他编写人员：于　正　王明敏　马　明　梁粤华　柏文锋
　　　　　　　　阚绍德　苏　拓　王一兆　姚　金　白英琦
　　　　　　　　潘　越　单　杰　孙元广　刘延晨　林　湘
　　　　　　　　姜美利　易诗轩　刘孟波

编 写 单 位：广州地铁设计研究院股份有限公司
　　　　　　　　同济大学

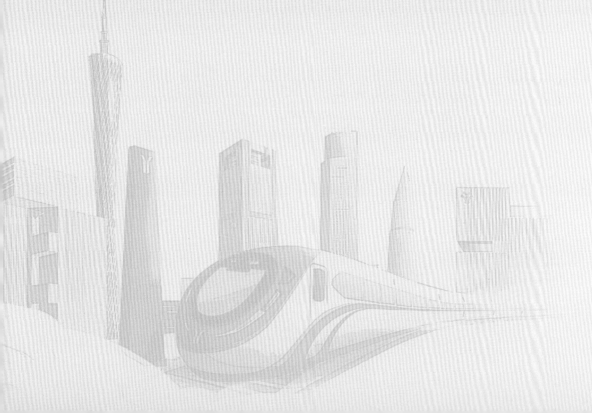

序　言

自 1993 年广州地铁 1 号线开通至今，珠三角地区通过不断实践探索和创新发展，已逐步建成"地铁 + 城际铁路"网络化轨道交通，成为我国城市轨道交通建设的先行者和中坚力量。未来，珠三角地区还将继续通过建设高密度的城际铁路线网持续完善城市群综合交通运输体系，实现"大湾区主要城市间一小时内通达"的发展目标。

在轨道交通大规模建设和城市环境日趋复杂的背景下，隧道及地下工程的近距离穿越施工无法避免，其中不乏超大断面、超近距离穿越各类关乎国计民生、社会安全的敏感基础设施所带来的挑战，穿越施工的难度和风险大大增加。另外，珠三角地区不均匀风化地层所具有的强突变性、高灵敏度等特性，更是显著增加了隧道及地下工程穿越施工安全控制的难度。如何有效控制和消除新建隧道及地下工程对既有建（构）筑物的不利影响，是学术界和工程界必须面对和解决的关键问题。

在此背景下，作者团队将其在珠三角地区地下穿越工程领域的宝贵实践经验进行细致总结，形成了本部著作。作者团队长期从事珠三角地区轨道交通建设的理论研究、工艺创新、设计施工等工作，具有扎实的理论基础和丰富的实践经验。本书集合了珠三角地区地下穿越工程的典型案例，总结了与地下穿越工程施工安全控制密切相关的理论方法、主被动加固及施工动态反馈等关键技术，并对近几年新兴的施工控制理念、地质调查方法、结构监测技术等进行了阐述。

本书内容翔实全面，涵盖了理论方法总结、关键技术凝练和工程实践应用等完整的技术体系，具有鲜明的实用性。相信本书的出版将为复杂地层隧道地下穿越工程施工提供重要的指导，能让更多的同业工作者得到启发，助力我国地下工程现代化建设迈向更高水平。

中国工程院院士
2023 年 6 月

前　言

近年来，城市轨道交通等地下工程建设蓬勃发展，规模不断扩大，线网日益密集，不可避免地出现隧道相互交叉现象。在此背景下，新建隧道穿越既有轨道交通运营线路等地下工程的数量与日俱增。截至2022年，仅广州地区出现的新建隧道穿越既有轨道交通的案例就多达上百例。地下穿越工程建设具有施工难度高、控制要求高、过程危险性高等特点，不仅可能影响新建隧道的施工安全，而且还将直接影响既有结构的正常使用，给地铁、公路、电力管线、综合管廊等基础设施的安全造成威胁。

本书基于作者多年累积的隧道地下穿越工程方面的研究成果和工程实践经验，对地下穿越工程评估与设计方法、变形控制与计算方法、施工控制要点及应急对策、监控量测技术等方面进行了系统总结。本书还对近年来广州地铁设计研究院股份有限公司承揽的8个具有典型意义的隧道地下穿越工程案例进行了详细阐述，以供类似项目参考。

全书共分8章，第1章为地下穿越工程主要类型及技术难点，第2章为地下穿越工程调查和风险评估方法，第3章为地下穿越工程计算分析方法，第4章为地下穿越工程被动控制加固技术，第5章为地下穿越工程主动控制施工技术，第6章为地下穿越工程动态监控量测方法，第7章为地下穿越工程典型案例分析，第8章为总结。

本书由广州地铁设计研究股份有限公司农兴中、翟利华、刘健美和同济大学肖军华编著，在此感谢广州地铁集团有限公司、中铁第一勘察设计院集团有限公司、广东华隧建设集团股份有限公司等单位技术和管理人员的大力支持。

本书通过研究地下穿越工程关键技术，总结得到具有实际指导意义的方法、经验和措施，希望能够促进国内地下穿越工程设计评估、施工技术与管理等方面的进步。

限于作者水平，书中难免存在不足之处，恳请广大读者不吝指正。

作　者

2023年6月

目 录

第 1 章　地下穿越工程主要类型及技术难点 ……001

1.1　地下穿越工程的现状与需求 ……002
1.2　地下穿越工程的主要类型和特征 ……007
1.3　地下穿越工程的主要技术难点 ……033
1.4　小结 ……038
本章参考文献 ……039

第 2 章　地下穿越工程调查和风险评估方法 ……041

2.1　工程与水文地质调查 ……042
2.2　既有建（构）筑物和环境调查 ……051
2.3　既有轨道交通结构现状评估 ……052
2.4　地下穿越工程风险和影响预评估 ……055
2.5　地下穿越安全控制标准 ……061
2.6　地下穿越工程施工中动态评估 ……063
2.7　地下穿越工程影响后评估 ……066
2.8　基于超高密度地震背景噪声技术的地质调查案例 ……069
2.9　基于微扰动探测技术的地质调查技术案例 ……073
2.10　基于移动三维激光扫描技术的结构现状评估案例 ……077
2.11　小结 ……081
本章参考文献 ……081

第 3 章　地下穿越工程计算分析方法 ……083

3.1　基于 Peck 曲线的经验法 ……085
3.2　基于两阶段法的理论法 ……094
3.3　基于有限元分析的数值法 ……111
3.4　小结 ……128

本章参考文献 ·· 129

第 4 章　地下穿越工程被动控制加固技术 ··· 135

　　4.1　地基预加固 ·· 136
　　4.2　地基后加固 ·· 159
　　4.3　地基隔断加固 ··· 169
　　4.4　既有地下结构预加固 ··· 171
　　4.5　既有地下结构后加固 ··· 175
　　4.6　小结 ·· 176
　　本章参考文献 ·· 177

第 5 章　地下穿越工程主动控制施工技术 ··· 179

　　5.1　广州地区盾构隧道穿越施工 ··· 180
　　5.2　广州地区矿山法隧道穿越施工 ··· 191
　　5.3　应急预案 ··· 196
　　5.4　小结 ·· 197
　　本章参考文献 ·· 197

第 6 章　地下穿越工程动态监控量测方法 ··· 199

　　6.1　监测内容及要求 ··· 200
　　6.2　结构内力监测方法 ·· 204
　　6.3　结构变形监测方法 ·· 206
　　6.4　结构表观病害监测方法 ··· 216
　　6.5　岩土体监测方法 ··· 221
　　6.6　小结 ·· 224
　　本章参考文献 ·· 224

第 7 章　地下穿越工程典型案例分析 ·· 227

　　7.1　佛莞城际盾构隧道上跨广州地铁 7 号线石谢区间盾构隧道 ··························· 228
　　7.2　佛莞城际盾构隧道上跨广州地铁 7 号线钟汉区间盾构隧道 ··························· 243

7.3 佛山地铁 2 号线盾构隧道下穿广州地铁 2 号线、7 号线盾构隧道 ……………… 254

7.4 广州地铁 22 号线盾构隧道下穿 3 号线盾构隧道 ……………………………… 264

7.5 佛莞城际长隆盾构隧道穿越广州地铁 3 号线明挖隧道 ………………………… 272

7.6 深圳地铁 9 号线盾构隧道上跨 1 号线矿山法隧道 …………………………… 282

7.7 广州地铁 18 号线盾构隧道、22 号线矿山法隧道下穿 3 号线矿山法隧道 …… 286

7.8 佛山地铁 3 号线桂城站下穿广佛线桂城站 …………………………………… 289

本章参考文献 ……………………………………………………………………… 302

第 8 章　总结 ……………………………………………………… 303

本章参考文献 ……………………………………………………………………… 308

隧道地下穿越轨道交通
关键技术研究与应用 | 第 1 章

地下穿越工程主要类型及技术难点

随着我国社会经济的快速发展和城市化进程的快速推进,《2020 中国人口普查分县资料》显示我国人口超过 100 万的城市达到 105 个,2022 年末我国常住人口城镇化率达到 65.22%,长三角和珠三角地区已呈现明显的连片化的城市群协同发展趋势。城市（群）的快速发展和高度协同导致城市人口和交通需求迅猛增长,城市交通与自身发展矛盾日益突出,交通问题已成为制约城市经济发展、降低人民生活质量、削弱经济活力的瓶颈之一。

在此背景下,城市轨道交通以其占地少、运量大、速度快、安全可靠、污染小等固有优势,成为现代化城市的主要运输方式之一。城市轨道交通不仅可有效改善城市交通问题,提高城市运转效率,并能有效利用地下空间,带动城市繁荣发展。与此同时,施工技术及设备装备的快速发展,也为修建城市轨道交通工程提供了强大的经济技术支撑。

本章主要以珠三角地区为例,介绍城市轨道交通线网和（城际）铁路网的建设现状与远期规划,揭示珠三角地区地下穿越工程的现状与需求;通过典型案例的数据分析,归纳目前地下穿越工程"开挖面积大、竖向净距小、风险等级高"的特点;根据工程风险等级和地质条件,阐述珠三角地区地下穿越工程的设计和施工控制要点。

1.1 地下穿越工程的现状与需求

本节首先分析我国近年来的城市轨道交通运营和在建线路规模、年投资额、年客运量和地下敷设形式在线网中的占比,并对珠三角地区的具体情况进行详细介绍,最后阐述地下穿越工程快速增加的实际需求和开展相关科学技术研究的必要性。

1.1.1 我国城市轨道交通发展现状

我国城市轨道交通的建设始于 1965 年的北京地铁一期工程,该项目采用明挖法建设线路23.6km。截至 20 世纪 90 年代末,我国城市轨道建设速度较为缓慢,天津、上海和广州分别于 1970 年、1990 年和 1993 年采用明挖法、矿山法和盾构法开展城市轨道交通工程的建设。进入 21 世纪,城市轨道交通建设的速度逐年加快,呈现整体规模逐年扩大、年建设投资额和客运量稳步提升、地下线路占比趋于增长的三个特征,城市轨道交通年度统计分析数据如图 1-1 所示[19-28]。

（1）特征一：整体规模逐年扩大

运营和在建城市轨道交通工程的城市数量与线路长度分别如图 1-1a)、b)所示。2012年,31 个省（自治区、直辖市）共有 17 个城市运营 2077km 城市轨道交通线路,36 个城市在建 2163km 城市轨道交通线路。2020 年,城市轨道交通运营和在建的城市数量分别增加至 45 个和 57 个,运营和在建的线路里程分别增加至 7970km 和 6798km,平均每年新增运营和在建里程分别为 737km 和 579km,年均增长率分别为 18.3% 和 15.4%,整体规模迅速扩大。

（2）特征二：年建设投资额和客运量稳步提升

年建设投资额和年客运量如图 1-1c) 所示。2012 年，城市轨道交通建设共投入资金 1.91 千亿元，当年完成客运量 87 亿人次。2020 年，城市轨道交通建设共投入资金增长至 6.29 千亿元，建设投资年均增长率为 16.1%；当年完成客运量受疫情影响，相比上一年下降为 176 亿人次，根据历年趋势预计的年客运量可达 300 亿人次，客运量年均增长率为 16.7%（排除疫情影响）。城市轨道交通的建设投资额和客运量产出稳步提升，显著发挥了投资带动作用，推动了绿色低碳出行，并有利于城市拥堵治理。

（3）特征三：地下线路占比趋于增长

城市轨道交通线路中地下线路里程占比如图 1-1d) 所示。2015 年，城市轨道交通运营和在建线路中分别有 2093km 和 3414km 敷设于地下，分别占运营和在建总线路里程的 58% 和 77%。2020 年，受密集建成区选线难度增大和环境保护要求逐渐提高等因素的影响，运营和在建线路中分别有 5422km 和 5484km 采用地下敷设形式，地下线里程在运营和在建总线路里程中的占比分别增长至 68% 和 81%，城市轨道交通线路敷设形式地下化的趋势十分明显。

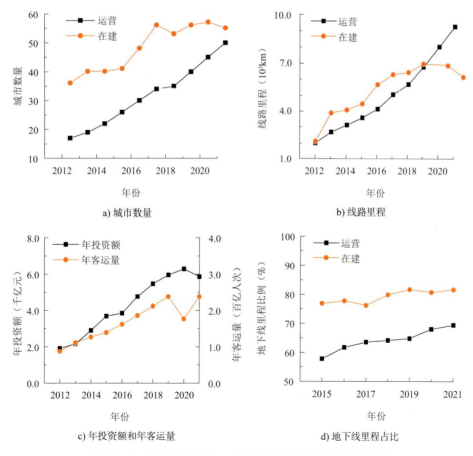

a) 城市数量
b) 线路里程
c) 年投资额和年客运量
d) 地下线里程占比

图 1-1 31 个省（自治区、直辖市）城市轨道交通发展趋势

1.1.2 珠三角地区城市轨道交通发展现状

珠三角地区是我国人口聚集最多、创新能力最强、综合实力最强的三大城市群之一，并已在 2010 年超越日本东京地区，成为世界人口最多和面积最大的城市群，同时，它也是我国城市轨道交通建设的先行者和主要力量。截至 2020 年，珠三角地区的广州、深圳、佛山、东莞和珠海五市分别于 1993 年、1998 年、2007 年、2010 年和 2013 年开始建设城市轨道交通线路，发展过程呈现与全国其他区域相似的三个特点，但也由于本区域内城市的特点存在差异性。珠三角地区城市轨道交通建设发展可分为广州深圳、佛山东莞、珠海三个梯队，广深佛莞的城市轨道交通年度统计分析数据如图 1-2 所示[19-28]。

（1）特征一：运营和在建规模逐渐扩大

运营和在建线路长度分别如图 1-2a）、b) 所示。2012—2020 年，第一梯队广州和深圳的城市轨道交通运营线路长度分别由 222km 和 178km 快速扩张至 532km 和 423km，年均增长率分别为 11.5% 和 11.4%；第二梯队佛山和东莞则分别由 15km 和无运营线扩张至 28km 和 38km；第三梯队珠海新增有轨电车 9km。在建规模方面，除广州受 2020 年开通长大远郊线路影响导致当年在建规模下降，以及珠海无新增项目之外，其他城市在建线路长度逐渐增长，2020 年广深佛莞四市的城市轨道交通工程在建里程分别达到 306km、316km、125km 和 58km。

（2）特征二：年建设投资额大幅增加和年客运量稳步增长

年建设投资额和年客运量分别如图 1-2c）、d) 所示。第一梯队广深两市自 2013 年起大幅增加城市轨道交通建设投资额，深圳于 2018 年进一步提高投资额，两市年建设投资额分别由 2012 年的 79 亿元和 52 亿元迅速提高至 267 亿元和 393 亿元，年均增长率分别为 16.4% 和 28.8%；年客运量由 2012 年的 18.23 亿人次和 7.81 亿人次稳步增长至 2019 年的 33.10 亿人次和 17.91 亿人次，年均增长率分别为 8.89% 和 12.6%，但 2020 年受疫情影响而暂时降低。第二梯队佛山建设投资额由 2012 年的 2 亿元稳步提高至 2020 年的 74 亿元，东莞受建设规划调整而导致 2018 年前后投资额略有下降，但年客运量由零稳步增长至疫情前的 0.54 亿人次。第三梯队珠海除 2013 年投资 4 亿元建设有轨电车外无其他投资，年客运量可忽略不计。

（3）特征三：广深地下化和佛莞高架化趋势明显

地下线路在运营和在建线路长度中的占比分别如图 1-2e）、f) 所示。第一梯队广深两市运营线路中的地下线占比逐步提升，仅广州在 2018 年前后受远郊长大线路开通等因素影响而导致地下线占比降低，但两市在建线路中地下线比例分别由 2015 年的 83% 和 78% 提高至 2020 年的 95% 和 90%，呈现显著的地下化趋势。第二梯队佛莞两市均具有"组团型"城市形态特征，城市轨道交通建设过程中采用高架敷设形式较多，导致运营和在建线路中的地下线占比趋于降低。

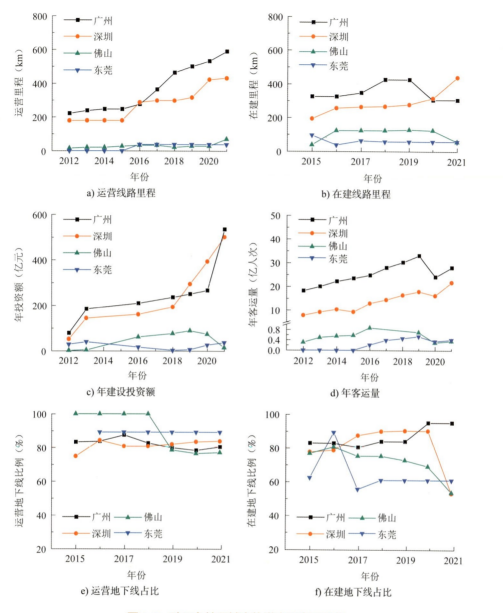

图 1-2 珠三角地区城市轨道交通发展趋势

1.1.3 珠三角地区轨道交通发展目标

由城市轨道交通发展现状可知，目前我国仍处于城市轨道交通建设的高潮期，年投资额持续扩大，线网规模和客运量稳步增长，城市轨道交通将在社会经济发展过程中扮演越发重要的作用；线路敷设形式地下化趋势越发显著，城市地下空间开发利用强度逐渐提高。珠三角地区的广州、深圳、佛山和东莞四市也将在未来继续加速推进城市轨道交通的建设规模和速度。

广州将高标准规划建设高速、快速和普速地铁组成的多层次城市轨道交通线网体系，实现"中心城区至南沙副中心、外围城区中心 30min 直达、广州与湾区各城市中心 60min

直达、市域公共交通占机动化出行比例60%、轨道交通占公共交通出行比例80%"的客运发展目标,规划建成53条共计2029km的轨道交通线网,其中包括5条共计452km的高速地铁、11条共计607km的快速地铁和37条共计970km的普速地铁。

深圳将规划构建以轨道交通为骨干,与各种交通方式协调发展的一体化交通体系,实现"城市主副中心之间45min轨道交通通达、公共交通占机动化出行量70%以上、轨道交通占公共交通出行量70%以上"的发展目标。预计到2030年,全市共规划城市轨道线路32条,总规模约1142km(含弹性发展线路约53km),由市域快线和普速线路两个层次构成。其中,市域快线8条,总规模约412km,普速线路24条,总规模约730km。

佛山规划在2050年前建设区域铁路、城际铁路、城市轨道交通、有轨电车等组成的综合轨道交通体系,实现"与珠三角主要城市城际快速交通90min通达,区域航空航运中心60min通达,广佛都市区通勤交通60min通达"的发展目标,建成共计995km的轨道交通线网,其中包括562km城市轨道交通和433km有轨电车线路。

东莞计划全市轨道交通网络由市域快线和轨道普线两个层次构成,满足市区及主要城市中心通勤圈范围内45min出行时间要求,建成17条共计649km的轨道交通线路(不含深圳轨道交通在莞延伸线路),其中包括4条共计263km的市域快线和13条共计386km的轨道通勤普线。

在城市轨道交通线网的基础上,珠三角地区为了进一步支撑世界级经济区、国际科技创新中心、内地与港澳深度合作示范区和宜居宜业宜游的优质生活圈建设,将通过建设高密度的城际铁路线网以完善城市群综合交通运输体系,实现珠三角"构建大湾区主要城市间1h通达、主要城市至广东省内地级城市2h通达、主要城市至相邻省会城市3h通达的交通圈,打造"轨道上的大湾区",完善现代综合交通运输体系。远期到2035年,大湾区铁路网络运营及在建里程达到5700km,覆盖100%县级以上城市",目前境内既有铁路20条2024km,在建铁路11条855km,规划待建铁路37条2810km。

1.1.4 珠三角地区地下穿越轨道交通的风险和关键技术需求

根据珠三角地区轨道交通的建设历史、现状和未来发展目标,未来珠三角地区的轨道交通建设一方面加密城区内的城市轨道交通线网密度,另一方面将城际铁路逐步延伸至城市内部,从而进一步提高市内和市域轨道交通出行的便捷性,高标准建设轨道上的大湾区。

在环境保护要求逐渐提升导致城区内轨道交通线路地下化趋势明显的背景下,城市轨道交通加密线和市域铁路市区段也将大规模采用地下线形式敷设,不可避免地与既有地下结构发生穿越。此外,轨道交通线路受运营舒适性等指标限制,平纵断面曲线半径的取值较为严格,线位调整空间有限,势必涌现新建隧道与既有地下结构近距离穿越的情况。新建隧道不论是采用盾构法还是采用暗挖法等施工方法,均将对地层和既有地下结构产生附加影响,既有地下结构的附加变形超限将导致渗漏水和侵限隐患,威胁行车安全性、舒适性和结构耐久性;内力超限将导致结构裂损掉块,威胁结构安全。以佛莞城际铁路(佛莞城际)广州南站至官桥站为例,线路平面如图1-3所示,线路自广州南站向东引出后穿越广州地铁 7 号线，之后与广佛环线城际铁路（广佛环线）分离并穿越广佛环线，在长隆站西侧再次穿越广州地铁 7 号线，向东过长隆站后与广州地铁 3 号线长距离平行，并在番禺大道站西侧依次穿越广州地铁 3 号线和 18 号线，过番禺大道站后在官桥站西侧穿越广州地铁 4 号线，未来佛莞城际在该区间还将被广州地铁 4 号线复线和 26 号线穿越，共形成至少 8 个地下穿越工程节点。

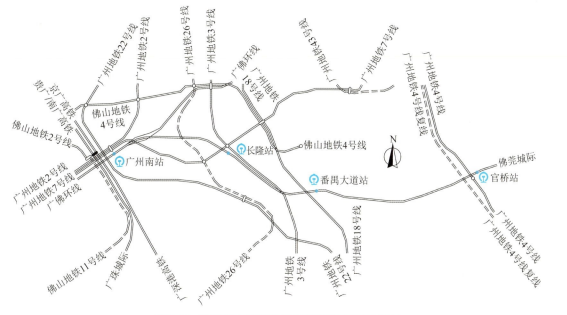

图 1-3　佛莞城际广州南站至官桥站平面示意图

可见，地下穿越工程是目前城市轨道交通和城际铁路建设过程中愈发常见的情况，未来珠三角地区乃至全国其他地区均对地下穿越工程的勘察、设计、施工和监测评估等环节存在重要技术需求，主要包括以下四点：

（1）在勘察阶段，被穿越地下工程的现状调查和冗余度评估技术。

（2）在设计阶段，新建地下结构产生不良影响的控制设计方法，以及既有地下结构承受能力的加固设计和保护设计方法。

（3）在施工阶段，地下穿越过程中的不良影响控制施工技术和风险控制技术，以及用于动态指导设计施工方案调整的高精度、全方位实时监测技术。

（4）在验收阶段，地下穿越工程的效果评估和后加固设计技术。

1.2　地下穿越工程的主要类型和特征

本节通过工程调研，分析珠三角地区 35 个典型地下穿越工程案例，包括 11 个上跨工程和 24 个下穿工程，穿越对象主要包括轨道交通隧道和车站以及若干市政公路、管线隧道，通过数据统计阐述当前地下穿越工程的结构类型、净距、平面夹角、开挖面积和风险等级特征，主要信息分别见表 1-1 和表 1-2。

表 1-1 珠三角地区部分地下穿越（上跨）工程案例

序号	新建工程				既有工程				交角(°)	净距(m)	涉及地层
	名称	类型	尺寸(m)	埋深(m)	名称	类型	尺寸(m)	埋深(m)			
1	佛莞城际	盾构隧道	双洞 φ8.5	12.66	广州地铁7号线（石谢区间）	盾构隧道	双洞 φ6.0	24.16	39	3.00	强风化～中风化泥质砂岩
2	佛莞城际		双洞 φ8.5	13.66	广州地铁7号线（钟汉区间）		双洞 φ6.0	25.66	62	3.50	强风化～中风化泥质砂岩
3	广佛环线		双洞 φ8.8	11.41	广州地铁7号线（石谢区间）		双洞 φ6.0	23.59	45	3.44	强风化～微风化粉砂岩
4	深圳地铁5号线[1-2]		双洞 φ6.0	6.76	深圳地铁11号线		双洞 φ6.7	14.81	20	2.05	淤泥、砂、全风化～强风化花岗岩
5	深圳地铁9号线[3]		双洞 φ6.0	7.52	深圳地铁2号线		双洞 φ6.0	24.79	60	12.26	中粗砂、砂质黏土
6	深圳地铁11号线[4]		双洞 φ6.7	12.09	深圳地铁1号线	矿山法隧道	6.2×6.6	20.29	26	1.50	砾质黏性土、全风化花岗岩
7	深圳地铁9号线[3]		双洞 φ6.0	7.52	深圳地铁1号线		6.33×6.7	14.22	90	0.70	中粗砂、砂质黏土
8	广佛环线		单洞 29.35×10.64	3.96	广州地铁6号线	盾构隧道	双洞 φ6.0	17.98	85	3.40	粉质黏土、全风化花岗岩
9	深圳前海地下快速路[5-7]	明挖隧道	63.82×10.9	0.00	深圳地铁11号线		双洞 φ6.0	14.62	64	3.72	素填土、淤泥、黏土、粗砂、砂质黏土
10	深圳前海地下快速路[5-7]		63.82×4.83	0.00	深圳地铁5号线		双洞 φ6.0	10.26	63	5.42	素填土、淤泥、黏土、粗砂、砂质黏土
11	深圳前海地下快速路[5-7]		63.82×4.83	0.00	深圳地铁1号线	明挖隧道	单洞 14.88×9.89	4.73	53	0.35	素填土、淤泥、黏土、粗砂、砂质黏土

表 1-2 珠三角地区部分地下穿越（下穿）工程案例

序号	新建工程				既有工程				埋深（m）	交角（°）	净距（m）	涉及地层
	类型	名称	尺寸（m）	埋深（m）	类型	名称	尺寸（m）					
1	盾构隧道	佛山地铁2号线	双洞 φ6.7	23.30	盾构隧道	广州地铁2号线	双洞 φ6.0	9.00	34	4.90	含砾砂岩、中风化泥质砂岩
2		佛山地铁2号线	双洞 φ6.7	21.36		广州地铁7号线	双洞 φ6.0	10.46	43	8.30	含砾砂岩、中风化泥质砂岩
3		广佛环线[16]	单洞 φ8.5	23.27		佛莞城际	双洞 φ6.0	12.20	6	5.07	全风化~中风化二长花岗岩
4		广州地铁13号线	双洞 φ6.7	35.06		广州地铁1号线	双洞 φ6.0	16.38	52	12.68	强风化~微风化泥质粉砂岩
5		广州地铁13号线	双洞 φ6.7	32.76		广州地铁5号线	双洞 φ6.0	22.12	68	4.53	强风化~微风化泥质粉砂岩
6		广州地铁7号线	双洞 φ6.0	11.01		广州地铁7号线（出入段线）	单洞 φ6.0	3.06	15	2.00	粉质黏土、全风化泥质粉砂岩
7		深圳地铁9号线[14-15]	双洞 φ6.0	17.28		深圳地铁4号线	双洞 φ6.0	8.79	79	2.49	砂砾黏性土
8		穗深城际（琶洲支线）	单洞 φ13.1	36.55		广州地铁4号线	双洞 φ6.0	19.38	88	11.20	强风化~微风化粉砂岩
9		广州地铁18号线	双洞 φ8.5	28.50	矿山法隧道	广州地铁3号线	双洞 6.6×6.85	18.98	76	4.70	全风化~微风化花岗岩
10		深圳地铁7号线[15]	双洞 φ6.0	22.09		深圳地铁1号线	双洞 6.6×6.85	12.45	90	2.79	砾质黏性土、全风化~强风化花岗岩
11		深圳地铁9号线[15]	双洞 φ6.0	22.09		深圳地铁1号线	双洞 6.6×6.85	12.45	90	2.79	砾质黏性土、全风化花岗岩
12		佛莞城际	双洞 φ8.5	22.52	明挖隧道	广州地铁3号线	单洞 17.8×11.15	2.46	23	9.00	粉质黏土、全风化花岗岩

续上表

序号	新建工程 名称	新建工程 类型	新建工程 尺寸（m）	新建工程 埋深（m）	既有工程 名称	既有工程 类型	既有工程 尺寸（m）	既有工程 埋深（m）	交角（°）	净距（m）	涉及地层
13	广佛环线	盾构隧道	双洞 φ8.8	22.51	广州地铁8号线	明挖隧道	单洞 12×7.33	4.29	89	11.93	粉砂、砾砂、粉质黏土、泥质粉砂岩
14	广州地铁12号线[12]		单洞 φ11.3	8.90	广州金园路地道		10.2×4.47	3.40	24	1.04	粉质黏土、强风化~中风化灰岩
15	广州地铁12号线[12]		单洞 φ6.7	11.84	广州金园路地道		10.2×4.47	4.07	24	3.30	粉质黏土、强风化~中风化灰岩
16	穗深城际铁路（琶洲支线）		单洞 φ12.8	21.25	广州地铁8号线		单洞 12×7.33	4.29	89	12.20	粉砂、砾砂、粉质黏土、强风化~中风化泥质粉砂岩
17	广州地铁18号线	矿山法隧道	单洞 15.6×13.76	26.59	广州地铁7号线	盾构隧道	双洞 φ6.0	15.56	90	5.10	砂质黏性土、全风化~强风化花岗岩
18	广州地铁22号线		单洞 14.2×12.45	31.04	广州地铁3号线	矿山法隧道	双洞 6.6×6.85	19.49	76	2.70	全风化~微风化花岗岩
19	深圳地铁10号线[11]		双洞 φ8.48	18.37	深圳地铁4号线（福田口岸站）	明挖车站	33.35×8.6	1.51	85	6.17	填土、淤泥质黏土、砾砂、卵石、中风化微风化花岗岩
20	深圳地铁7号线[13]		双洞 6.6×7.89	17.44	深圳地铁4号线（福民站）	明挖车站	19.5×12.18	4.61	77	0.00	砾质黏土、砂土
21	广佛环线[8-10]		三联拱 26.20×11.99	10.32	佛山岭南大道综合管廊		单洞 5.3×3.1	0.85	90	4.88	杂填土、粉砂、粗砂、粉质黏土、弱风化岩
22	广佛环线[8-10]		单洞 9.00×11.99	10.32	佛山岭南大道综合管廊		单洞 5.3×3.1	0.85	90	5.89	杂填土、粉砂、粗砂、粉质黏土、弱风化岩
23	广州地铁18号线		单洞 12.0×11.0	27.47	广州地铁7号线		双洞 6.5×6.5	11.52	90	4.50	砂质黏性土、全风化~强风化花岗岩
24	佛山地铁3号线（桂城站）	明挖车站	20.9×7.55	16.57	佛山地铁1号线（桂城站）		20.78×14.41	2.17	85	0.00	砾砂、粉质黏土

1.2.1 主要结构类型和特征

典型地下穿越工程中的结构类型和特征如图 1-4 所示，可见既有工程（被穿越工程）和新建工程（穿越工程）的结构类型均以盾构隧道为主，占比分别为 48% 和 66%，地下穿越工程也以盾构隧道穿越盾构隧道为最主要形式。既有工程中，明挖隧道被穿越的次数仅次于盾构隧道，占比为 26%，新建盾构隧道穿越既有明挖隧道和矿山法隧道也是地下穿越工程中次主要的穿越形式。新建工程中，矿山法隧道穿越的次数仅次于盾构隧道，占比为 20%，新建矿山法隧道穿越明挖隧道也是地下穿越工程中第三主要的穿越形式。其他穿越类型的频次由多至少依次为明挖隧道上跨盾构隧道、矿山法隧道下穿明挖车站。明挖隧道或明挖车站之间的相互穿越多发生于换乘车站处，数量相对较少。

图 1-4 典型地下穿越工程结构类型和特征

广州地铁 7 号线西延段盾构隧道下穿出入段线盾构隧道是典型的盾构相互穿越案例，平面和纵断面如图 1-5 所示。广州地铁 7 号线一期工程西端位于广州南站，并向西引出出入段线，最终向北引入大洲车辆段。西延段东端起于广州南站，并向西继续敷设至美的大道站。西延段的正线盾构隧道下穿出入段线盾构隧道，隧道外径均为 6.0m，左线和右线与出入段线平面交角分别为 37°和 15°。左右正线在下穿处的埋深分别为 12.0m 和 11.01m，均位于强风化～中风化泥质砂岩层。出入段线被穿越处埋深分别为 4.05m 和 3.06m，均位于淤泥质粉细砂、粉质黏土、全风化泥质粉砂岩层。新建盾构隧道与既有盾构隧道的竖向净距为 1.95m，夹持土以全风化～强风化泥质粉砂岩为主。

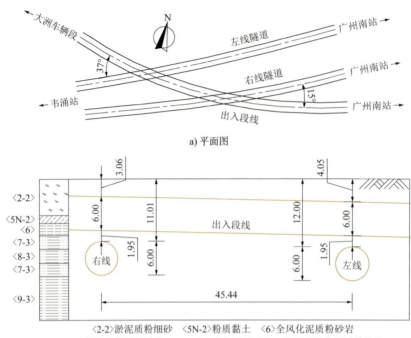

图 1-5 广州地铁 7 号线西延段盾构隧道下穿出入段线盾构隧道

1.2.2 横断面开挖面积

典型地下穿越工程的新建工程和既有工程的横断面开挖面积分布如图 1-6 所示，采用开挖面积可较好地归一化描述新建工程和既有工程体量，间接反映新建工程的影响范围和既有工程对近接施工的敏感程度。

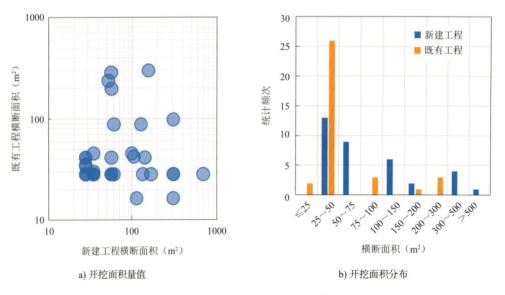

图 1-6 典型地下穿越工程横断面开挖面积特征

根据国际隧道协会的定义，隧道按横断面积可分为 2~3m² 的极小断面隧道、3~10m² 的小断面隧道、10~50m² 的中等断面隧道、50~100m² 的大断面隧道和 100m² 以上的特大断面隧道。由图 1-6 可知，新建隧道以中等断面隧道和大断面隧道为主，同时存在较多特大断面隧道。其中，较特殊的新建特大断面隧道案例如下：深圳前海地下快速路明挖隧道受道路主线和两侧匝道宽度合并的影响，横断面开挖面积达到最极端的 695.64m²；广佛环线上跨广州地铁 7 号线石谢区间时采用明挖隧道形式，受邻近盾构段净距限制和渡线布置要求限制，隧道宽度取 29.35m，形成 312.28m² 的横断面开挖面积；广佛环线和广佛江珠城际铁路（广佛江珠城际）并行下穿佛山岭南大道综合管廊时采用三连拱暗挖隧道形式，横断面开挖面积达到 309.11m²。可见，在地下穿越工程中，新建工程采用特大断面隧道的情况多是明挖隧道上跨既有隧道所致，较大的横断面开挖面积主要由隧道宽度控制，潜在工程风险为大面积卸载导致的既有隧道结构上浮和次生结构病害。

既有隧道以中等断面隧道为主，而大断面和特大断面隧道相对较少。其中，较特殊的特大断面被穿越地下结构案例如下：佛山地铁 3 号线桂城站站厅层密贴下穿桂城站明挖结构，下穿节点处被穿越车站的横断面积达 299.44m²；深圳地铁 10 号线矿山法隧道下穿深圳地铁 4 号线福田口岸站明挖结构，被穿越车站的横断面积为 286.81m²；深圳地铁 7 号线矿山法隧道下穿深圳地铁 4 号线福民站明挖结构，被穿越车站的横断面积为 237.51m²。

穗深城际铁路（穗深城际）琶洲支线盾构隧道下穿广州地铁 4 号线盾构隧道是较典型的新建大断面隧道下穿既有结构案例，平面和纵断面如图 1-7 所示。穗深城际琶洲支线采用外径为 13.1m 的单洞双线大直径盾构隧道，开挖面积为 134.78m²，穿越处埋深为 36.55m，主要位于中风化泥质砂岩层中。被穿越的广州地铁 4 号线采用外径为 6.0m 的一对单洞单线盾构隧道，被穿越处埋深为 19.38m，主要位于强风化~中风化泥质砂岩层中。穿越节点处的线路平面交角为 88°，结构竖向净距为 11.17m，夹持岩土层主要为中风化泥质砂岩层。

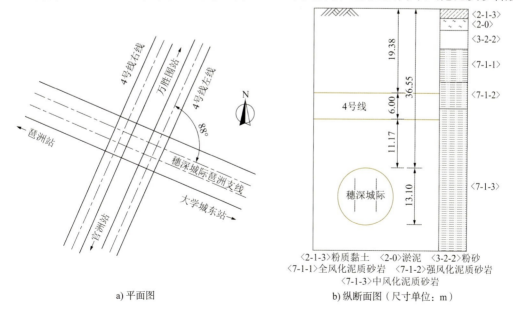

图 1-7 穗深城际琶洲支线盾构隧道下穿广州地铁 4 号线盾构隧道

深圳地铁 10 号线矿山法和盾构法隧道下穿深圳地铁 4 号线福田口岸站明挖结构[11]是较典型的既有大断面地下结构被穿越案例，平面和纵断面如图 1-8 所示。既有福田口岸站为 10 号线南端终点站，被穿越处为横断面积为 286.81m² 的明挖单层站厅层结构，结构埋深为 1.51m，主要位于填土、淤泥质黏土层中。新建 10 号线靠近福田口岸站一侧采用矿山法隧道进行下穿，隧道横断面形状近似于外径为 8.48m 的圆形，剩余区间采用外径为 6.0m 的盾构隧道，盾构机在矿山法隧道段空推通过，穿越节点处埋深为 16.29～18.11m，主要位于砾砂、卵石、强风化～微风化花岗岩层中。穿越节点处的线路平面交角约为 85°，结构最小竖向净距约为 6.17m，夹持岩土层主要为淤泥质黏土、中粗砂、砾砂和卵石层。

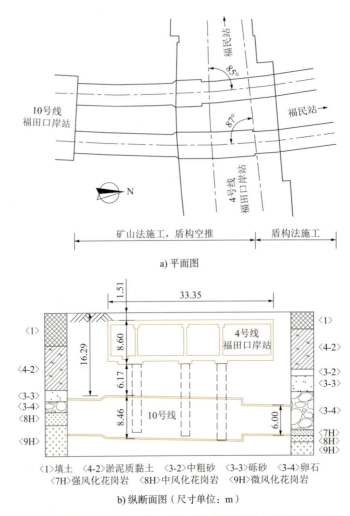

图 1-8　深圳地铁 10 号线矿山法和盾构隧道下穿 4 号线福田口岸站

1.2.3　埋深和主要涉及地层

典型地下穿越工程中新建工程和既有工程的埋深分布如图 1-9 所示，可见既有工程埋深主要集中于 0～5m 和 10～25m。其中，埋深 5m 以内的既有工程一般以明挖隧道或车站结构被新建工程下穿的工况为主，较特殊案例如广州地铁 7 号线正线盾构隧道下穿出入段线盾构隧道，该穿越工程中的出入段线盾构隧道受敞口段线路高程影响，埋深仅为 3.06m。新建工程埋深主要集中于 0~40m，其中埋深为 10~25m 的情况最多。目前，我国的地下穿越工程以双层为主，对于新建轨道交通工程而言，在线网规划和选线阶段尽量避免三层及多层地下穿越节点，以免下层隧道埋深过大导致全线纵坡设计困难。

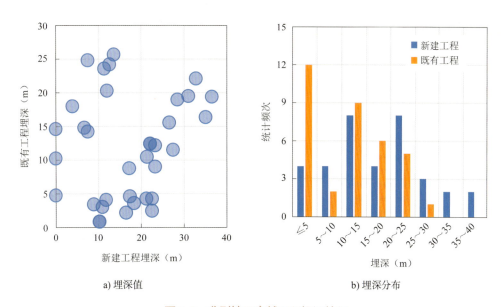

图 1-9 典型地下穿越工程埋深特征

典型地下穿越工程涉及的岩土层如图 1-10a) 所示，细颗粒土层包括填土、淤泥（和淤泥质土）、黏土和粉质~砾质黏土，粗颗粒土包括粉砂~砾砂和卵（碎）石，岩层包括全风化~微风化岩层。整体而言，珠三角地区主要为河口三角洲岩层上直接冲积和洪积土层，因此涉及岩土层以岩层为主，细颗粒土次之，粗颗粒土相对较少。根据穿越类型统计（图1-11），地下上跨工况的埋深较浅，涉及地层以细颗粒土为主，岩层次之，粗颗粒土最少；而地下下穿工况的埋深较大，涉及地层以岩层为主，细颗粒土次之，粗颗粒土仍旧最少。

此外，珠三角地区的岩性种类较为丰富，所调研工程的岩层种类如图 1-10b) 所示，可见花岗岩频率最高，其次为泥质粉砂岩和泥质砂岩，再次为砂岩、粉砂岩和灰岩。其中，花岗岩的强度较高，主要面临矿山法隧道爆破开挖效果与振动控制措施的协调问题，以及机械法开挖刀具磨损问题；泥质砂岩、粉砂岩和灰岩的强度相对较低，软化系数较小，主要面临穿越中的变形控制问题。

深圳前海快速路明挖地道上跨深圳地铁 1 号线、5 号线和 11 号线隧道[5-7]是较典型的在细颗粒土层中新建隧道上跨既有隧道的案例，平面和纵断面如图 1-12 所示。新建前海快速路地道北接南坪快速路高架桥，自梦海大道以北开始入地，至前海大道以南出地面，南接兴海大道高架桥，隧道沿桂湾一路敷设时，上跨前海湾站附近的 1 号线、5 号线、11 号线隧道，线路平面交角分别为 53°、63° 和 64°。为避免大面积开挖导致隧道上浮，该段采用基坑分块开挖方法施工，1 号线、5 号线上方的基坑开挖长度和深度分别为 68.97m 和 5.08～6.46m，11 号线上方的基坑开挖长度和深度分别为 36.44m 和 10.9m，挖方主要位于人工填石层。在上跨节点处，1 号线为左右正线外包出入段线的明挖隧道，横断面呈品字形，最大宽度和高度分别为 14.88m 和 9.89m；5 号线、11 号线均为一对外径为 6.0m 的单洞单线盾构隧道，埋深分别为 11.88m 和 14.62m，主要位于淤泥、黏土、粗砂和砂质黏土层中。前海快速路地道基坑底面与 1 号线明挖隧道顶部的竖向净距仅为 0.35m，几乎揭露既有隧道结构顶面，保护要求极高；基坑底面与 5 号线、11 号线之间的竖向净距分别为 5.42m 和 3.72m，夹持土主要为人工填石、淤泥和黏土，受施工扰动后极易发生较大变形。

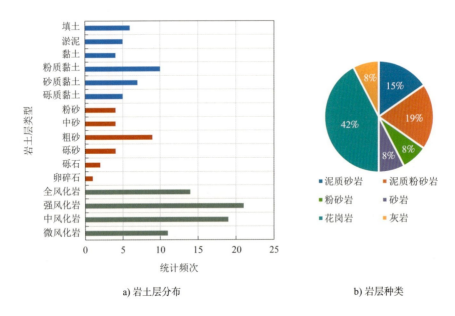

图 1-10 典型地下穿越工程涉及的岩土层

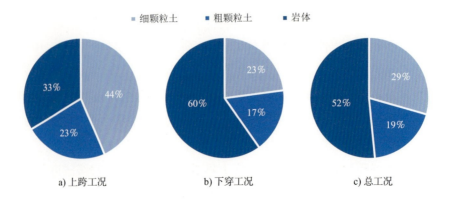

图 1-11 典型地下穿越工程涉及地层类型统计

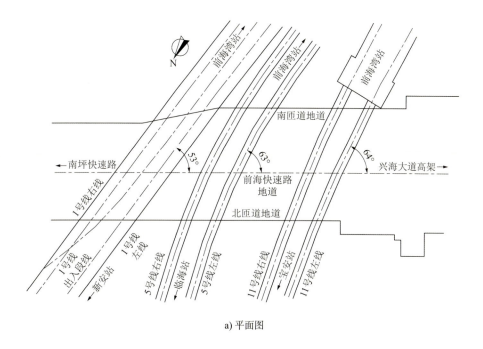

a) 平面图

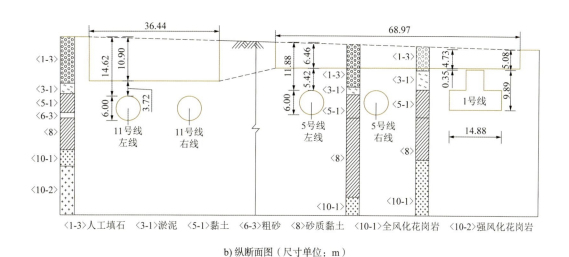

〈1-3〉人工填石　〈3-1〉淤泥　〈5-1〉黏土　〈6-3〉粗砂　〈8〉砂质黏土　〈10-1〉全风化花岗岩　〈10-2〉强风化花岗岩

b) 纵断面图（尺寸单位：m）

图 1-12　深圳前海快速路明挖地道上跨 1 号线、5 号线和 11 号线隧道

深圳地铁 9 号线盾构隧道下穿 4 号线盾构隧道[14-15]是较典型的在细颗粒土层中新建隧道下穿既有隧道的案例，平面和纵断面如图 1-13 所示。既有 4 号线采用一对外径为 6.0m 的单洞单线盾构隧道，穿越节点处的埋深为 8.74～8.79m，主要位于砂质黏土层中。新建 9 号线同样采用一对外径为 6.0m 的单洞单线盾构隧道，穿越节点处的埋深为 17.29～17.34m，主要位于砾质黏土层中。两线路平面交角为 79°，9 号线盾构隧道与地铁 4 号线左右线盾构隧道的最小竖向净距分别为 2.5m 和 2.6m，夹持土主要为砂质黏土和砾质黏土。

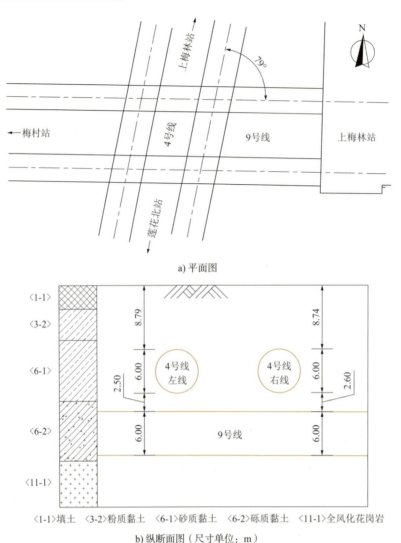

a) 平面图

b) 纵断面图（尺寸单位：m）

图 1-13 深圳地铁 9 号线盾构隧道下穿 4 号线盾构隧道

广佛环线和广佛江珠城际并行下穿佛山岭南大道综合管廊[8-10]是较典型的在粗颗粒土层中新建工程下穿既有地下工程的案例，平面和纵断面如图 1-14 所示。佛山岭南大道明挖综合管廊采用宽度和高度分别为 5.3m 和 3.1m 的矩形横断面，局部下扩为宽度和高度分别为 5.3m 和 4.72m 的矩形断面，管廊埋深为 1.24m，主要位于填土、粉砂和淤泥质黏土层中。新建广佛环线和广佛江珠城际在佛山市区段并行引入东平新城站，主要采用明挖法施工，下穿岭南大道综合管廊时采用两侧明挖、基坑之间暗挖的施工方法。其中广佛环线双线和广佛江珠城际左线密贴并行，采用三连拱直墙隧道形式，开挖宽度和高度分别为 26.2m 和 11.99m；广佛江珠城际右线隧道采用单拱直墙隧道形式，与三连拱隧道之间的夹持土宽度约为 2.0m，开挖宽度和高度分别为 9.0m 和 11.99m，隧道埋深均约为 10.32m，主要位于粗砂、粉质黏土、全风化～中风化砂岩层中。下穿节点处管廊与两新建城际铁路轴线平面交角约为 90°，最小竖向净距为 4.36～5.98m，夹持土主要为淤泥质黏土和粗砂。

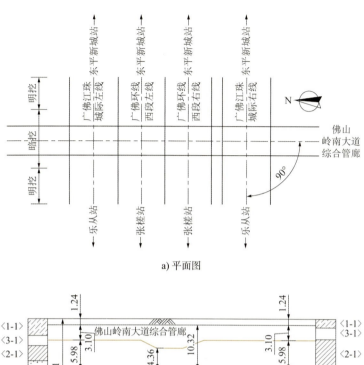

图 1-14 广佛环线和广佛江珠城际东平 1 号矿山法隧道下穿佛山岭南大道综合管廊

佛山地铁 2 号线盾构隧道下穿广州地铁 2 号线、7 号线盾构隧道较典型的岩层中新建隧道下穿既有隧道案例，平面和纵断面如图 1-15 所示。既有广州地铁 2 号线、7 号线引入广州南站东广场设站后，继续引出出入段线，下穿广州南站后接入大洲车辆段，地铁隧道均采用一对外径为 6.0m 的盾构隧道，广州地铁 2 号线埋深为 9.43~10.46m，广州地铁 7 号线埋深约为 9.0m，主要位于强风化~中风化砂岩层。新建佛山地铁 2 号线由西向东引入广州南站西广场设站，采用一对外径为 6.7m 的盾构隧道，先后下穿广州地铁 7 号线正线与广州地铁 2 号线出入段线盾构隧道，下穿广州地铁 2 号线时埋深约为 21.36~22.33m，下穿广州地铁 7 号线时埋深为 23.3~23.6m，主要位于中风化砂岩层中。下穿节点处线路平面交角分别为 34°和 43°，竖向净距分别为 4.9~6.9m 和 8.3~8.6m，夹持土主要为中风化砂岩。

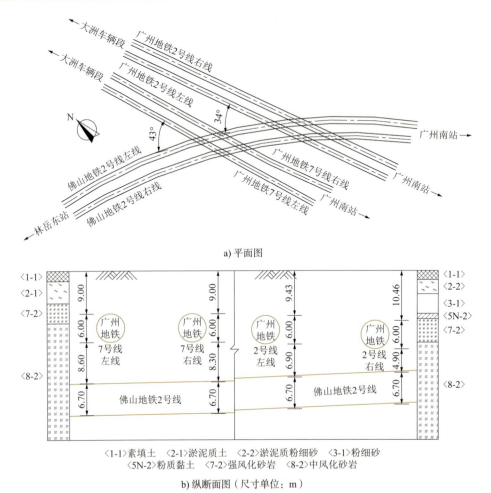

图 1-15 佛山地铁 2 号线盾构隧道下穿广州地铁 2 号线、7 号线盾构隧道

1.2.4 平面交角

典型地下穿越工程中的线路轴线平面交角统计特征如图 1-16 所示。整体而言，地下穿越工程以近似正交为主，斜交案例数量随平面交角减小而减少，以尽量减小新建工程与既有工程之间的影响范围。但同时也存在较多的平面交角为 20°~30° 的特殊情况，这主要是由于两条线路之间先下穿后并行引入同一车站的线形要求导致的曲线段斜交地下穿越。较极端案例为广佛环线东段下穿佛莞城际[16]，平面和纵断面如图 1-17 所示。前者采用一对外径为 8.5m 的盾构隧道，后者采用一对外径为 6.0m 的盾构隧道。自广州南站平行引出后，广佛环线东段上下行线外包佛莞城际上下行线，既有佛莞城际转为向南敷设，新建广佛环线东段继续向北敷设。原工期计划安排佛莞城际在粉细砂和全风化花岗岩层中上跨广佛环线东段，但因广佛环线东段工期严重滞后，导致新建广佛环线东段隧道需在全风化~强风化花岗岩层中下穿已建设的佛莞城际左右线隧道。隧道半径受设计速度限制而较为平缓，导致下穿节点处两隧道轴线平面交角在 6°~26° 的范围内，竖向净距为 5.07~5.93m，夹持

土主要为全风化花岗岩。

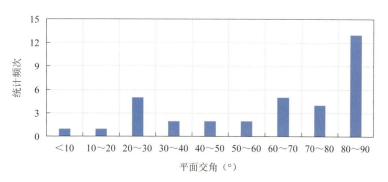

图 1-16 典型地下穿越工程平面交角特征

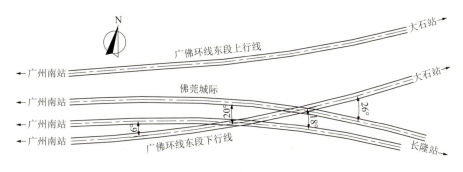

a) 平面图

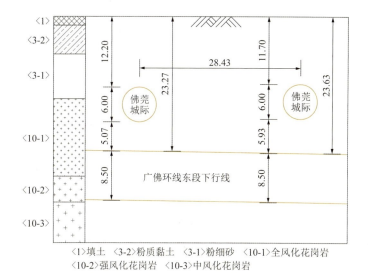

b) 纵断面图（尺寸单位：m）

图 1-17 广佛环线东段盾构隧道下穿佛莞城际盾构隧道

深圳地铁 5 号线盾构隧道上跨 11 号线盾构隧道[1-2]是较典型的小夹角地下上跨工程案例，平面和纵断面如图 1-18 所示。既有 11 号线采用一对外径为 6.7m 的盾构隧道，线路自滨海大道向北沿听海大道平行新建 5 号线敷设，在 5 号线桂湾站西侧不设站通过并继续向北引入前海湾站。5 号线采用一对外径为 6.0m 的盾构隧道，由桂湾站向南引出并上跨 11 号线盾构隧道。由于 11 号线设计速度为 120km/h，滨海大道至听海大道段平面曲线半径较大，导致 11 号线与 5 号线轴线平面交角仅为 13°~20°。上跨 5 号线隧道埋深为 6.76m，主要位于淤泥层；被穿越的 11 号线隧道埋深为 17.05m，主要位于全风化~强风化花岗岩层。5 号线与 11 号线隧道的竖向净距为 4.29m，主要夹持土为淤泥、中粗砂。

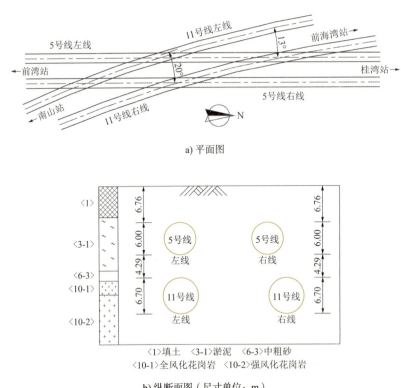

图 1-18　深圳地铁 5 号线盾构隧道上跨 11 号线盾构隧道

佛莞城际盾构隧道下穿广州地铁 3 号线明挖隧道是较典型的小夹角地下穿越工程案例，平面和纵断面如图 1-19 所示。佛莞城际采用一对外径为 8.5m 的盾构隧道，线路自广州南站向东引出后，转向东南平行广州地铁 3 号线沿新光快速路通道敷设，在榄塘路附近转向东，并由广州地铁 3 号线西侧下穿至其东侧。由于佛莞城际设计速度为 200km/h，下穿处的平面曲线半径较大，导致佛莞城际与广州地铁 3 号线轴线平面交角仅为 22°~34°。下穿节点处的佛莞城际埋深为 22.52m，主要位于粉质黏土和全风化花岗岩层。被下穿的广州地铁 3 号线采用明挖矩形隧道，横断面宽度为 17.8m，高度为 6.45m（加宽段高度为 11.12m），埋深为 2.46~6.68m，主要位于粉质黏土层中，下穿时佛莞城际与广州地铁 3 号线隧道的竖向净距为 5.7~9.38m，夹持土主要为粉质黏土。

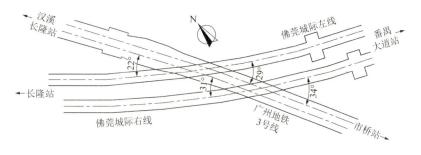

a) 平面图

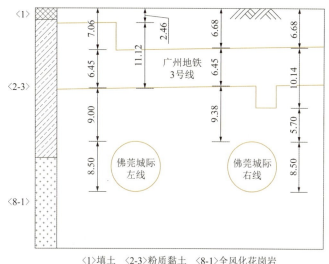

⟨1⟩填土　⟨2-3⟩粉质黏土　⟨8-1⟩全风化花岗岩

b) 纵断面图（尺寸单位：m）

图 1-19　佛莞城际盾构隧道下穿广州地铁 3 号线明挖隧道

1.2.5　接近程度和影响等级

根据《城市轨道交通结构安全保护技术规范》（CJJ/T 202—2013）和《城市轨道交通既有结构保护技术规范》（DBJ/T 15-120—2017），地下穿越工程的风险主要通过接近程度和工程影响分区两个指标进行描述。接近程度描述既有结构对周围工程活动的敏感程度，分为Ⅰ～Ⅳ级，分别代表非常接近、接近、较接近和不接近。工程影响分区表示新建结构对周边的影响范围，也分为 A～D 级，分别代表强烈影响、显著影响、一般影响和较小影响。根据接近程度和工程影响分区等级，可综合判定地下穿越工程的影响或风险等级，分为特级、一级、二级、三级和四级共五个等级，详见第 2 章。

典型地下穿越工程中，新建工程与既有工程的竖向净距统计特征如图 1-20a) 所示，可见地下穿越的竖向净距以 2～6m 的小净距近距离穿越为主，同时存在较多换乘车站附近的密贴穿越，例如佛山地铁3号线桂城站的站台层密贴下穿既有地铁1号线车站，以及深圳地铁7号线福民站的站台层密贴下穿既有地铁4号线车站。较小的竖向净距势必将导致新建工程非常接近既有工程，且既有工程易受到新建工程的强烈影响。

新建工程与既有工程之间夹持岩土层的围岩等级统计特征如图1-20b)所示，可见地下穿越工程受埋深限制，新建工程与既有工程之间以Ⅵ级围岩（和土层）为主，Ⅳ级和Ⅴ级围岩相对较少，未见Ⅰ～Ⅲ级围岩的情况。在Ⅵ级围岩和土层中进行地下穿越时，穿越工程将面临夹持土孔隙率和含水率高、压缩性高、抗剪强度低、渗透系数和固结系数小等地层特征带来的问题，在地下穿越过程中易出现长期不稳定的变形和夹持岩土层失稳破坏，具有较高的潜在工程风险。

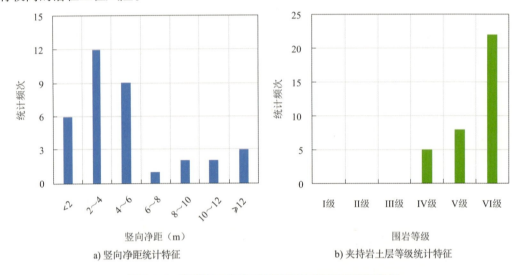

图1-20 典型地下穿越工程净距和工程影响等级特征

当不考虑夹持岩土层围岩等级的影响时，典型地下穿越工程中的接近程度和工程影响分区如图1-21a)所示。根据调研的35个典型工程案例可知，26个案例由于新建与既有工程非常接近且处于工程强烈影响区而属于特级影响，5个案例由于新建与既有工程接近且处于影响强烈区而属于特级影响，2个案例由于新建与既有工程非常接近且处于一般影响区而属于一级影响，1个案例由于新建与既有工程较接近且处于强烈影响区而属于一级影响，剩余1个案例由于新建与既有工程较接近且处于一般影响区而属于三级影响。

考虑夹持岩土层围岩等级的影响后，结合接近程度和工程影响分区，典型地下穿越工程案例影响等级的统计特征如图1-21b)所示。由于地下穿越工程的埋深普遍较浅，围岩等级以Ⅵ级围岩（土层）为主，Ⅴ级和Ⅳ级围岩相对较少，而Ⅰ～Ⅲ级围岩作为夹持岩土层的情况十分罕见，因此地下穿越工程影响等级往往在接近程度和影响分区的基础上提级处理，而罕见降级。工程调研的35个地下穿越工程案例中，特级穿越影响为34个，一级和二级影响分别为 0 个和 1 个，未见三级和四级影响。整体而言，所有调研案例均具有极高的工程影响等级，即地下穿越工程具有极高的风险，必须进行专项安全评估。

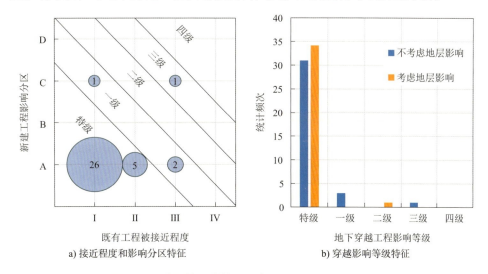

图 1-21 典型地下穿越工程净距和工程影响等级特征

地下穿越工程具有高风险特征，主要原因如下：

（1）工程埋深较浅和夹持土围岩等级较低

地下穿越工程影响等级的评定过程综合考虑了新建工程与既有工程的结构尺寸、净距和夹持岩土层等级的影响，以Ⅳ、Ⅴ级围岩作为夹持岩土层为基准制定了接近程度等级和工程影响分区的划分标准，对Ⅰ～Ⅲ级围岩中的地下穿越工程进行降级处理，并对Ⅵ级围岩（和土层）中的穿越工程进行提级处理。实际地下穿越工程的埋深主要位于 10～20m 范围内，新建工程与既有工程间的夹持岩土层以Ⅵ级围岩（和土层）为主，穿越工程中的夹持岩土层破坏失稳和变形风险较高，最终易导致工程综合影响等级较高。

（2）新建工程与既有工程的竖向净距较小

地下工程受纵坡限制，埋深调整范围有限，穿越节点处新建工程与既有工程的竖向净距往往较小，所调研的 35 个工程案例中大部分竖向净距不足 6m，以常规单洞单线地铁盾构隧道（外径为 6.0m 左右）为基准，则大部分地下穿越工程的竖向净距不足一倍洞径。根据《地铁设计规范》（GB 50157—2013）的规定，近接隧道净距不宜小于一倍洞径，否则小净距近接隧道将产生显著的相互影响。日本相关规范也表明，净距不足一倍洞径的近接隧道应进行充分的论证，净距不足 1/2 洞径时必须进行详细论证。因此，小净距地下穿越工程具有较高的施工风险，而未来换乘节点处的小净距甚至密贴穿越工况将愈发常见，地下穿越工程风险控制面临较大的挑战。

（3）一次性穿越横断面积较大

目前主流的地下穿越工程涉及对象包括隧道和车站，工程结构尺寸受近年来城市轨道交通快线、城际铁路等较高运营速度目标的影响，需采用较大的横断面尺寸以满足空气动力学要求；此外，随着地下交通网络的加密，部分多线并行地下通道内为节省规划红线内宽度，线路多采用单洞双线或单洞多线的布局形式，进一步扩大了单一隧道的横断面积。对于车站而言，为满足客流集散和功能组织要求，较大宽度的地下多层结构是难以避免的结构形式。因此，地下穿越工程中的既有工程和新建工程横断面积均呈现增大趋势，既有工程的接近程度敏感范围和新建工程的影响范围快速增大，显著提高了地下穿越工程的风险等级。目前，我国铁路隧道已出现单洞三线和单洞四线的特大断面，随着未来多层次城市和城市轨道交通的建设，双复线化等高线路标准要求下单洞多线特大断面隧道间的地下穿越工程将难以避免。

（4）多线路在单一节点的集中反复穿越

除了上述两线路间的地下穿越工程之外，随着地下交通线网的快速加密，在多层次线路均共用地下通道的约束下，目前还呈现出多线路在单一节点集中反复穿越的新特点，导致总穿越横断面积较大，不同时间节点穿越的地下工程之间多次相互影响。此外，受地下通道规划红线宽度约束，多线路在单一节点集中反复进行地下穿越时的净距往往较小，新建工程多次"非常接近"既有工程，既有工程多次承受新建工程的"强烈影响"，导致既有工程的附加变形和内力等响应多次累积，安全余量不断削减，变形超限和结构裂损风险快速提高，对地下穿越工程的设计和施工技术提出较高的控制要求。

深圳地铁9号线盾构隧道上跨1号线矿山法隧道和2号线盾构隧道[3-4]是较典型的小净距地下穿越工程案例，平面和纵断面如图1-22所示。1号线采用一对宽度和高度分别为6.33m和6.7m的矿山法隧道，被上跨处的埋深为14.22m，主要位于砾质黏性土、全风化～强风化花岗岩层。2号线采用一对外径为6.0m的盾构隧道，被上跨处的埋深为24.78m，主要位于强风化～微风化花岗岩层。此外，既有红岭路深南路口行人地道采用单拱直墙式浅埋暗挖隧道，横截面宽度和高度分别约为9.26m和5.76m，埋深为4.45～6.09m，部分行人地道与新建9号线隧道和车站冲突，将废弃后另外新建行人地道沟通东北和西南象限。9号线采用一对外径为6.0m的盾构隧道，上跨时的埋深为7.52m，主要位于中粗砂、砾质黏性土层。9号线的线路轴线与1号线平面交角约为90°，与2号线平面交角约为60°。9号线与1号线、2号线结构的竖向最小净距分别为0.7m和11.26m，夹持岩土层主要为砾质黏性土、全风化～强风化花岗岩层。可见9号线几乎密贴上跨1号线，势必影响1号线矿山法隧道拱顶的超前支护结构，威胁1号线拱顶稳定性，判定工程影响分区为强烈影响（1级），而9号线对2号线的影响仅为一般影响（3级）。

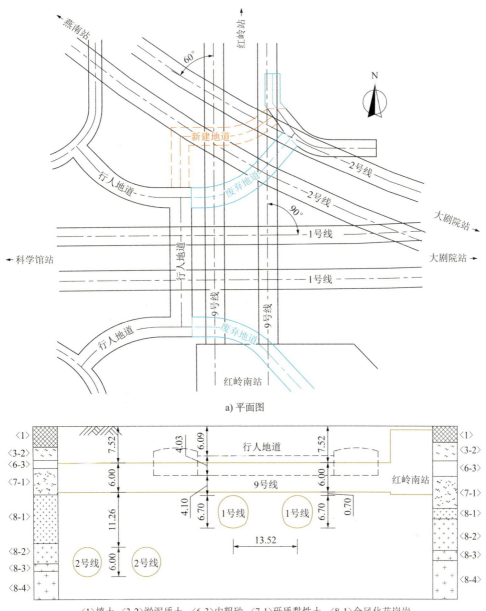

a) 平面图

b) 纵断面图（尺寸单位：m）

〈1〉填土 〈3-2〉淤泥质土 〈6-3〉中粗砂 〈7-1〉砾质黏性土 〈8-1〉全风化花岗岩
〈8-2〉强风化花岗岩 〈8-3〉中风化花岗岩 〈8-4〉微风化花岗岩

图 1-22 深圳地铁 9 号线盾构隧道上跨 1 号线矿山法隧道和 2 号线盾构隧道

广州地铁 18 号线矿山法隧道下穿 7 号线盾构和明挖隧道是较典型的大断面地下穿越工程案例，平面和纵断面如图 1-23 所示。7 号线采用一对外径为 6.0m 的盾构隧道，向东北引入南村万博站之前改用明挖法隧道施工，明挖隧道采用尺寸分别为 9.33m×11.82m（扩大断面）和 4.57m×8.49m（一般断面）的矩形横断面，盾构段和明挖段的埋深分别为 15.49m 和 11.52~12.95m，主要位于砂质黏土层。新建 18 号线为城市轨道交通快线，在南村万博站设避让线，采用矿山法施工，向西北引入南村万博站之前设渡线，因此矿山法隧道逐渐采用扩大断面，18 号线下穿 7 号线时，左线和右线分别采用尺寸为 15.6m×13.8m 和 11.82m×11m 的马蹄形横断面，埋深分别为 26.59m 和 27.48m，主要位于砂质黏土、强风化～中风化花岗岩层。下穿时，18 号线正线与地铁 7 号线的平面交角约为 90°，18 号线左线隧道与 7 号线盾构段的竖向净距约为 5.1m，18 号线右线隧道与 7 号线明挖段的竖向净距约为 3.53m，夹持土主要为砂质黏土。受制于渡线导致的较大开挖尺寸，18 号线对 7 号线的影响判定为强烈影响。

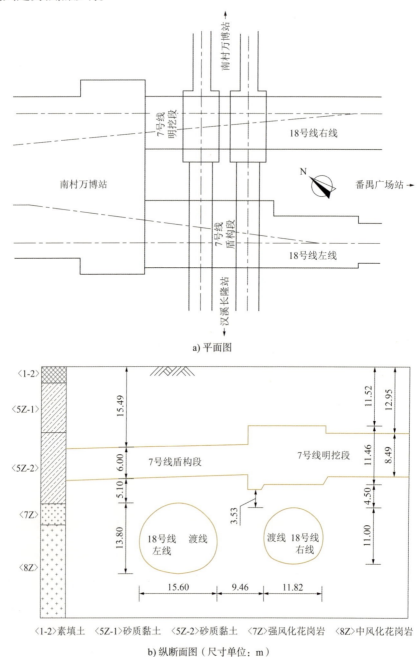

图 1-23　广州地铁 18 号线矿山法隧道下穿 7 号线盾构和明挖隧道

广州地铁 12 号线盾构隧道下穿金园路明挖地道[12]是较典型的大面积、小净距地下穿越工程案例，平面和纵断面如图 1-24 所示。既有金园路地道为两车道明挖隧道，采用 10.2m × 4.47m 的矩形横断面，埋深为 3.40~4.07m，主要位于填土、中粗砂、粉质黏土层。新建 12 号线采用外径为 6.7m 的盾构隧道，由于云溪公园站至小金钟站之间规划设置停车线，为了减少明挖车站的占道开挖范围，停车站与区间左线并排平行设置，采用外径为 11.3m 的大直径盾构隧道形式，形成 100.24m² 的特大面积横断面。12 号线下穿金园路地道时，左线和右线的埋深分别为 8.91m 和 11.84m，主要位于强风化炭质页岩和中风化泥岩层。下穿节点处 12 号线左右线隧道与金园路地道的最小竖向净距分别仅为 1.04m 和 3.30m，主要夹持岩土层为强风化岩炭质页岩层，可见 12 号线左右线均非常接近金园路地道，且金园路地道已进入 12 号线左右线的强烈影响区。

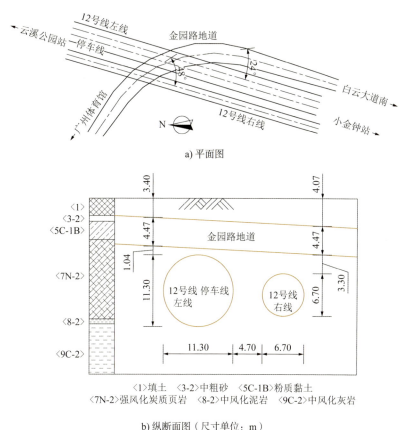

图 1-24 广州地铁 12 号线盾构隧道下穿金园路明挖地道

广州地铁 18 号线、22 号线隧道下穿 3 号线隧道是较典型的三洞集中地下穿越案例，平面和纵断面如图 1-25 所示。既有 3 号线采用一对尺寸为 6.6m × 6.85m 的马蹄形矿山法隧道，被下穿时的埋深为 18.42~19.49m，主要位于全风化~强风化花岗岩层。新建 18 号线、22 号线分别采用一对外径为 8.5m 的单洞单线盾构隧道和一个尺寸为 14.2m × 12.45m 的单洞双线马蹄形矿山法隧道，18 号线左右线外包 22 号线并行向南引入番禺广场站，隧道水平净距分别为 9.7m 与 9.78m。18 号线左右线和 22 号线下穿 3 号线时的埋深分别为 30.97~31.04m 和 28.5m，主要位于中风化~微风化花岗岩层中。下穿时，18 号线、22 号线与 3 号线轴线的平面交角为 76°~77°，隧道的竖向净距分别为 4.7~5.7m 和 2.7m，主要夹持岩土层为强风化~中风化花岗岩层，将出现三次非常接近 3 号线隧道并产生强烈影响的地下穿越工况。

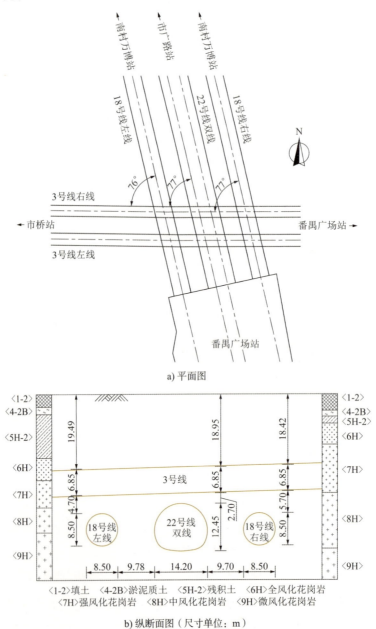

图 1-25 广州地铁 18 号线、22 号线隧道下穿 3 号线隧道

深圳地铁 7 号线、9 号线盾构隧道下穿 1 号线矿山法隧道[15]是较典型的 4 洞集中穿越案例，平面和纵断面如图 1-26 所示。既有 1 号线采用一对尺寸为 7.35m×6.85m 的马蹄形

矿山法隧道，下穿节点的埋深约为 12.45m，主要位于硬塑砾质黏土层中。新建 7 号线、9 号线均采用一对外径为 6.0m 的盾构隧道，下穿节点的埋深为 22.09～22.25m，主要位于硬塑砾质黏土、全风化花岗岩层。下穿时，7 号线、9 号线与 1 号线的平面交角约为 90°，竖向净距为 2.79～2.95m，主要夹持岩土层为砾质黏土、全风化花岗岩层，将出现 4 次非常接近 1 号线并产生强烈影响的地下穿越工况。

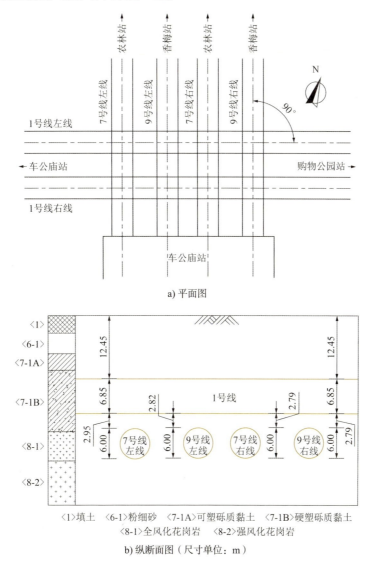

图 1-26　深圳地铁 7 号线、9 号线盾构隧道下穿 1 号线矿山法隧道

广州地铁 11 号线、广佛环线、穗深城际琶洲支线下穿广州地铁 8 号线是较典型的 5 洞集中穿越案例，平面和纵断面如图 1-27 所示。既有广州地铁 8 号线为单洞双线明挖隧道，矩形横断面的最大宽度和高度分别约为 12m 与 9.88m，下穿节点的埋深为 3.74～4.29m，主要位于填土、淤泥质土、淤泥质砂层。新建广州地铁 11 号线采用一对外径为 6.0m 的盾构隧道，下穿节点的埋深约为 21.7m，主要位于强风化～中风化泥岩层。新建广佛环线采

用一对外径为8.8m的盾构隧道，下穿节点的埋深约为22.5m，主要位于强风化～微风化泥岩层。新建穗深城际琶洲支线采用一个外径为12.8m的大直径单洞双线盾构隧道，下穿时的埋深约为21.25m，主要位于强风化～微风化泥岩层。集中下穿时，3条新建线路按照广州地铁11号线左右线、广佛环线左线、穗深城际琶洲支线、广佛环线右线的顺序依次并排下穿，并向北引入琶洲站，水平净距依次为9.82m、2.48m、9.28m、9.21m。3条并行线路与广州地铁8号线的平面交角约为89°，下穿时的竖向净距为7.53～11.93m，主要夹持土为淤泥质砂、粉砂、砾砂、粉质黏土、强风化泥岩，将出现5次接近既有广州地铁8号线并强烈～显著影响的穿越工况。

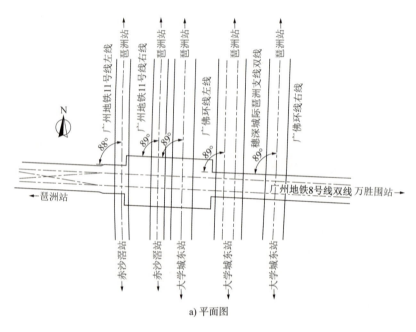

a) 平面图

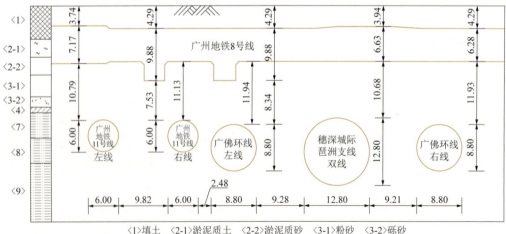

b) 纵断面图（尺寸单位：m）

图1-27 广州地铁11号线、广佛环线、穗深城际琶洲支线盾构隧道下穿广州地铁8号线明挖隧道

1.3 地下穿越工程的主要技术难点

根据工程调研可知，目前地下穿越工程在交通基础设施的建设中愈发常见，主要面临开挖面积大、竖向净距小、工程风险高等技术挑战。因此，地下穿越工程在勘察、设计、施工等阶段的主要控制要点为：

（1）针对被穿越的既有工程，采取有效措施进行结构评估和加固等被动控制技术，提高穿越过程中既有工程对附加影响的承受能力和安全冗余，降低既有工程对穿越过程的敏感性。

（2）针对新建和既有工程之间的夹持岩土层，采取有效措施进行加固或施作隔离结构等被动控制技术，阻止新建工程在穿越过程中的不良影响向既有工程传递，控制既有工程接近敏感区域和新建工程影响区域的范围。

（3）针对新建工程，采用优化施工参数和工艺等主动控制技术，减小新建工程对周边地层和既有建（构）筑物的影响，控制新建工程的影响范围。

1.3.1 既有工程被动加固技术难点

对既有工程进行保护是地下穿越工程面临的最重要的技术难点。目前地下穿越工程多涉及盾构隧道，但盾构隧道管片作为现场拼装的预制衬砌结构，具有接缝数量多、整体刚度差、渗漏风险高的特点。盾构隧道管片中的纵缝和环缝数量较多，其抗弯刚度与管片自身相比存在显著薄弱环节，采用修正惯用法等效换算后，考虑纵缝的整环衬砌抗弯刚度仅为管片抗弯刚度的70%左右，既有盾构隧道在被穿越过程中极易出现过大的接缝错台和张开变形，容易导致接缝防水失效渗漏，威胁工程和内部设备的耐久性，重则导致管片边角挤压裂损，威胁工程安全和可靠性，如图1-28所示。此外，矿山法隧道和明挖法隧道或其他地下结构同样面临被穿越过程中附加变形或内力过大导致的开裂、渗水、结构裂损失效等威胁。

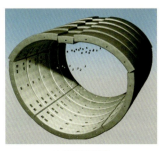
a) 横断面变形
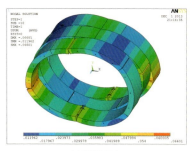
b) 附加内力

c) 接缝渗水和管片裂损

图1-28 地下穿越工程导致既有盾构隧道的变形超限和结构裂损问题

可见，地下穿越工程有必要对抗变形能力不足的既有工程采取加固措施，提高其对穿越过程中附加影响的承受能力和安全冗余，降低其对穿越过程的敏感性。但大部分既有工程在被穿越时已投入运营，以地铁隧道为例，结构加固面临允许的隧道衬砌结构加固天窗时间短，隧道内施工净空狭窄，车辆限界、建筑限界和结构限界之间允许的附加结构空间小，安全要求等级高，事故处置时间短和影响范围大等难题。

因此，地下穿越工程中常对既有工程结构加固的形式、工艺和施工组织等提出较严苛的限制，需兼顾加固效果、经济性、便捷性、施工可行性等多方面因素制定既有工程的加固方案。

1.3.2 既有与新建工程间夹持岩土层被动加固技术难点

对于既有与新建工程间的夹持岩土层，一方面，新建工程结构的施工和运营荷载传递至既有工程结构，导致既有结构承受附加内力和变形；另一方面，夹持岩土层在地下穿越过程中同样承受施工荷载和运营荷载的反复加卸载影响，在应力释放或扰动等作用下出现附加位移和变形，破坏既有结构的边界约束平衡，导致其发生附加位移。

以广州地区为例，典型的土层物理力学参数如图 1-29 所示，可见淤泥、淤泥质土、黏土、粉砂等软弱地层均具有孔隙比大、含水率高、液性指数高、压缩模量小、抗剪强度低、固结系数大等特点。根据工程调研结果，可知典型地下穿越工程案例中细颗粒土作为夹持土的情况比例为 29%，这种情况容易在施工和运营附加荷载的作用下出现屈服破坏和结构扰动，产生较大附加变形，且变形长期发展而不趋于稳定，导致既有结构服役状态持续劣化。同理，典型的岩层物理力学参数如图 1-30 所示，可见随着风化程度的提高，岩层的饱和压缩模量和黏聚力呈指数型减小，摩擦角同样逐渐减小，但程度相对较轻，全风化和强风化岩层的饱和压缩模量和抗剪强度指标已经与粉土和粉砂层接近；此外，泥质砂岩和泥质粉砂岩等岩层还具有较低的软化系数，遇水条件下强度损失过半。在典型的地下穿越工程案例中，岩层作为夹持岩土层的情况比例为 52%，其中风化程度为全风化和强风化的情况占 54%，这些情况容易在穿越施工过程中发生岩体屈服破坏，产生较大附加变形甚至失稳，不能为既有结构提供有效约束作用，导致既有结构变形超限并出现结构病害。

可见，有必要在地下穿越工程之前对软弱夹持岩土层进行有效加固，或施作隔离结构削减新建工程在既有工程一侧的影响区范围。但目前常用的夹持岩土层加固和隔离结构施作措施主要包括地表施工和洞内施工，地表施工受浅层地下市政管线和地下结构自身的阻碍，存在加固范围受限等不足；洞内施工存在施工净空狭窄和天窗短暂等问题。同时，对夹持岩土层的加固或隔离结构的施作也将对既有工程产生附加影响，例如注浆、旋喷桩、冻结等对既有工程的挤压，钻孔灌注桩开挖导致的地应力释放和变形等，加固施工参数控制不当时，加固自身对既有工程的不良影响将占主导地位。2019 年，某市新建地铁隧道下穿既有地铁隧道时，采用洞内径向注浆技术对两线路隧道间的夹持岩土层进行加固，但由于注浆压力设置不当，导致注浆过程中既有盾构隧道出现显著过量隆起，道床隆起量达到

126mm，轨面变形量远超临时维修标准，如图1-31所示，运营方不得已采取限速通过和各列车间隔甩站等措施维持正常运营，对该市地铁运营产生显著影响。

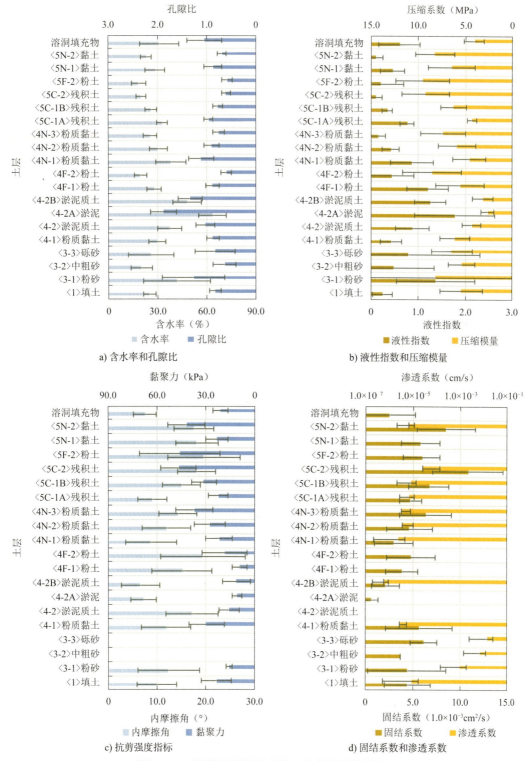

图1-29 广州地区典型土层物理力学参数统计特征

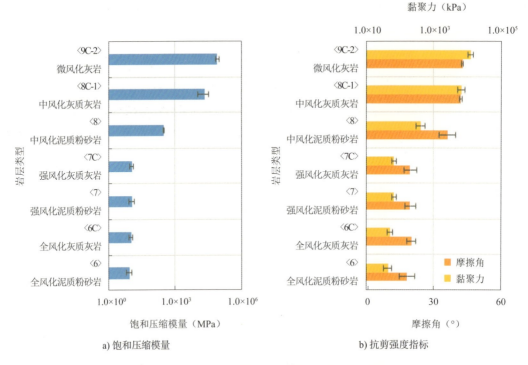

a) 饱和压缩模量　　　　　　　　b) 抗剪强度指标

图 1-30　广州地区典型岩层物理力学参数统计特征

图 1-31　隧道下穿时注浆加固不当导致的既有隧道隆起

因此，在地下穿越工程中，对夹持岩土层的加固和隔离结构的施作需综合考虑变形控制效果，削弱对既有工程的不良影响，制定满足加固时和穿越时的既有工程保护要求，以及兼顾施工可行性、便捷性和经济性的夹持土被动控制措施和施工方案。

1.3.3　新建工程施工过程主动优化技术难点

新建工程的施工过程影响是地下穿越工程中变形控制难点的来源，通过施工工艺和参数优化实现未扰动地下穿越施工是最经济高效、保护效果好的地下穿越控制措施。例如，在淤泥等软弱层中,应避免盾构机出现磕头等姿态异常现象,并避免土仓显著超欠压后强烈扰动和超挖导致的邻近地层显著固结变形。在黏性土层和泥质岩层中,应增设泡沫系统,避免形成泥饼及后续的开挖面压力控制困难。在粉细砂层中,应重点保障盾尾刷等密封措施的油脂填充和补充质量以避免被击穿。在富水粗颗粒土层中,应通过渣土改良在螺旋输送机内形成适当的土塞以避免喷涌,或提高渣土的流动性以避免滞排。在岩层中,应注意刀盘上刀具种类和数量的布置,并协调刀具的强度和硬度,保证破岩效率和碎岩后的渣土进仓效果等[17]。

但由于地质成因的复杂性和隐蔽性,目前最常用且可靠度最高的钻探勘察技术只能在工程全线进行离散点的抽样检测,不能完整描述地下穿越节点处的三维地层分布情况,存在一定的地质不确定性。对地下穿越工程而言,虽可通过增加地勘钻孔布设数量和密度减小地质不确定性,但受勘察周期短、经费低、技术误差和人员水平参差等多因素影响,始终无法完全排除地质不确定性对隧道施工过程中的潜在威胁,常表现为地层分界线高程的偏差和孤石等离散地质体的遗漏。广州地铁 22 号线下穿 3 号线时,原地勘结果显示 22 号线盾构机在下穿节点处全断面位于中风化花岗岩层,盾构机掘进工况良好,下穿施工对既有 3 号线盾构隧道的影响较小,无须采用加固措施,如图 1-32a) 所示。但实际施工过程中,22 号线盾构机在接近下穿节点时出现掘进速度不稳定等现象,在下穿节点处补充 3 个地勘钻孔后发现实际地层分界线与原设计方案存在较大差异,全风化和强风化花岗岩层的高程偏低,22 号线在下穿节点处已经侵入全风化和强风化花岗岩层,属于典型的上软下硬工况,下穿施工对既有 3 号线盾构隧道的影响较大,必须采用有效的加固措施,如图 1-32b) 所示。因此,该项目综合考虑工期、成本和可行性后,采用超前水平定向钻法在新老隧道之间打设一排钢花管,利用钢花管注浆后不再抽出,将其作为管棚发挥超前支护的作用。

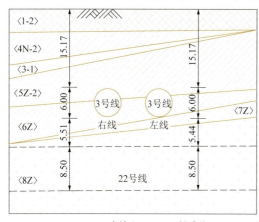
a) 原地勘结果

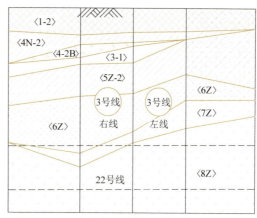
b) 补勘结果

〈1-2〉素填土　〈4N-2〉粉质黏土　〈4-2B〉淤泥质土　〈3-1〉粉细砂　〈5Z-2〉砂质黏性土
〈6Z〉全风化花岗岩　〈7Z〉强风化花岗岩　〈8Z〉中风化花岗岩

图 1-32　广州地铁 22 号线下穿 3 号线的地层分界线偏差(尺寸单位:m)

此外，施工单位对潜在风险的麻痹大意和对施工装备疏于检修维护等人为因素也是地下穿越工程中的重要风险来源。2018年，某市盾构隧道施工过程中，盾构机底部在粉细砂和中粗砂层中，盾尾密封刷被承压地下水击穿，发生隧道透水突涌事故，且抢险作业对潜在风险认识不到位，导致水土流失后隧道衬砌结构发生破坏时抢险人员撤离不及时，最终造成隧道塌方冒顶、地面塌陷交通中断、十余人死伤的重大事故，地面塌陷如图1-33所示。

图1-33 盾构隧道透水事故导致的地面塌陷

因此，地下穿越工程中新建工程应充分揭露穿越节点处的地质条件，明确重点风险源并制定预防和抢险措施，降低因地质不确定性和人为因素导致发生事故的概率。同时，针对地下穿越工程水文地质特点，优化施工设备、工艺选型与参数设计，减少新建工程对周围地层和既有工程的扰动。

1.4 小结

近年来，以城市轨道交通为代表的地下空间开发力度逐渐攀升，新旧隧道之间的交叉节点数量显著增多，隧道尺寸达到特大断面、净距小于一倍洞径、长距离小夹角穿越、多条隧道在同一节点集中穿越等复杂工况层出不穷，特级和一级风险呈现常态化，对地下穿越工程的地质和结构现状调研、穿越风险评估、加固设计、施工控制、动态监测等提出了更高的技术要求。

在众多地下工程中，轨道交通隧道和车站因控制要求高、监测评价指标全面、社会影响大等特点而具有突出的代表性。因此，本书将基于广州地铁设计研究院股份有限公司近年来在珠三角地区轨道交通车站和隧道地下穿越工程中积累的丰富实践经验，结合科研成果，对地下穿越工程中的关键技术进行系统总结和介绍，希望对后续地下穿越工程提供一些参考。

本章参考文献

[1] 骆瑞萍, 陈保国, 闫腾飞, 等. 淤泥地层中盾构上穿近接地铁线施工稳定性研究[J]. 铁道标准设计, 2020, 64(10): 88-93.

[2] 路国樑, 刘斌, 杨磊, 等. 盾构近距离上穿既有地铁隧道施工技术与控制措施[J]. 土工基础, 2018, 32(6): 590-593.

[3] 江华, 殷明伦, 江玉生, 等. 深圳地铁盾构隧道近距离上跨既有线引起的结构变形研究[J]. 现代隧道技术, 2018, 55(1): 194-202.

[4] 李建设, 陈慧超, 李政. 深圳地铁 11 号线车公庙站—红树湾站区间盾构隧道小净距上穿既有线区间隧道施工关键技术[J]. 隧道建设, 2014, 34(4): 374-379.

[5] 李赵九. 软弱地层基坑开挖对下卧既有隧道的影响分析[J]. 安徽建筑, 2021, 28(4): 95-98.

[6] 刘波, 李海斌, 李力, 等. 不同加固措施下竖井式基坑开挖引起的下卧地铁隧道竖向隆起变形规律[J]. 中国铁道科学, 2021, 42(3): 83-94.

[7] 胡志敏. 小竖井工法在地铁隧道上方基坑开挖中的应用研究[D]. 广州: 广州大学, 2018.

[8] 刘慧芬, 程春香, 吴朵. 浅埋暗挖隧道下穿综合管廊施工技术研究[J]. 地基处理, 2021, 3(1): 76-81.

[9] 张瑞顺, 赵玉成, 兰庆男. 铁路下穿既有管廊隧道稳定性影响分析[J]. 南阳理工学院学报, 2019, 11(2): 88-92.

[10] 张瑞顺. 城际铁路近接下穿既有综合管廊隧道施工技术研究[D]. 石家庄: 石家庄铁道大学, 2019.

[11] 严德添. 暗挖隧道近距离下穿既有地铁车站的影响与控制技术研究[D]. 成都: 西南交通大学, 2018.

[12] 罗敬炬. 地铁盾构下穿既有公路隧道的变形影响及控制研究[D]. 广州: 暨南大学, 2020.

[13] 刘建美, 刘洋. 地铁隧道近距离下穿既有地铁站变形规律和安全控制研究[J]. 水利与建筑工程学报, 2016, 14(6): 202-207, 212.

[14] 沈刚. 盾构近距离下穿既有地铁隧道相互影响机理研究[D]. 深圳: 深圳大学, 2016.

[15] 金大龙. 盾构隧道群下穿既有地铁运营隧道变形机理及控制研究[D]. 北京: 北京交通大学, 2018.

[16] 张盛红. 盾构隧道下穿施工对上部既有隧道的影响研究[D]. 广州: 华南理工大学, 2020.

[17] 竺维彬, 鞠世健, 王晖, 等. 复合地层中的盾构施工技术(新版)[M]. 北京: 中国建筑工业出版社, 2020.

[18] 何发亮. 隧道施工"地质不确定"问题及其解决[J]. 现代隧道技术, 2021, 58(2): 8-13.

[19] 中国城市轨道交通协会. 2012 年城轨交通建设运营分析与展望[J]. 城市轨道交通, 2013(01): 14-22.

[20] 中国城市轨道交通协会. 城市轨道交通 2013 年度统计分析报告[J]. 城市轨道交通, 2014(02): 14-17.

[21] 中国城市轨道交通协会. 城市轨道交通 2014 年度统计分析报告[J]. 城市轨道交通, 2015(02): 14-18.

[22] 中国城市轨道交通协会. 城市轨道交通 2015 年度统计和分析报告[J]. 城市轨道交通, 2016(02): 14-27.

[23] 中国城市轨道交通协会. 城市轨道交通 2016 年度统计和分析报告[J]. 城市轨道交通, 2017(01): 20-36.

[24] 中国城市轨道交通协会. 城市轨道交通 2017 年度统计和分析报告[J]. 城市轨道交通, 2018(04): 6-25.

[25] 中国城市轨道交通协会. 城市轨道交通 2018 年度统计和分析报告[J]. 城市轨道交通, 2019(04): 16-34.

[26] 中国城市轨道交通协会. 2019 年度城市轨道交通运营情况[J]. 城市轨道交通, 2020(06): 37-41.

[27] 中国城市轨道交通协会. 快报: 2020 年中国内地城轨交通线路概况[J]. 城市轨道交通, 2021(01): 10-15.

[28] 中国城市轨道交通协会. 城市轨道交通 2021 年度统计和分析报告[J]. 城市轨道交通, 2022(07): 10-15.

隧道地下穿越轨道交通
关键技术研究与应用 | 第 2 章

地下穿越工程调查和风险评估方法

地下穿越工程调查是利用科学的方法，收集能够反映与穿越有关的地质及既有建（构）筑物在时间上的变化和空间上分布状况的信息，为穿越设备选型及制定合理的施工方案提供依据。若工程周边信息调查不完整、不准确，则可能造成较大的损失，甚至发生事故。因此，完整、准确的调查是地下穿越工程建设成功的重要前提。另外，城市轨道交通作为城市的生命线工程，其设计使用年限长，结构的维修和加固难度较高。为降低地下穿越工程对既有城市轨道交通结构正常使用功能、承载能力和耐久性的影响，应对地下穿越工程进行全面且充分的现状和风险评估。

地下穿越工程调查和风险评估应贯穿设计、施工全过程。根据地下穿越工程各阶段先后顺序，穿越实施前的调查包括工程与水文地质调查、既有建（构）筑物和环境调查、既有轨道交通结构现状评估、穿越工程影响预评估，穿越工程实施中进行穿越工程施工中动态评估，穿越工程完成后进行穿越工程影响后评估。地下穿越工程调查的各阶段的评估任务、主要内容以及方案措施如图 2-1 所示。

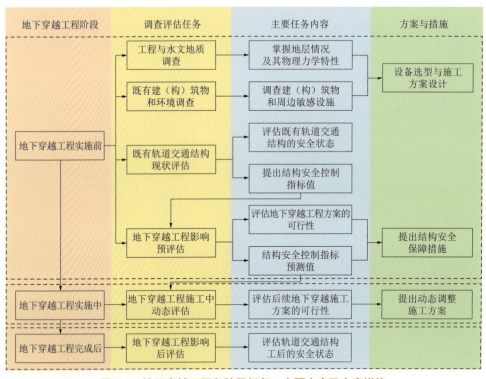

图 2-1　地下穿越工程各阶段任务、主要内容及方案措施

2.1　工程与水文地质调查

地下穿越工程中的变形控制很大程度上取决于地层的工程特性和力学性质。通过踏勘、收集整理现有资料，开展原位试验及室内土工试验等方法，掌握地层情况及其物理力学参数，为设备选型与制定施工方案提供依据，从而指导地下穿越工程施工[1]。

工程与水文地质调查的项目可分为地层调查、物理力学参数调查、地质构造调查、地下水调查。地层调查的目的是确认地层构成，了解是否含有特殊地层，主要调查土层名称、厚度、分布状况、工程性质、结构特征、完整状态、开挖后的稳定状态和弹性纵波速度等；物理力学参数调查主要包括岩土的标准贯入锤击数平均值（N值）、粒度分布、均匀系数、渗透系数、粒径、硬度等特性；地质构造调查主要包括断裂、裂隙、节理、产状；地下水调查主要涉及水位、水质、孔隙水压力、地下水流速和流量以及季节变动情况等。调查中，应特别注意特殊地层，其调查的重点和方法见表2-1。

特殊地层调查的重点和方法 表2-1

特殊地层	调查重点	调查方法
岩溶地层	溶洞发育情况、种类、范围、形态、分布、地下水分布情况	超高密度直流电法、跨孔电磁波CT[①]法、钻探法
含孤石地层	孤石的分布情况	跨孔超高密度电阻率法、电阻率成像法、探地雷达法、钻探法
含沼气地层	气体的分布范围、压力、埋藏深度、有害物质浓度	静力触探、地震勘探、电法勘探、气体浓度测定、烧失量试验
高透水性砂层	地层强度（抗剪强度）、细颗粒含量（百分率）、均匀系数、曲率系数、透水系数	现场透水试验、室内渗透试验、孔隙水压力测定
高水压含卵石砾层	卵石及砾石形状、尺寸、数量、硬度、均匀系数、曲率系数、透水系数、地下水流量、流速、孔隙水压	大直径钻孔、深基础试掘、抽水试验、渗透试验、孔隙水压力测定
软弱淤泥及黏土层	灵敏度、黏度、地层强度（抗剪强度）、变形特性（变形系数、原始压缩曲线、压实系数）	单轴抗压强度试验、固结试验、三轴抗压强度试验

①CT，指计算机断层扫描。

2.1.1 岩土层界面调查方法

岩土层界面调查是工程与水文地质调查中最重要的环节之一，其中钻探法作为最常用的调查方法，可直接有效地获取地质资料。然而，由于地下穿越工程周边环境往往较为复杂，受部分场地限制难以开展钻探工作，故往往需要采用物探技术与钻探技术相结合的方法开展岩土层界面调查。

超高密度地震背景噪声法是城市工程物探领域新兴的一种物探方法。该方法震源主要由自然噪声震源（潮汐、风、海浪、河流等）和人文噪声震源（车辆行驶、工厂机械运行、人类走动等）两部分组成，这些震动的所有能量以弹性波的形式向远处传播，其中包含了面波、体波等各种波，携带了丰富的地下地层信息。其中，面波（瑞利波或R波）是一种特殊的地震波，它与地震勘探中常用的纵波（P波）和横波（S波）不同，是一种地滚波。弹性波理论分析表明，在层状介质中，拉夫波是由横向偏振横波（SH波）与P波干涉形成,而面波是由纵向偏振横波(SV 波)与 P 波干涉形成,且面波的能量主要集中在介质自由表面附近,其能量的衰减与 $r^{-1/2}$ 成正比,因此比体波的衰减要慢得多(P 波、S 波与 r^{-1} 成正比)。在传播过程中,介质的质点运动轨迹呈现椭圆极化,长轴垂直于地面,旋转方向为逆时针方向,传播时以波前约一个高度 λ_R(面波长)的圆柱体向外扩散。面波具有频散的特性,其传播的相速度随频率的改变而变化。这种频散特性可以反映地下岩土介质的特性。

高密度地震背景噪声法有以下特点:①不需要人为激发震源,对环境影响小,可实现无损探测。②将环境噪声做信号源,抗干扰能力强。③探测深度比锤击等主动源地震勘探方法更深。背景噪声源频段分布可以扩展到较低频率,如城市地区人为活动产生的背景噪声频段主要分布在几赫兹到几十赫兹之间。④可从地震背景噪声中提取体波和面波进行探测,探测精度高。

高密度地震背景噪声方法的数据预处理包括噪声预处理、互相关计算虚拟炮集、获取面波信号、面波资料预处理、生成面波频散曲线、频散曲线分层反演横波波速度及确定层厚、利用面波频散曲线生成速度映像彩色剖面,并在此基础上绘制地质剖面图,实现岩土层界面调查。测点数据处理如图 2-2 与图 2-3 所示。

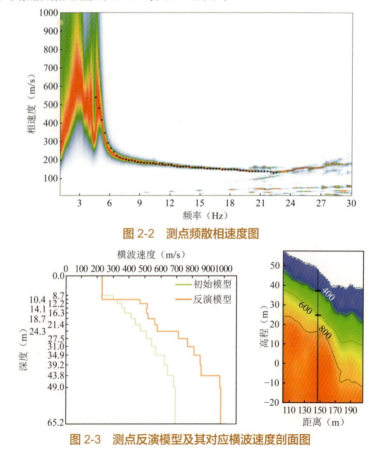

图 2-2 测点频散相速度图

图 2-3 测点反演模型及其对应横波速度剖面图

微动勘探法是以平稳随机过程理论为依据的一种地球物探方法，该方法采用数据处理技术从地表的微动信号中提取瑞利波相速度频散曲线，再通过对频散曲线的反演，获得地下介质的横波速度结构，以此达到勘探目的。

从微动信号的垂直分量中提取瑞利波频散曲线通常采用空间自相关法（SPAC法）。SPAC法从微动记录中提取瑞利波并计算各台阵的瑞利波频散曲线，采用个体群探索分歧型遗传算法（FGA）由相速度频散曲线反演勘探点（台阵）下方的S波速度结构，反演计算前先给定初始模型（层数、各层S波速度、层厚的范围），再从给定的范围中求得S波速度结构的最优解。SPAC微动探测可用图2-4流程表示。

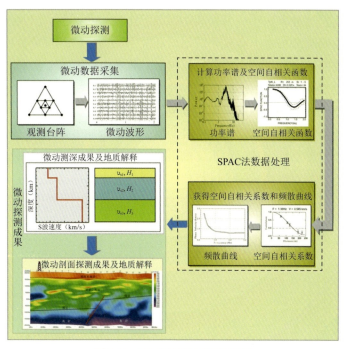

图2-4　SPAC微动探测流程图

二维微动剖面探测则在获得各微动中心点的面波频散曲线后，用式(2-1)直接计算视S波速度v_x，可将相速度频散曲线（v_r-f曲线）转换成视S波速度v_x随深度的变化曲线（v_x-H曲线），再通过插值、光滑计算，最终可获得视S波速度彩色剖面。v_x是既不同于相速度v_r也不同于S波速度v_s的面波物性参数，具有速度量纲。v_x因为避免了反演过程中设置初始模型、反演结果选取等人为因素的影响，微动剖面结果能更客观且直观地反映地层岩性及构造变化。

$$v_{x,i} = \left(\frac{t_i \cdot v_{r,i}^4 - t_{i-1} \cdot v_{r,i-1}^4}{t_i - t_{i-1}} \right)^{1/4} \tag{2-1}$$

式中：v_r——瑞雷波速度（m/s）；

t_i——周期（s）。

2.1.2 岩溶地层调查方法

岩溶区域内发育着各种情况的溶洞，溶洞的大小、发育位置、内部填充物物性、含水率、透水率等特征往往存在较大差异。当盾构掘进穿越该区域时，岩溶处理不当则极易诱发大规模的突水、突泥等灾害，不仅会严重破坏地下水环境，也会出现塌方等现象，导致人员伤亡、施工设备严重损坏等不良后果。另外，溶洞（特别是大型溶洞）处理也会影响工程进度、增加工程投资。

目前，岩溶地层的勘探主要依靠钻探，但岩溶在空间上的大小、位置、数量具有局部随机性，且钻探存在"一孔之见"，少量钻孔不能查明岩溶的分布，往往需要通过加密钻孔来提高勘探范围。但这种方法不仅会提高钻探的工作量和勘察费，同时还会由于作业时间非常紧张，造成道路交通堵塞。在复杂的地质环境下，为了得到更丰富可靠的地质资料、满足设计和施工的需求，利用超高密度直流电法、跨孔电磁波 CT 法等物探与钻探相结合的方法勘探岩溶地质势在必行。

超高密度直流电法利用物质的电阻率或电导率差异达到勘探目标体的目的。溶洞与围岩的物性差异会导致溶洞与围岩之间存在较明显的电性（如电阻率或电导率等）差异，溶洞发育一般充填有软塑黏性土或岩溶水，电阻率表现很低；而围岩微风化灰岩在无裂隙发育的情况下，电阻率相对较高，这为进行超高密度直流电法勘探试验寻找溶洞裂隙提供了良好的地球物理前提。超高密度直流电法测试的试验布置如图 2-5 所示。

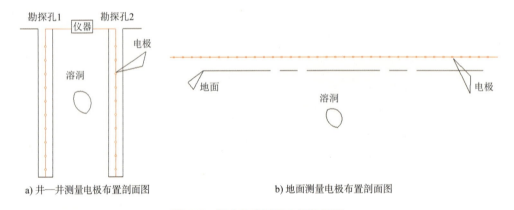

a) 井—井测量电极布置剖面图　　　　　　b) 地面测量电极布置剖面图

图 2-5　超高密度测量电极装置图

超高密度直流电法勘探属于体积勘探，对异常体反应敏感。由于局部发育异常体会对其周围一定范围内的电性参数产生影响，虽然可利用高分辨率的反演技术进行数据处理，但异常体边界还是模糊，空间分辨率相对较低，原因是岩石电阻率与矿物成分、含水率、孔隙比、层理、温度和压力等因素有关，相同岩性的岩石电阻率反映相同，但不同岩性的岩石尽管结构和含水率不同，其电阻率也可能反映相同。

跨孔电磁波 CT 法利用不同介质对电磁波的吸收系数（β）的差异进行目标体勘探。空洞、破碎带等的吸收系数（β_s）比其围岩的吸收系数（β_0）要大得多，因此溶洞、破碎带背后的场强也就小得多，从而呈现负异常，所以可以根据这种差异来推断目标地质体的结构和形状,其原理与医学 CT 相似。跨孔电磁波 CT 法根据实测数据,依照电磁波在地下有耗介质中的传播规律及一定的物理和数学关系,反演透视剖面上的物理参数分布,最后以图像的形式表现出来。

跨孔电磁波 CT 法涉及电磁波在地下有耗半空间的辐射、传播和接收,其正反演问题的理论基础是电磁场理论和天线理论。式(2-2)为地下电磁波法中的场强观测值公式:

$$E = E_0 \times e^{-\beta r} \times f(\theta) \times r^{-1} \tag{2-2}$$

式中:E——接收点的场强值(V/m);

E_0——初始辐射常数(V/m);

β——吸收系数(dB/m),即介质中单位距离对电磁波的吸收值;

$f(\theta)$——收发天线的方向因子函数;

r——发射与接收点之间的距离(m)。

跨孔电磁波 CT 法采集到的数据可利用计算机层析成像技术进行孔间电磁波吸收系数的成像。目前国内外相关处理方法较多,如代数重建法(ART)、联合迭代法(SIRT)、反投影法(BPT)、共轭梯度法(CG)及波前法射线追踪(WFRT)等,这些方法可以是直射线模型,也可以是弯曲射线模型。

跨孔电磁波 CT 法的观测方式大致有两种,同步观测方式和共发射点扇形观测方式,观测剖面如图 2-6 所示。跨孔电磁波 CT 法相对于超高密度直流电法的体积勘探属于点测,并且电磁波的频率较高,在应用环境适宜的情况下分辨率高于超高密度直流电法勘探。但与超高密度直流电法相似,跨孔电磁波 CT 法在岩性分辨方面也具有局限性(如城市建设管线,特别是金属管线和工业用电线缆,会严重影响电磁波勘探数据的采集质量),因此对于测试结果的分析解释应与地质专家对本地区的经验性分析解释相结合。岩溶地层调查工程中,在地下异常体复杂程度低的情况下,物探技术采集数据质量高,反演成果可靠,空间分辨率高,物探成果多解性低;在异常体复杂程度高的情况下,野外采集的数据受到各个异常体对物理信息综合的影响,由于采集数据量、观测角度有限,反演成果可靠性相对较低,异常体边界模糊,更有可能发生异常体"串联"现象,即空间分辨率低,物探成果多解性高。

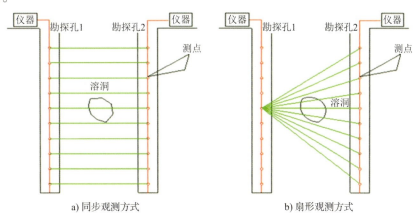

图 2-6 电磁波 CT 同步和扇形观测方式

岩溶调查的各种方法具有不同的应用环境和勘探精度，调查方案应走"综合物探"之路，基本思路为：首先采用超高密度直流电法作定性解释，在异常体比较复杂的情况下辅助跨孔电磁波 CT 法，以另一物性条件勘探异常体，减小多解性，尽量达到较高的解释精度，必要时再辅以超前地质预报技术。

2.1.3 含孤石地层调查方法

含孤石地层的特点在于孤石作为强风化或全风化花岗岩层中残留的微风化、新鲜、坚硬的花岗岩球状风化体，与其周围的围岩强度相差巨大，若不对其进行预处理，当盾构机滚刀遇到孤石时，极易使刀盘受到瞬间荷载冲击，造成盾构刀具损坏、刀座变形、刀盘磨损、盾构设备损坏、被动开仓等问题。由于盾构刀盘维修难度大，盾构隧道将面临掘进困难，甚至地面塌方、冒顶、建筑物损坏等不良后果。孤石探测的手段多种多样，包括钻探、重力勘探、电阻率成像法、瞬变电磁法、地质雷达法、地震反射波法、跨孔电磁波 CT 法等，这些探测手段利用不同的原理完成与地层的交互，从而达到识别效果。而这类手段的多样性也为适应不同环境限制下的孤石探测提供了多种可能，根据实际工程的地质条件与环境保护要求，可以采用不同的方法对地层进行勘探，从而达到精准识别孤石的探测效果。

利用跨孔超高密度电阻率法进行勘探时，需要与钻探结合，通过在两钻孔中分别放入一定数量的电极，观测两孔间的电流、电压，反演获得两井间电阻率分布断面图，分析不同岩土介质与电阻率之间的对应关系，进行地质信息解释，进而达到工程勘探的目的。尽管该法勘探成本较高，但对孤石发育位置勘探结果较理想，可以勘探并识别出最小粒径为 0.5m 左右的孤石异常体，如图 2-7 所示。

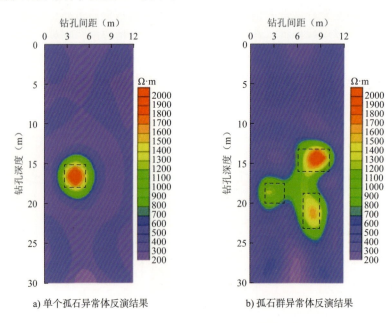

a) 单个孤石异常体反演结果　　　b) 孤石群异常体反演结果

图 2-7　跨孔超高密度电阻率法示意图及识别效果

利用跨孔超高密度电阻率法进行勘探时，一般使用高密度电阻率仪及配套的测量系统，通过布设多个电极，利用多芯电缆将电阻率仪连接到电极转换器，电极转换器通过形成不同的电极排列装置和不同的电极距，实现对地下介质的快速检测。电极距和电极数量与跨孔超高密度电阻率法的探测距离和精度息息相关，电极数量越多，电极距越大，则探测的深度越大，精度越低。如图 2-8 所示，跨孔超高密度电阻率法可根据反演结果中的高阻异常，对局部岩性变化的区域进行有效圈定。

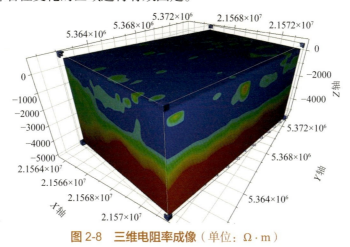

图 2-8　三维电阻率成像（单位：$\Omega \cdot m$）

2.1.4　沼气地层调查方法

沼气地层的特点在于含有丰富的有机质、相对密封的地质环境以及地层具有一定的储藏空间。沼气在一定的浓度范围内遇火会发生火灾和爆炸，沼气的释放会引起地层结构的变形，并使土层的工程性质发生变化。这些都会影响盾构隧道施工人员的安全和隧道结构的稳定性。沼气大部分以比较稳定和平缓的方式进入隧道，比如从盾构头部沿螺旋输送器随泥土进入，或是从刀盘与盾壳的接缝处及盾尾间隙进入等。但当沼气处于高承压状态时，高压沼气有可能挟带泥沙集中喷入隧道，迅速聚集的高浓度沼气会使人窒息，遇火源可能引发爆炸和火灾，造成人员伤亡、设备受损。避免隧道施工和运营过程中沼气事故的一个重要措施是要做好相关检测工作，探明建设场地有害气体的分布范围，定量获取有害气体的压力、埋藏深度、范围等相关信息，为设计、施工提供有害气体的相关参数。

静力触探（触探法）是工程勘察中的一种原位测试方法，在沼气地层中得到广泛应用。基本原理就是用准静力（相对动力触探而言，没有或很少冲击荷载）将一个内部装有传感器的触探头以匀速压入土中，由于地层中各种土的软硬不同，探头所受的阻力自然也不一样，传感器将这种大小不同的贯入阻力通过电信号输入到记录仪表中，记录或显示出地层的贯入阻力，再通过贯入阻力与土的工程地质特征之间的定性关系和相关统计关系，获得土层剖面等工程勘察资料。

采用触探法勘探时，首先利用贯入阻力和土的强度之间存在的一定关系，确定土的力学指标、划分土层。由于各地区触探曲线特征与沉积物的关系不尽相同，在划分土层名称前,首先需要在各地区选择某一典型的井,即全新世地层出露齐全的触探曲线,经过对比分析可找出土层与触探曲线的对应关系,并以该井为基准对全区触探曲线进行岩性划分对比。触探孔施工完毕后提出探杆,若探杆穿过的地层含气,则会喷出,因而可以定性地判断该孔是否含气。然而,当触探孔穿过多个储层时,就不能判断是哪一层含气了。

利用触探法勘探含气地层的优势在于:①探头灵敏度高,能反映土层在垂直方向的细微变化,在电子电位差计的配合下,能连续测记土层的贯入阻力,从而可得到完整的单孔土层柱状图,即可反映单井地层垂向层序。②改变了钻探、取样、测试的工序,拔钻后可直接观察到含气情况,勘探过程与周期得到简化与缩短。③在借助取芯井详细分析岩性、岩相的基础上,不仅能很好地定量划分岩性,而且还能判断岩相并大致划分相界线。④极易判断古河口湾的存在,可为寻找浅层气指明方向。⑤易于识别两类硬黏土层,进而初步判别其沉积环境,判别储气层层位。⑥触探设备体积小、重量轻,且所需人员少,操作容易,费用低廉。

但是触探法也有其局限性:①不适用于卵石层和含砾量大于30%的土层,遇此类地层时,触探曲线会失真,且可能发生无法钻进的情况;虽然对于松散沉积地层而言,触探法有着极强的适应性,但是对于密实砂层、碎石土层、砾石土层而言,其适应性则表现较差。②不能直接判别地下多个储层的含气情况及气层的有效厚度。③触探井显示的出气强弱,与地下气体的气量大小有关,但无绝对的对应关系。④各地区触探曲线特征与沉积物的关系不尽相同。对于某一地区,利用触探曲线时,要打取芯井,以确定该区触探曲线特征对岩性岩相的反应。⑤作为以原位测试技术为基础的勘探手段,触探法无法直观地观察土层。如果想要对土体进行全面的分析,还需要钻探取样等技术配合。

高密度电阻率法是以岩石的导电性差异为基础的一种电探方法,可获得各种地形条件下电阻率变化的连续剖面,能够追踪砂体展布,并推断气层的厚度,对判断电阻率有明显差异的黏土层、含水砂层和含气砂层有较好的效果。对于储气层中岩性主要为贝壳砂层、含贝壳砂层和粉细砂层的区域,含浅层气的目标层视电阻率较高,相应的地层如含水层则视电阻率较低,利用该特征区分水汽,进一步明确含气砂体的分布范围和规模。图2-9为高密度电阻率法剖面反演成果图。

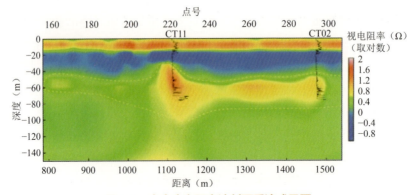

图 2-9 高密度电阻率法剖面反演成果图

2.1.5 高透水性砂层调查方法

高透水性砂层的特点是不均匀系数小、密实性差、渗水系数大、稳定性差，水土压稍有失衡就会发生崩塌[1]。对于这种地层，当盾尾离开后，背后注入浆液尚未填充到位之前的短暂时间内，地层中出现空洞，此时砂层将出现崩塌，直至地表出现凹陷。在这种地层中推进时，为确保掘削面的稳定，必须设计与地层条件相匹配的泥水（泥土）参数。泥水平衡盾构机掘进时，应恰当地选择泥水的密度、黏度、颗粒级配等参数；同时，应恰当地选择工程材料等级、泥土配比、添加料的掺入量等参数。为此，通过钻孔取芯并开展颗粒分析试验和渗透系数试验等土工试验，或在现场进行抽水试验和地下水位观测，准确掌握切削土层的颗粒级配构成、渗透性和地下水位等参数。

2.1.6 高水压含卵石砾层调查方法

高水压含卵石砾层多为江河下部含大卵石的高水压砾层，在掘削这种地层之前，必须探明卵石的大小、形状、数量、硬度，以及地下水的流速和流量等参数，因为这些参数是设计推进机械刀具材质和形状、切口形状等的依据，必须详细勘察。当采用常规钻孔法难以获得上述参数时，可采用大口径钻孔和试掘深基础的方法来获取。此外，在竖井井底黏土层下方存在砾石层的情况下，开挖井底时因承压水的作用可能会出现井底隆起。对此，应事先通过测量孔隙水压等方法，掌握承压水的压力，必要时采取地层加固等措施予以防止。

2.1.7 软淤泥及黏土层调查方法

软淤泥及黏土层的特点是天然含水率比液限大，稍受外力作用就会发生扰动，导致强度显著下降。在这种土层中掘进，保持土压平衡极为困难，也往往会出现前期沉降及掘进通过后沉降长期不收敛，即沉降持续时间特别长的问题。为了防止出现这种现象，对该底层进行加固，必须事先通过原状土和重塑土的无侧限抗压强度试验、固结试验、三轴压缩试验等土工试验，掌握软淤泥及黏土层的灵敏度和变形特征。

2.2 既有建（构）筑物和环境调查

2.2.1 既有建（构）筑物调查

既有建（构）筑物是指影响穿越施工的地形、地物及设施的统称[1]。既有建（构）筑物调查以保护轨道交通线路周边的地形、地物、各类设施及确保工程的安全性为最终目的。表 2-2 为既有建（构）筑物调查的项目、内容及目的。

既有建（构）筑物调查的项目、内容及目的　　　　　表 2-2

项目	内容	目的
既有建（构）筑物	结构形式、基础形式、与隧道空间位置，长高比、完整现状及使用特性等	制定搬迁方案或保护及监测措施
在建建（构）筑物	进度、施工工艺、结构形式、基础结构构造、空间位置、用途及使用情况等	制定保护及监测措施、调整施工进度安排
管线	类型、材质、管径、数量、空间属性及使用情况等	制定搬迁方案或保护及监测措施
井及地下空洞	平面位置、深度、使用情况、缺氧程度、地下水位及水质等	制定搬迁方案或保护及监测措施
建（构）筑物残留物及临时工程残留物	材质、空间位置、工程经历及工程状况（土地管理者、道路管理者、埋设的企业、施工单位）、土体和地下水的污染状况等	制定拆除方案及监测措施

2.2.2 环境调查

地下穿越施工中隧道掘进、注浆、构件运输等过程将不可避免地产生噪声、振动、地层变形等。由于地下穿越工程往往处于人员、建（构）筑物密集的地区，施工中的噪声与振动会影响人员生理与心理健康、干扰精密仪器的精度并影响其正常使用。因此，在穿越施工之前及施工过程中需要进行环境调查，调查施工对周边事物可能带来的影响。

噪声及振动调查通过监控周围设施在不同工程阶段和不同时间点的噪声及振动，由此制定相应的噪声振动控制标准。若地下穿越工程邻近医院、学校等重点设施，则需采取降噪、减振措施及调整施工时段来有效减少对环境的影响。地层变形调查通过监控垂直位移、水平位移、土压力、地下水压力及地下水位、制定穿越推进、沉降控制和监测等措施。废弃物调查应包括调查弃土（浆）点、土方（泥浆）运输路线、排水设施、水质等，制定控制和监测措施，促进再生利用。除此以外，还应调查周边的交通流量。

2.3 既有轨道交通结构现状评估

既有轨道交通结构现状评估对象为受地下穿越工程影响较大的既有轨道交通结构。通过采取现状调查、监测、测量和结构验算等手段，掌握既有轨道交通结构的当前安全状态，评估结构的继续抗变形能力和承载能力，并确定相应的结构安全控制指标值，从而对后续评估工作起到一定的指导作用。同时，既有轨道交通结构现状评估是地下穿越工程实施前的前期鉴定，便于在外部作业实施后，对实际造成的影响进行责任认定。图 2-10 为现状评估流程图。

2.3.1 现状调查

现状调查应包括既有轨道交通结构的资料调查及结构检测。表 2-3 为既有轨道交通结构资料调查的类别及内容。

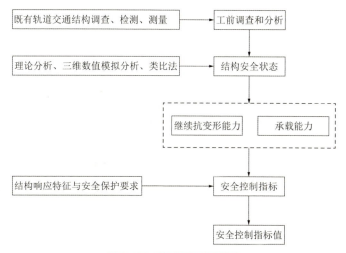

图 2-10 现状评估流程图

既有轨道交通结构资料调查的类别及内容 表 2-3

类别	内容
概况调查	建设年代，建设位置、埋深及周围的水文、地质、气象和地震等资料，主要工程材料，设计标准（结构功能、设计界限、线路技术等级、列车设计速度、列车类型、列车运行间隔、设计荷载等级、抗震设防水平、基本风速、温度与湿度环境等）
技术资料调查	建造、大修和加固的设计文件，施工记录，设计变更及隐蔽工程检验，施工总结，监理总结，竣工资料，预制构件的出厂合格证书，材料试验及抽检资料，日常养护维修资料，定期检测及有关资料等

既有隧道的结构检测应包括车辆限界、设备限界和建筑限界，隧道衬砌结构、盾构连接方式、连接构件以及变形缝等，各部位防水措施及防水等级，混凝土剥落、裂缝及碎裂情况，隧道结构漏水情况，混凝土强度、衬砌厚度以及混凝土保护层厚度。

根据《盾构法隧道结构服役性能鉴定规范》（DG/TJ 08-2123—2013）[4]，隧道整体服役状态的评估主要分为确定隧道环境作用等级、评定构件服役状态等级、评定构件服役状态等级、评定结构区段服役状态等级及评定隧道整体服役状态等级五个步骤：

（1）根据隧道年平均湿度、周边氯离子含量、硫酸根离子含量、二氧化碳含量、酸碱度，评定隧道环境作用等级。

（2）根据结构构件所处环境等级，结合完整状态、密闭状态、变形状态和结构构件承载能力状态子项指标评定结构构件服役状态等级。完整状态的子项指标包括剥落深度、剥落区半径、裂缝宽度，密闭状态的子项指标包括滴漏、水珠、渗水，变形状态的子项指标包括挠度和倾斜度，承载能力状态的子项指标为结构构件承载能力可靠性。

（3）根据密封件的完整性、连接的渗漏水程度、接缝的张开量和错台量、衬砌管片间连接螺栓的损伤程度、预埋件损伤和钢构件损伤的子项指标评定结构连接服役状态等级。

（4）根据构件及连接服役状态等级的评定，结合结构区段相对变形和防水性能等级的子项指标评定结构区段服役状态等级。

（5）采用上述方法对构成隧道结构的各区段服役状态等级进行评定，获得隧道整体服役状态等级。

既有桥梁的结构检测应包括结构表面裂缝、混凝土剥落、结构表面锈迹、混凝土强度、混凝土保护层、混凝土碳化、钢筋锈蚀、高架桥梁结构损伤、静载试验、动载试验、附属设施（含结构排水设施工作状况、支座检测、梁端横向限位）。

既有路基的结构检测应包括路基结构分层，基床、砂垫层及路堤填土的各层厚度，路基结构的横断面和纵断面状况，路基结构横断面变形（含竖向变形和横向变形）和纵向变形，基床土的性质与状况（含基床土的物理力学性质、颗粒组成、含水率、强度等），路基病害的类型、发育程度和分布形式。

既有轨道的检测应包括轨道几何形位（含轨距、高低、水平、轨向、三角坑、道岔几何形位等），轨道结构及部件的状态、轨道结构的变形和应力状态、整体道床裂缝及其与基础的连接状态。

既有轨道交通结构调查完毕后，通过对结构现状初步分类，可为现状评估提供参考。为考虑结构安全状况对结构安全控制指标的影响，可先根据结构变形和结构损伤情况，将结构现状分类，参考浙江省《城市轨道交通结构安全保护技术规程》（DB33/T 1139—2017）[5]，结构状态分为Ⅰ类、Ⅱ类、Ⅲ类、Ⅳ类四个类别，并符合表2-4的要求。

轨道交通结构现状分类 表2-4

轨道交通结构现状	轨道交通结构变形或结构损伤情况
Ⅰ类	变形大或结构损伤严重
Ⅱ类	变形较大或结构损伤较为严重
Ⅲ类	除Ⅰ类、Ⅱ类、Ⅳ类以外的情况
Ⅳ类	未铺轨运营、变形较小且结构性能完好

2.3.2 现状评估

既有轨道交通结构的承载能力和继续抗变形能力的评估，主要根据现状调查及相关规范，采用理论、三维数值模拟及类比法进行计算分析。

（1）承载能力评估

既有轨道交通结构的承载能力应按照强度控制进行验算，估算出结构的实际承载能力极限值，考虑一定的安全储备系数后，提出既有轨道交通结构的承载能力控制值。

（2）抗变形能力评估

既有轨道交通结构的抗变形能力应根据对结构承载能力的分析，评估结构抵抗变形的能力，考虑一定的安全储备系数后，提出既有轨道交通结构抗变形能力控制值。对于运营中的既有轨道交通线路，结构抗变形能力除了受到结构承载能力的控制外，还要受到线路运营的控制，即结构的变形不能影响线路的安全运营。在同时受到二者控制的情况下，以取小为原则确定既有轨道交通结构的抗变形能力控制值。

（3）允许附加位移评估

既有轨道交通结构的允许水平位移、沉降和差异沉降应根据列车安全运营对线路平面曲线曲率、纵坡、竖曲线曲率的要求，依据与轨道、道床共同作用的机理，确定轨道交通结构允许水平变形及差异沉降，考虑一定的安全储备系数后，提出既有轨道交通结构的允许水平位移、沉降和差异沉降的控制值。

2.4 地下穿越工程风险和影响预评估

为评估地下穿越工程方案的可行性、提出合理的结构安全保证措施，应在实施前开展穿越工程影响预评估。地下穿越工程预评估可分为两步进行，首先利用接近程度和工程影响分区开展地下穿越工程的定性风险评估，之后根据定性评估结果采用数值分析等手段开展附加影响的定量预测。

2.4.1 地下穿越工程风险和影响定性评估

地下穿越工程的影响定性评估基于穿越工程等级这一指标，该指标主要与穿越工程的特点、既有轨道交通结构的类型、穿越工程与既有工程结构的空间关系、工程地质和水文地质条件等因素相关。针对不同类型的既有轨道交通结构，首先基于既有工程与新建工程的空间位置判定接近程度，之后根据穿越工程施工方法的特点划分工程影响区，再由接近程度与工程影响分区初步划分影响等级，最后根据工程地质和水文地质条件提高或降低影响等级，从而确定最终的穿越工程影响等级并实现穿越工程影响定性评估。地下穿越工程定性评估流程如图 2-11 所示。

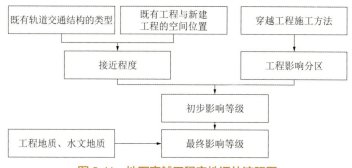

图 2-11 地下穿越工程定性评估流程图

本节给出的城市轨道交通结构的影响等级划分方法主要参考了《城市轨道交通结构安全保护技术规范》（CJJ/T 202—2013）与《城市轨道交通既有结构保护技术规范》（DBJ/T 15-120—2017）[6-7]。地下穿越工程影响等级主要根据地下穿越工程与既有轨道交通结构的接近程度和工程影响分区进行划分，分为特级、一级、二级、三级和四级。

（1）接近程度判定

地下穿越工程与既有轨道交通结构的接近程度应根据城市轨道交通既有结构的类型及其与穿越工程的空间关系确定，接近程度的判定宜按表2-5和图2-12～图2-14的规定确定。

地下穿越工程与既有轨道交通结构的接近程度判定　　　　　　表2-5

既有轨道交通结构类型	相对净距	接近程度
明挖、盖挖法结构	$L \leqslant 0.5H$	非常接近（Ⅰ）
	$0.5H < L \leqslant 1.0H$	接近（Ⅱ）
	$1.0H < L \leqslant 2.0H$	较接近（Ⅲ）
	$L > 2.0H$	不接近（Ⅳ）
矿山法结构	$L \leqslant 1.0W$	非常接近（Ⅰ）
	$1.0W < L \leqslant 1.5W$	接近（Ⅱ）
	$1.5W < L \leqslant 2.5W$	较接近（Ⅲ）
	$L > 2.5W$	不接近（Ⅳ）
盾构、顶管法结构	$L \leqslant 1.0D$	非常接近（Ⅰ）
	$1.0D < L \leqslant 2.0D$	接近（Ⅱ）
	$2.0D < L \leqslant 3.0D$	较接近（Ⅲ）
	$L > 3.0D$	不接近（Ⅳ）

注：1. L为既有轨道交通结构与新建结构的最小相对净距（m）；H为明挖、盖挖法结构的基坑开挖深度（m）；W为矿山法结构的毛洞跨度（m）；D为盾构法结构的外径、圆形顶管法结构的外径或矩形顶管法结构的长边宽度（m）。
2. 相对净距指地下穿越工程的结构外边线与轨道交通结构外边线的最小距离。
3. 轨道交通非轨行区结构可按相关经验进行适当调整。

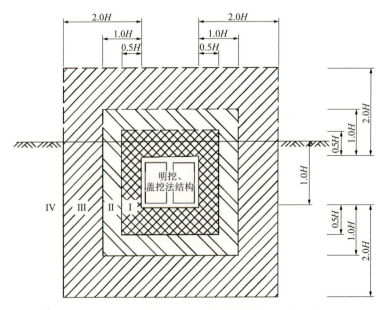

图2-12　既有明挖、盖挖法结构的接近程度判定

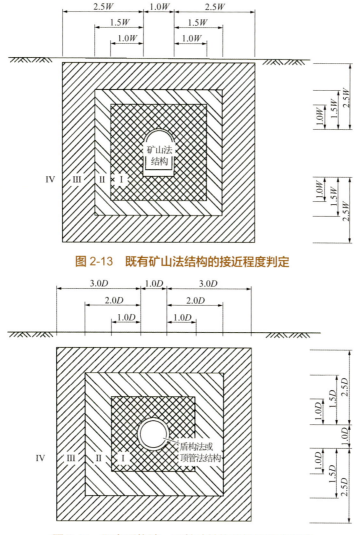

图 2-13 既有矿山法结构的接近程度判定

图 2-14 既有盾构法、顶管法结构的接近程度判定

（2）工程影响分区确定

地下穿越工程的工程影响分区宜根据工程施工方法确定。明挖、盖挖法地下穿越工程的工程影响分区宜按表 2-6 和图 2-15 确定。矿山法、盾构法浅埋隧道穿越工程的工程影响分区宜按表 2-7 和图 2-16 确定。矿山法、盾构法深埋隧道穿越工程的工程影响分区宜按表 2-8 和图2-17 确定。

明挖、盖挖法地下穿越工程的工程影响分区   表 2-6

工程影响分区	区域范围
强烈影响区（A）	结构正上方及外侧 $0.7h_1$ 范围内
显著影响区（B）	结构外侧 $0.7h_1 \sim 1.0h_1$ 范围
一般影响区（C）	结构外侧 $1.0h_1 \sim 2.0h_1$ 范围
较小影响区（D）	结构外侧 $2.0h_1$ 范围以外

注：1. h_1 为明挖、盖挖法地下穿越工程结构底板的深度（m）。
2. 当地下穿越工程需施工锚杆、锚索、土钉时，作业边界以锚杆、锚索、土钉末端的水平投影位置为准。

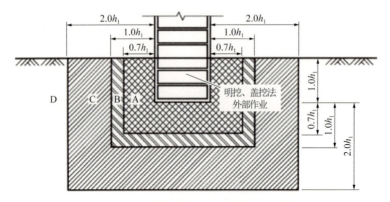

图 2-15　明挖、盖挖法地下穿越工程的工程影响分区

矿山法、盾构法浅埋隧道地下穿越工程的工程影响分区　　表 2-7

工程影响分区	区域范围
强烈影响区（A）	隧道正上方及外侧 $0.7h_2$ 范围内
显著影响区（B）	隧道外侧 $0.7h_2$～$1.0h_2$ 范围
一般影响区（C）	隧道外侧 $1.0h_2$～$2.0h_2$ 范围
较小影响区（D）	隧道外侧 $2.0h_2$ 范围以外

注：1. h_2 为矿山法和盾构法地下穿越工程隧道底板的深度（m）。
　　2. 当地下穿越工程需施工锚杆、锚索、土钉时，作业边界以锚杆、锚索、土钉末端的水平投影位置为准。
　　3. 本表适用于矿山法和盾构法地下穿越工程的浅埋隧道，隧道顶埋深小于 $3b$（b 为隧道毛洞跨度）。

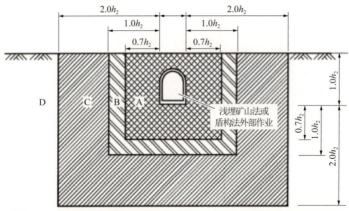

图 2-16　矿山法、盾构法浅埋隧道地下穿越工程的工程影响分区

矿山法、盾构法深埋隧道地下穿越工程的工程影响分区　　表 2-8

工程影响分区	区域范围
强烈影响区（A）	隧道正上方及外侧 $1.0b$ 范围内
显著影响区（B）	隧道外侧 $1.0b$～$2.0b$ 范围
一般影响区（C）	隧道外侧 $2.0b$～$3.0b$ 范围
较小影响区（D）	隧道外侧 $3.0b$ 范围以外

注：1. b 为矿山法、盾构法深埋隧道的毛洞跨度（m）。
　　2. 当地下穿越工程需施工锚杆、锚索、土钉时，作业边界以锚杆、锚索、土钉末端的水平投影位置为准。
　　3. 本表适用于矿山法和盾构法隧道顶埋深大于 $3b$ 的深埋隧道。

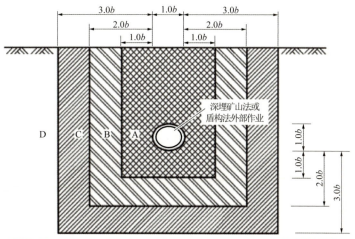

图 2-17 矿山法、盾构法深埋隧道地下穿越工程的工程影响分区

（3）影响等级划分

表 2-9 为地下穿越工程影响等级的划分方法。

地下穿越工程影响等级的划分方法　　　表 2-9

工程影响分区	接近程度			
	非常接近	接近	较接近	不接近
强烈影响区（A）	特级	特级	一级	二级
显著影响区（B）	特级	一级	二级	三级
一般影响区（C）	一级	二级	三级	四级
较小影响区（D）	二级	三级	四级	

由于周边地质条件对地下穿越工程的变形控制有较大的影响，因此地下穿越工程的影响等级应考虑地质条件等级。地质条件较好的地区，既有轨道交通结构的变形控制相对更简单，因而影响等级越低。表 2-9 适用于围岩级别为Ⅳ、Ⅴ的情况；围岩级别为Ⅰ～Ⅲ的情况，表 2-9 中的影响等级可降低一级；围岩级别为Ⅵ的软土地区，表 2-9 中的影响等级应提高一级，若原为特级则不再提高。围岩级别应按《城市轨道交通岩土工程勘察规范》(GB 50307—2012)[8]的有关规定确定。

根据地下穿越工程影响等级的划分结果，首先需要判定地下穿越工程是否需要进行安全评估。除有特殊要求的三级、四级的地下穿越工程外，其他三级、四级的地下穿越工程无须进行安全评估，但地下穿越工程方案应按正常程序进行审查。

2.4.2 地下穿越工程风险和影响定量评估

根据既有轨道交通结构的特点和所处的工程地质条件等情况，结合理论分析、模型试验、数值模拟等方法，预测地下穿越工程对结构的安全影响，提出相应的结构安全控制指标的预测值。同时，结合结构的现状评估成果，分析地下穿越工程方案的可行性，提出保障结构安全的相应措施。

当地下穿越工程结构安全控制指标的预测值超过相应的安全控制值时，则预评估的结论为地下穿越工程方案不可行，应调整地下穿越工程方案，制订安全可靠的保护措施，并重新进行预评估，直至预评估的结论为地下穿越工程方案可行。地下穿越工程影响预测分析方法包括经验法、解析法及数值法，详见第 3 章。

地下穿越工程影响预评估流程如图 2-18 所示。施工影响预评估的具体内容如下：

（1）模拟穿越工程与既有结构的三维空间关系，建立三维地层—结构或荷载—结构计算模型。评估模型应包括评估范围内的主要地层、穿越工程、既有轨道交通设施、影响范围内重要的既有建（构）筑物、既有管线等对象，并能够反映各对象的空间位置关系与结构尺寸。对模型中各对象需要设定的物理力学参数、设定依据及其合理性进行说明，并对评估模型进行验证。

（2）预测分析地下穿越工程实施全过程及永久使用阶段可能诱发既有结构各种风险的影响因素，包括周边加载或卸载、水位变化等，系统计算既有结构的内力和变位预测值，并给出主要评估对象主要工序的应力图、变形图、应力集中部位、最大变形部位等。

（3）当预测值超过相应的结构安全控制指标值时，应调整地下穿越工程设计方案，循环进行评估，直至预测值小于指标值。

（4）结合对应区段既有结构竣工资料，分别以混凝土结构裂缝宽度和强度控制进行计算，验算既有结构的安全性指标。

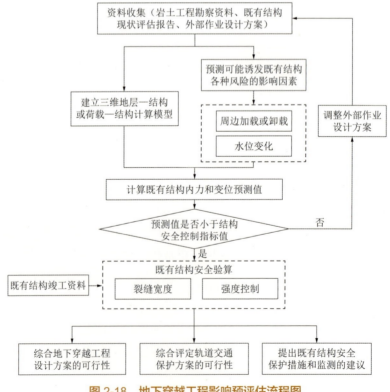

图 2-18 地下穿越工程影响预评估流程图

（5）综合评定地下穿越工程设计方案和轨道交通保护方案的可行性。

（6）提出既有结构安全保护措施和监测的建议，包括对地下穿越工程专项设计及施工的建议；穿越施工期间是否应进行监测，以及监测范围、监测对象、监测项目、监测频率和监测控制值；穿越施工期间是否需采取轨道防护及相应措施；地下穿越工程应注意防范的安全风险及应对措施。

2.5 地下穿越安全控制标准

结构安全控制指标的选择应遵循可操作性原则，结合地下穿越工程对既有结构的主要影响特征及其安全保护要求，针对不同的轨道交通结构类型特点和地下穿越工程的特点有所侧重选用。

2.5.1 轨道交通结构变形响应特征

对于既有轨道交通隧道结构，地下穿越工程将引起沿新建隧道前进方向上的地层扰动和土体损失，使得地基变形。而隧道变形则主要表现在沿隧道方向的纵向变形和横向变形。隧道纵向变形的表现形式为纵向沉降（上浮）、水平位移和曲率半径变化；在结构上，引起纵向接缝的张开、错台和管片构件纵向的挤压；在运营上，导致轨道纵向不平顺。隧道横（径）向变形的表现形式为椭圆度的变化；在结构上，引起管片横向连接的张开、错位和管片构件横向的挤压（压碎）拉伸（裂缝）变形；在运营上，引起轨道横向高差、轨间距的变化。

对于既有轨道交通桥梁结构，地下穿越工程对既有桥梁的作用源于地下穿越工程施工所引起的地层位移，包括垂直和水平两个分量。桥梁桩基础（桩基）的承载力由桩侧摩阻力和桩端阻力构成，桩基通过与地层的侧摩阻力和桩端阻力将上部荷载传递给地层。而地下穿越工程施工时，必将影响到邻近桥梁桩基的桩侧摩阻力和桩端阻力。如果桩基较靠近穿越工程的开挖面，掘进易导致桩基承载力的下降。地下穿越工程水平轴下方的垂直方向的土体位移分量方向向上，会导致桩基有上抬的趋势，而水平方向的土体位移分量将向着地下穿越工程的轴线移动，会在桩基中引起侧向的变形并产生弯矩。然而，实际工程中单桩的情形较少，桥梁桩基几乎都以群桩的形式出现，在桩端顶部有承台，地下穿越工程施工对邻近群桩的影响较之对单桩的作用更为复杂。

对于既有轨道交通路基结构，地下穿越工程的影响是通过施工产生的地层变形来传递的，因其改变了既有地层的初始应力状态与地下水状态，会造成土层变形，导致基床和轨道结构的承载力、稳定性和耐久性下降，影响结构的功能和安全，进而影响到列车运营的舒适性与安全性。

2.5.2 轨道交通结构安全控制指标值

轨道交通结构安全控制指标值应综合结构特点、安全现状、运营要求、地下穿越工程特点等因素确定。不同类型的轨道交通结构，由于结构的功能要求、所处部位不同，且结构对外部作业的响应也有所不同，故其结构安全控制指标也应有所侧重。

因此，需综合考虑各方面因素合理确定具体的结构安全控制值。本节给出的轨道交通结构的安全控制指标值参考了广东及国内其他地区的轨道交通结构的保护技术标准、规定以及《城市轨道交通结构安全保护技术规范》（CJJ/T 202—2013）、《地铁设计规范》（GB 50157—2013）、《普速铁路线路修理规则》（TG/GW 102—2019）等。控制指标值按双控要求结合累计值与变化速率值应符合表2-10～表2-12的要求。

盾构法或顶管法地下结构安全控制指标值 表2-10

结构安全控制指标	控制值	变形速率报警值
水平位移	<20mm	0.5mm/d
竖向位移	<20mm	0.5mm/d
径向收敛	<20mm	0.5mm/d
车站与区间交接处差异沉降	<16mm	0.5mm/d
变形曲率半径	>15000m	—
变形相对曲率	<1/2500	—
管片接缝张开量	<2mm	—
外壁附加荷载	≤20kPa	—
裂缝宽度	<0.2mm	—

明挖法地下结构安全控制指标值 表2-11

结构安全控制指标		控制值	变形速率报警值
水平位移		<20mm	0.5mm/d
竖向位移		<20mm	0.5mm/d
车站与区间交接处差异沉降		<16mm	0.5mm/d
裂缝宽度	迎水面	<0.2mm	—
	背水面	<0.3mm	—

高架与地面结构安全控制指标值 表2-12

结构安全控制指标	控制值	变形速率报警值
水平位移	<20mm	0.5mm/d
竖向位移	<20mm	0.5mm/d
车站与区间交接处差异沉降	<16mm	0.5mm/d
相邻桩基沉降差	<0.0015L	—
裂缝宽度	<0.3mm	—
梁板相对错动监测（横向）	<5mm	—
梁板相对错动监测（竖向）	<5mm	—

注：L为相邻桩基的中心距离（mm）。

轨道结构损伤主要发生在轨枕与道床，损伤形式包括结构裂缝、界面裂缝、空吊与离缝。道床、轨枕损伤形式的判定标准可参考表2-13执行。地基不均匀沉降、结构变形、裂缝开展等因素将引起道床沉降变形、轨道几何形位变化、轮轨游间变化、轨道不平顺增大，形成三角坑、空板等问题。这些不良现象最终将影响列车运行的平稳性和线路的稳定性。

道床、轨枕损伤形式的判定标准　　表2-13

损伤部位	损伤形式	判定项目	预警值	报警值	控制值	备注
轨枕	裂缝	宽度（mm）	0.1	0.2	0.3	掉块、缺损应适时修补，挡肩失效应及时修补
	界面裂缝	宽度（mm）	0.2	0.3	0.5	
	轨枕空吊	高度（mm）	0.5	1	2	
		连续数量（根）	1	2	3	
道床	裂缝	宽度（mm）	0.2	0.5	1.0	掉块、缺损应适时修补
	离缝	宽度（mm）	0.5	0.5~1.0	1.0	
		纵向长度（mm）	$3a$	$3a$~$5a$	$5a$	

注：a为扣件间距（mm）。

表2-14给出了整体道床线路的轨道静态几何尺寸容许偏差管理值。

整体道床线路的轨道静态几何尺寸容许偏差管理值（单位：mm）　　表2-14

项目		作业验收		经常保养		临时补修	
		正线	车辆段	正线及试车线	车辆段	正线	车辆段
轨距		+6、-2	+6、-2	+7、-4	+9、-4	+9、-4	+10、-4
水平		4	5	6	8	10	11
高低		4	5	6	8	10	11
轨向（直线）		4	5	6	8	10	11
三角坑（扭曲）	缓和曲线	4	5	5	7	7	8
	直线和圆曲线	4	5	6	8	9	10

注：1. 轨距偏差不含曲线上按规定设置的轨距加宽值，但最大轨距（含加宽值和偏差）不得超过1456mm。
　　2. 水平不平顺即轨道同一横断面上左右两轨面的高差（扣除超高值）。
　　3. 高低不平顺是指轨头沿钢轨长度方向在垂向的凹凸不平。
　　4. 轨向不平顺指轨头内侧沿长度方向的横向凹凸不平顺。轨向偏差和高低偏差为10m弦测量的最大矢度值。
　　5. 三角坑即左右两轨顶面相对于轨道平面的扭曲，用相隔一定距离的两个横断面水平幅值的代数差度量。三角坑偏差不含曲线超高顺坡造成的扭曲量，检查三角坑时基长为5m，但在延长18m的距离内无超过表列的三角坑。

2.6　地下穿越工程施工中动态评估

在地下穿越工程施工过程中，应结合既有轨道交通结构监测数据、病害情况、地下穿越工程实施状况以及预评估结果，确定轨道交通结构当前的结构安全状况和结构安全控制指标值，评估后续穿越施工方案的可行性，并为动态调整施工方案提供反馈依据。当穿越施工中出现以下情况时，宜进行过程评估[6]：①轨道交通结构监测预警等级达到三级（详见6.1.2节）；②穿越施工方案有较大变动，对轨道交通结构安全保护不利。

2.6.1　评估范围及对象

评估范围根据地下穿越工程施工的主要影响区域、既有结构现状评估报告及施工中的既有结构调查报告等资料确定。评估对象主要包括评估范围内受地下穿越工程影响较大的主体结构、附属结构及重要设施等。

2.6.2　评估内容

施工中动态评估以既有结构的监测数据、预评估报告及预测值、施工过程中的既有结构调查报告等资料为依据，对以下内容进行评估[6-7]：

（1）结合现状调查以及检测、监测等数据，与预评估得到的预测值进行对比分析，及时评估既有结构的当前安全状态，并判断地下穿越工程继续实施过程中既有结构的安全性。

（2）采用理论分析、三维数值模拟分析或工程类比等方法，再次评估既有结构在当前状态下的继续抗变形能力和承载能力，及时修正安全控制指标值，并预测评估地下穿越工程实施过程结构的安全状态。

（3）评估后续穿越方案的可行性，必要时重新制定既有结构的保护方案、增加控制保护措施，或调整施工方案。

（4）预测分析下一阶段既有结构的变形增量，综合评定后续穿越施工设计方案和既有结构保护方案的可行性。

2.6.3　评估等级

参考《穿越城市轨道交通设施检测评估及监测技术规范》（DB11/T 915—2012）[2]规定，评估可分为四级，一级为完好状态，二级为轻微病害，三级为一般病害，四级为较重病害。评估等级划分的重要指标之一是偏离系数δ，δ是衡量结构实际状态与允许状态偏离程度的重要指标，具体计算公式见式(2-3)与式(2-4)。通过统计大量工程实例，将偏离系数划分为四级，见表2-15。此外，评估等级还应考虑现场外观初步调查结果，根据轨道交通结构的破损、渗漏、裂缝、变形缝张开的变化情况，制定评估等级划分标准，见表2-16。

$$结构控制值偏离系数\delta_{jp} = \frac{监测最大值}{监测控制值} \qquad (2\text{-}3)$$

$$轨道控制值偏离系数\delta_{gp} = \frac{监测最大值}{监测控制值} \qquad (2\text{-}4)$$

偏离系数 δ 等级划分　　　　　　表2-15

偏离系数等级	数值范围	结构可能出现的状态	应对管理措施
一级	$\delta < 0.6$	结构状态完好	正常进行外部作业
二级	$0.6 \leqslant \delta < 0.8$	结构安全性能损伤轻微	监测报警，并采取加密监测点或提高监测频率等措施

续上表

偏离系数等级	数值范围	结构可能出现的状态	应对管理措施
三级	$0.8 \leqslant \delta < 1.0$	结构安全性能产生一定损伤	应暂停外部作业，进行施工过程安全评估工作
四级	$\delta \geqslant 1.0$	结构安全性能损伤严重或较大	立即启动安全应急预案

评估等级划分标准　　　　表 2-16

评估等级	划分标准
一级	未达到二级、三级和四级条件时，可定为一级
二级	偏离系数达到二级
三级	①偏离系数达到三级； ②既有渗漏达到《城市轨道交通设施养护维修技术规范》（DB11/T 718—2016）[3]的隧道、桥梁、车站等项目相应的分项状态评定标准的二级； ③既有裂缝达到《城市轨道交通设施养护维修技术规范》（DB11/T 718—2016）的隧道、桥梁、车站等项目相应的分项状态评定标准的二级
四级	①偏离系数达到四级； ②出现新的渗漏，或既有渗漏达到或超过《城市轨道交通设施养护维修技术规范》（DB11/T 718—2016）的隧道、车站等项目相应的分项状态评定标准的三级； ③出现新的结构裂缝； ④既有裂缝达到或超过《城市轨道交通设施养护维修技术规范》（DB11/T 718—2016）的隧道、桥梁等项目相应的分项状态评定标准的三级； ⑤道床与结构产生剥离

2.6.4　评估程序

地下穿越工程的施工中动态评估过程应遵循如图 2-19 所示的评估流程。在穿越施工中应根据现场监测数据及时判断结构当前是否处于安全状态，并为反馈调整后续施工方案提供依据，在确保后续穿越方案可行后再进行施工，不断循环该动态评估过程以确保地下穿越工程安全进行。

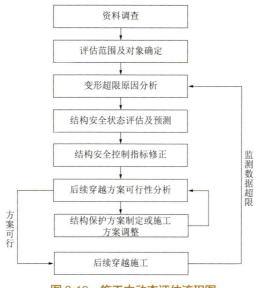

图 2-19　施工中动态评估流程图

2.7 地下穿越工程影响后评估

在地下穿越工程竣工一年或变形稳定后,应根据对轨道交通结构的影响程度进行后评估[9],以明确地下穿越工程实施对轨道交通结构变形和受力的影响、有无损伤及损伤状态的定量描述,并提出是否继续监测、是否进行后加固及采取何种处理措施等建议。

2.7.1 评估范围及对象

后评估范围按照地下穿越工程施工的主要影响区域,结合工前与工后检测评价、安全评估报告、监测报告,并经轨道交通运营单位确认后确定。

后评估对象主要包括评估范围内受地下穿越工程影响较大的主体结构、附属结构及重要设施等。

2.7.2 评估内容

后评估主要对轨道交通设施进行综合分析,评估结构、轨道及限界等使用状态和安全状态,并与施工前和施工中评估的相应项目进行对比分析。主要评估内容如下:①结合施工前和施工中评估报告,重点对比分析施工后轨道交通结构既有病害的变化情况、有无新增病害、有无其他潜在风险。②综合评估轨道交通结构施工后的安全状态和安全控制指标值,以及继续抗变形能力和承载能力。③对其他结合实际情况选择的项目进行评估。

2.7.3 评估程序

地下穿越工程的后评估过程应严格遵循后评估程序,主要包括资料调查,工后现场外观初步调查,评估范围、等级、对象确定,工后检测方案编制,仪器设备确认,工后现场检测,检测结果对比分析,评估模型建立,评估参数设定,后评估计算分析,后评估报告编制等[2],如图2-20所示。

(1)资料调查

后评估所需的基础资料应包含工前检测评价报告、安全评估报告、地下穿越工程施工

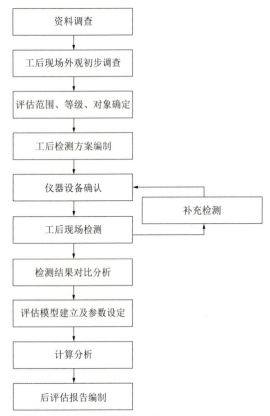

图2-20 后评估程序流程图

图专项设计资料及施工资料、监测成果、既有轨道交通设施设计及竣工资料、既有轨道交通大修和专项维修资料等。

（2）工后现场外观初步调查

应对轨道交通设施结构的破损、渗漏、裂缝、变形缝张开等情况进行现场外观初步调查，为评估等级确定提供依据。将工后现场外观初步调查成果与工前检测结果进行对比分析，以明确有无新增损伤和原有损伤的变化情况。

（3）等级评估

等级评估的流程与动态评估流程类似，可依据 2.6 节中表 2-15 与表 2-16 执行。

（4）工后检测方案编制

工后检测实施前应编制工后检测方案，主要包括工程概况、检测范围、检测项目、检测依据、检测方法、检测仪器设备、检测人员、检测计划等。检测的具体项目应根据评估等级确定，包含工前检测现场调查过的结构裂缝、变形缝等，见表 2-17。

各评估等级检测项目 表 2-17

项目分类	检测项目	评估等级		
	项目名称	一级	二级	三级
结构	渗漏量检测	★	★	★
	混凝土裂缝检测	★	★	★
	变形缝调查	★	★	★
	高架结构支座检测	★	★	★
	结构周边状况检测		★	★
	混凝土强度检测			★
	碳化深度			★
	钢筋锈蚀检测			★
	混凝土保护层厚度检测			★
限界	建筑限界			★
轨道	轨道几何形位调查（含静态轨距、静态水平）	★	★	★
	钢轨及零部件调查	★	★	★
	道床裂缝调查			★
	道床、结构剥离调查			★
线路	线路平、纵断面调查	★	★	★

注：1. 根据既有轨道交通设施的具体情况，可对检测项目进行必要调整。
    2. 二级、三级评估进行现状调查时，必须使用仪器定量检测，必要时可钻芯取样。
    3. 一级评估进行现状调查时，可根据实际情况进行定量、定性相结合检测。

（5）仪器设备确认

现场检测前应对仪器设备当前状态进行检查，确保工后检测使用的仪器设备在检定或校准周期内，且仪器设备的精度、量程满足检测需要。

（6）工后现场检测

根据检测方案进行相关项目的现场检测，检测时应做好对既有轨道交通设施的保护措施，且相关检测人员应遵守轨道交通运营单位安全管理规定。

（7）检测结果对比分析

首先对工后检测结果的合理性进行分析，当发现现场检测数据不足或异常时，应及时补充检测。通过与工前检测评价结果进行对比，明确变形程度、有无新增损伤及损伤程度、既有损伤的变化情况，并评估地下穿越工程对轨道交通设施的影响程度。

（8）评估模型建立及参数设定

评估模型应包括评估范围内的主要地层、地下穿越工程、轨道交通设施、影响范围内重要的既有建筑物及构筑物、既有管线等对象，并能够反映各对象的空间位置关系与结构尺寸。

参数设定时应依据地下穿越工程实施过程中揭示的实际地层及环境情况、轨道交通设施实际发生的变形及变形过程，设定模型中所需的物理力学参数，以验证评估模型的合理性，并对设定依据及其合理性进行说明。

（9）计算分析

后评估计算分析主要对受地下穿越工程影响较大的评估对象的变形或受力情况进行检算，计算模拟工序应与地下穿越工程实际采用的工序一致。

主体及附属结构的评估计算可采用经验法、理论解析法或数值模拟方法进行内力分析、强度及承载力检算，并给出主要评估对象主要工序的应力图、应力集中部位、最大应力值及方向等。

重要设施设备的评估计算应结合其实际发生的变形，按照该设施设备的相应标准进行评价。

（10）后评估报告编制

后评估报告应根据既有轨道交通设施的状态、检（监）测数据等，全面分析、综合判断穿越施工对其产生的影响，并给出安全评估结论、提出处理建议。后评估报告应包括以下内容：

第一部分为地下穿越工程的工程概况、与既有轨道交通的空间位置关系、工前检测结论、安全评估结论、主要施工过程、监测控制标准、监测结论等内容。

第二部分为评估依据、评估范围、工后检测对象及范围、工后检测项目及方法、工后检测结果、后评估对象、后评估模型及参数设定、评估方法及评估计算分析流程等内容。

第三部分为对地下穿越工程对既有轨道交通设施的影响范围、影响程度、损伤及其变化情况等进行定量描述，并对既有轨道交通设施后期正常使用及安全状态给出明确结论。

如果评估结论表明既有轨道交通设施存在安全隐患，还应分析其存在问题及动态变化趋势、损坏原因及维修处理意见。

因此，后评估报告可按照以下格式进行撰写：项目概况、评估依据、评估等级、评估范围及对象、工后检测结果、评估内容及方法、评估模型及参数设定、评估计算与分析、评估结论、评估建议。

2.8 基于超高密度地震背景噪声技术的地质调查案例

2.8.1 工程概况

广州地铁 12 号线广园新村站—恒福路站区间（广恒区间）穿越麓湖高尔夫球场，左线里程范围为 ZDK26+571～ZDK27+026、右线里程范围为 YDK26+575.707～YDK27+023，隧道埋深为 28～66m。在地下穿越工程实施前，对该区域的既有工程与水文地质进行调查。调查中由于麓湖高尔夫球场段受场地限制无法开展钻探及其他环境有损方法的勘探，左线 ZDK26+571～ZDK27+026（长 455m）、右线 YDK26+575～YDK27+023（长 448m）无地质钻孔资料，故采用超高密度地震背景噪声技术开展补充调查工作。

麓湖高尔夫球场属于低丘地貌单元。场地地形高差变化较大，地面高程为 23.51～70.16m，西侧山体地势最高，场地东南侧停车场地势最低；场地内除高尔夫球场草地外，还分布有原始茂密树木、球场车道等，附近还分布有学校楼房等；场地东南侧停车场现状路面为水泥路面，地面以下有填土。

根据区段附近已有的钻孔资料，自上而下为人工填土〈1-1〉、〈1-2〉，坡积粉质黏土〈4-3〉，侵入岩残积砂质黏性土〈5H-1〉、〈5H-2〉，变质岩类残积砂质黏性土〈5Z-1〉、〈5Z-2〉，基岩主要为花岗岩〈6H〉、〈7H〉、〈8H〉、〈9H〉，花岗片麻岩，混合花岗岩〈6Z〉、〈7Z〉、〈8Z〉、〈9Z〉。从浅至深不同地层之间密度、地震波速度及波阻抗存在明显差异，该物性差异适用于地震背景噪声面波成像方法。

2.8.2 测线布置

高密度地震背景噪声的面波方法观测系统设计遵循以下三条经验法则：①最小偏移距一般取 1/3～1/2 的最大探测深度；②间距取地层模型中最薄地层的厚度；③检波器排列长度为 1.5～2 倍的最大探测深度。

为覆盖地铁线路并考虑到该区段地铁线路存在一定弯曲情况，共布置 8 条二维高密度地震背景噪声测线。其中，4 条长测线 L1、L2、L3 和 L4 沿着地铁隧道左右两线进行布设，联络测线 L6、L7、L8 与长测线相垂直布设，L5 与长测线呈一定角度相交布设。本次探测任务共设计 8 条二维高密度地震背景噪声测线。测线 L1、L2、L3、L4 道间距 4m，每条测线部署 76 道，长 300m；联络测线 L5、L6 道间距设计为 2m，每条测线部署 51 道，长 100m；L7、L8 道间距 2m，每条测线部署 38 道，长 75m。测线布置如图 2-21 所示。

图 2-21 测线布置

每条测线观测时长均大于 8h，数据采样间隔 1ms。山顶及树林中使用载波相位差分技术（RTK）放样标记地震仪布设位置，将仪器安装好尾椎后插入土层（图 2-22）。为补充虚炮集中面波能量，在各测线上共选择了 50 个炮点，利用大锤进行 90 余次的人工震源激发。

图 2-22 坐标放样及仪器布设

2.8.3 数据分析

图 2-23 为 L1 + L3 联合测线的横波速度反演剖面图，利用沿线钻孔资料（MLZ3-GH-133、BK-GK-42、MLZ3-GH-064）对横波速度剖面进行了标定。剖面共经过 3 个钻孔，MLZ3-GH-133 钻孔没有揭露第四系覆盖层，BK-GK-42 钻孔和 MLZ3-GH-064 钻

孔揭露的全风化界面相对高程分别为 22.65m 和 −7.23m，对应的横波速度为 380～400m/s，推测为全风化界面。但由于山顶位置地形起伏大，多处陡坎对浅层横波速度测量影响较大，导致山顶浅层速度偏低，在测点距离 110～150m 位置处全风化界面对应横波速度较低，根据现场调查第四系覆盖层从测点距离 110m 处开始出露，推测全风化界面在此处尖灭。MLZ3-GH-133 钻孔和 BK-GK-42 钻孔揭露的中风化界面高程分别为 37.63m 和 10.45m，推测中风化界面横波速度为 580～600m/s。

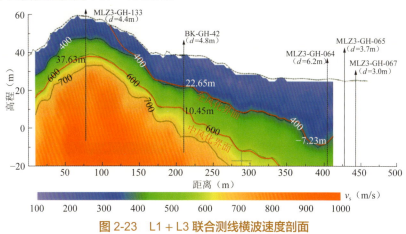

图 2-23　L1 + L3 联合测线横波速度剖面

图 2-24 为 L2 + L4 联合测线的横波速度反演剖面图，利用沿线钻孔资料（MLZ3-GH-052、MLZ3-GH-137、MLZ3-GH-066）对横波速度剖面进行了标定。剖面上共经过 3 个钻孔，MLZ3-GH-052 钻孔没有揭露第四系覆盖层，BK-GK-137 钻孔和 MLZ3-GH-066 钻孔揭露的全风化界面相对高程分别为 32.58m 和 −9.34m，对应的横波速度同样为 380～400m/s，推测为全风化界面。现场勘查在测点距 120m 处出露第四系覆盖，推测全风化界面在此处尖灭。MLZ3-GH-052 钻孔与 MLZ3-GH-137 钻孔揭露的强中风化界面相对高程分别为 41.4m 和 13.58m，MLZ3-GH-066 钻孔未揭露中风化和微风化层。根据钻孔划分的中风化界面横波速度同样为 580～600m/s。MLZ3-GH-052 钻孔距离测线 6.2m，因中风化界面起伏较大，该钻孔与横波速度界面存在一定偏差（<2m）。

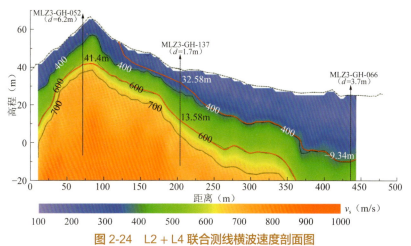

图 2-24　L2 + L4 联合测线横波速度剖面图

图 2-25 为 L5、L6、L7、L8 测线反演的横波速度剖面图。MLZ3-GH-132 钻孔到 L5 测线垂直距离为 0.9m，利用钻孔进行标定，推测中风化界面与 L1、L2 交点处中风化界面高程基本一致。L6、L7、L8 测线沿线均无钻孔数据，依据其他测线经钻孔标定的横波速度推测岩土层界面。

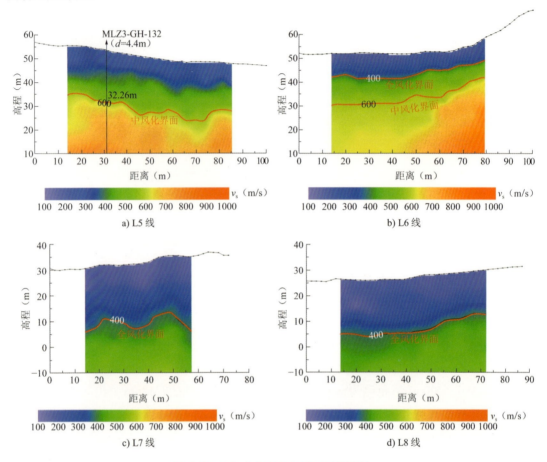

图 2-25　L5～L8 测线横波速度剖面图

由图 2-25 可知，L5 与 L1 交点处中风化界面高程分别为 31m 和 29.9m，相差 1.1m。L5 与 L2 交点处中风化界面高程分别为 27.5m 和 26.4m，相差 1.1m。L6 与 L1 交点处全风化界面高程分别为 42m 和 42.7m，相差 0.7m，中风化界面高程分别为 31m 和 30.2m，相差 0.8m。L6 与 L2 交点处全风化界面高程分别为 45m 和 46.3m，相差 1.3m，中风化界面高程分别为 33.8m 和 32.9m，相差 0.9m。L7 与 L3 交点处全风化界面高程分别为 10m 和 10.73m，相差 0.73m。L7 与 L4 交点处全风化界面高程分别为 11m 和 11.86m，相差 0.86m。L8 与 L3 交点处全风化界面高程均为 0。L8 与 L4 交点处全风化界面高程分别为 5.5m 和 5.7m，相差 0.2m。沿隧道的主测线和横向的联络测线交点位置界面基本能对应。

2.8.4　地质调查结论

结合钻孔资料对 8 条横波速度剖面进行了层位划分，共划分两个界面，即全风化层顶界面和中风化层顶界面，测线与钻孔之间、主测线与联络测线之间能够相互验证。测区范围内未发现横波速度高速异常点或低速异常体，推测不存在断裂、空洞或溶洞等不良地质体，整体地质结构稳定。

2.9 基于微扰动探测技术的地质调查技术案例

2.9.1 工程概况

广州地铁 14 号线鹤南站—彭边站区间（鹤彭区间）线路呈东西走向，沿线地势较平坦，地面高程为 11.31～15.10m。鹤彭区间左线起点里程为 ZDK9+625.100，终点里程为 ZDK10+560.400，长链 14.509m，区间长度为 949.809m。区间右线起点里程为 YDK9+625.100，终点里程为 YDK10+560.400，区间长度为 935.300m。区间顶板埋深为 12.30～19.87m，相对高程为 −7.56～7.50m；底板埋深 18.68～26.27m，相对高程为 −13.96～−1.92m。该区间采用盾构法施工，隧道外径为 6.40m。在地下穿越工程实施前，对该区域既有工程与水文地质进行调查。该区间下穿城中村，地面建筑物十分密集，勘察空间十分狭小。调查中由于受现场场地条件及各种干扰限制，钻探和传统物探方法均无法开展工作，故采用微扰动探测技术开展调查。

场地地貌为冲积平原，局部为台地，沿线地势较平坦，地面高程为 11.31～15.10m。区间线路呈东西走向，起于鹤南站，出鹤龙一路后下穿黄边南路、黄边文体康乐馆、观护龙公祠、黄边中街、黄村风水池、黄边北路、彭西高田停车场、一待开发用地及大量民房（1～8 层）后到达彭边站。

根据区段附近已有的钻孔资料，自上而下为人工填土〈1-1〉、〈1-2〉，冲洪积砂层〈3-1〉，冲洪积粉质黏土层〈4N-2〉、〈4N-3〉，残积土层〈5N-1〉、〈5N-2〉，全风化岩层〈6〉，强风化岩层〈7-1〉、〈7-2〉、〈7-3〉，中风化岩层〈8-1〉、〈8-2〉、〈8-3〉，微风化岩层〈9-1〉、〈9-2〉、〈9-3〉。

本区段开展微动探测工作具有较好的地球物理前提：

（1）第四系覆盖土层（素填土、粉质黏土）与基岩（全风化泥质粉砂岩、强风化砾岩）间横波速度和密度存在差异，面波在地下非均匀介质中传播会发生频散现象，故可以通过提取面波的频散曲线来获得介质的结构构造信息。

（2）非密实岩体、松散土体、富水、软弱区域物性表现为横波低速，密实土体、完整基岩表现为横波高波速特征，两者存在明显的横波波速差异，这是该方法的地球物理前提。所以，微动视 S 波速度剖面能有效分层、探测软硬岩体。

2.9.2 测线布置

微动探测测线布置在黄边村居民楼间,勘探点根据现场实际情况,沿隧道中心线10~20m之间布置一个勘探点,共计布置22个勘探点,对应4条测线,A线7个测点(A1~A7),B线8个测点(B1~B8),C线3个测点(C1~C3),D线4个测点(D1~D4)。

微动探测主要采用丁字形观测台阵,如图2-26所示,台阵观测半径分别为$r=0.9$m、4m、12m,以满足40m探测深度要求。在勘探点上方铺设0.9m台阵布,以精准确定0.9m小台阵中3个观测点的位置,其余观测点用皮尺丈量确定位置,测量误差可控制在厘米级,满足微动探测对小台阵观测测点精度的要求。

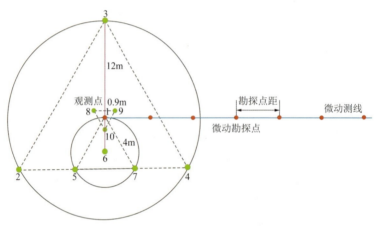

图2-26 微动观测台阵示意图

2.9.3 数据分析

通过与钻孔岩性对比,总结出测区视S波速度与岩性的关系(表2-18),为微动剖面岩性解释、地下软硬岩识别提供参考依据。综合分析视S波速度剖面(v_x剖面)特征,考虑v_x剖面背景值、速度异常形态、速度异常值及其梯度变化等因素,对岩性界面进行追踪解释,分析判别隧道洞身范围内低速、高速异常的性质,解释圈定地下异常体埋深及分布范围。

测区岩性与视S波速度的关系　　　　表2-18

层序		岩性	v_x(m/s)	剖面特征
A、B测线	覆盖层	素填土	220~400	岩性均匀
		粉质黏土	160~460	岩性均匀,发育低速薄夹层(黏土含量或含水量高)
	基岩	强风化~中风化泥质粉砂岩互层	400~700	岩性较为均匀,局部发育低速夹层
		微风化细砂岩	>700	岩性较为均匀,但仍有明显差异风化,局部强风化~中风化

续上表

层序		岩性	v_x（m/s）	剖面特征
C、D 测线	覆盖层	杂填土	220~340	岩性均匀
		粉质黏土夹中粗砂层	160~460	岩性均匀，发育低速薄夹层（黏土含量或含水量高）
	基岩	强风化砾岩	400~640	岩性较为均匀
		微风化砾岩	>700	岩性较为均匀，但仍有明显差异风化
		中风化~微风化泥质粉砂岩	≥460	岩性较为均匀，但仍有明显差异风化，局部为强风化~中风化

如图 2-27 所示，依据地层变化规律，A、B 剖面大致可分为 4 层，C、D 剖面可分为 5 层。A、B 剖面第一层为素填土层，该层岩性均匀，层厚为 3m，呈灰白、灰褐夹褐黄色，已压实，主要由砂及黏性土组成。第二层为粉质黏土层，该层 v_x = 160~460m/s，岩性均匀但含低速薄夹层（黏土含量或含水率高），层厚为 6~9m，层底界面起伏变化不大。第三层为强风化~中风化泥质粉砂岩互层，该层 v_x = 400~700m/s，岩性较为均匀，局部发育低速夹层，在 A、B 剖面起伏变化较大。第四层为微风化细砂岩层，该层岩性较为均匀，但 v_x 仍有一定程度的变化，且局部出现强风化~中风化低速夹层，表明岩性仍具有一定程度的差异风化。以 A 测线 A3 及 B 测线 B6 为界，东、西两侧岩体风化程度存在差异。东侧 v_x > 820m/s，岩性以微风化为主，岩体相对均匀、致密；西侧 v_x > 640m/s，岩性以强风化~中风化~微风化为主，岩体风化程度强于东侧。

C、D 剖面第一层为杂填土层，该层岩性均匀，层厚为 3m，杂色，稍压实，主要由生活建筑垃圾、砂及黏性土组成。第二层为粉质黏土夹中粗砂层，该层 v_x = 160~460m/s，岩性均匀但含低速薄夹层（黏土含量或含水率高），层厚为 7~10m，底界面起伏变化不大。第三层为强风化砾岩层，该层 v_x = 400~640m/s，岩性较为均匀，在 C 剖面界面整体起伏小，在 D 剖面界面起伏较大。第四层为微风化砾岩层，该层 v_x ≥ 70m/s，岩性较为均匀，C 剖面有明显的速度差异，在 C、D 剖面界面整体起伏较小。第五层为中风化~微风化泥质粉砂岩，该层岩性较为均匀，但 v_x 仍有一定程度的变化，且局部出现强风化~中风化低速夹层，表明岩性仍具有一定程度的差异风化。C 测线 C2 勘探点、D 测线 D2 勘探点西侧岩体风化较弱，岩体致密均匀，东侧岩体风化较强。A5、B6 勘探点之下（深 20m）、D3 勘探点（深 12m）呈现局部强风化（低速异常）现象。

A 剖面隧道洞身范围内岩性较为均匀，主要穿越微风化细砂岩层（夹强风化细砂岩薄层）。在 A3、A6 及 A7 勘探点下岩性有细微变化。B 剖面隧道洞身在 60~80m（深 20m）范围内有明显的强风化~中风化泥质粉砂岩。B5 勘探点下方左侧（B1 方向）整体岩性均匀；B7 勘探点下方右侧（B8 方向）岩体强度逐渐变大；C 剖面和 D 剖面隧道洞身范围内岩性较为均匀，主要为微风化砾岩。D 剖面在 35~80m 范围的隧道拱底附近处存在狭长低速条带，岩体呈强风化~中风化，强度减弱。

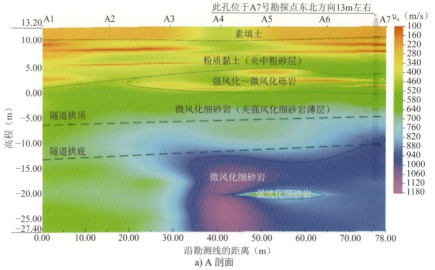

a) A 剖面

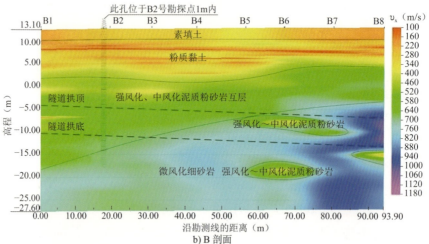

b) B 剖面

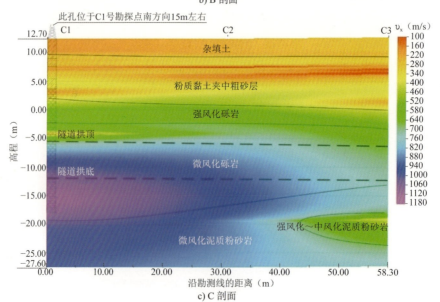

c) C 剖面

图 2-27

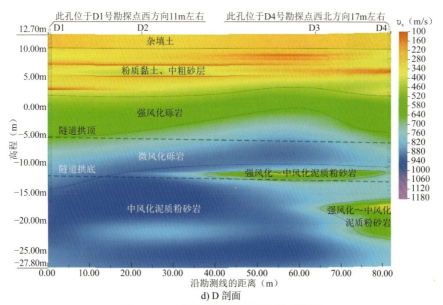

图 2-27 二维微动探测剖面及地质解释

2.9.4 地质调查结论

该区段调查工作共完成 22 个勘探点的微动数据采集与处理，获得测区 4 条二维微动剖面。在此基础上对微动剖面进行地质—地球物理综合解释，在查明地层结构基础上，为区间隧道设计和施工提供依据和指导。结论与建议归纳如下：

（1）A、B 剖面总体划分为四层，从上到下依次为素填土层、粉质黏土层、强风化～中风化泥质粉砂岩互层及微风化细砂岩层，局部见岩体差异风化现象。C、D 剖面总体划分为五层，从上到下依次为杂填土层、粉质黏土夹中粗砂层、强风化砾岩层、微风化砾岩层及中风化～微风化泥质粉砂岩层，局部岩性有一定程度的差异风化。

（2）A 剖面隧道洞身主要穿越微风化细砂岩，岩性较为均匀；B 剖面隧道洞身在 60～80m（深 20m）范围内有明显的强风化～中风化泥质粉砂岩，B5 勘探点下方左侧（B1 方向）整体岩性均匀，B7 勘探点下方右侧（B8 方向）岩体强度逐渐变大；C 剖面和 D 剖面隧道洞身范围内岩性较为均匀，变化不大，D 剖面在 35～80m 范围的隧道拱底附近处存在狭长低速条带，岩体呈强风化～中风化，强度减弱。

（3）隧道穿越强风化～中风化泥质粉砂岩互层、微风化细砂岩及微风化砾岩施工设计中，需注意岩体软硬变化可能给盾构机姿态造成的不良影响，需及时调整施工参数。

2.10 基于移动三维激光扫描技术的结构现状评估案例

2.10.1 工程概况

广州地铁 3 号线起于天河客运站，途经天河区、海珠区和番禺区，贯穿新中轴线区域、

图 2-28 现场作业

番禺区新城区等区域，止于番禺广场站；北延段起于体育西路站，途经天河区、白云区和花都区，止于机场北站，地铁大致呈南北 Y 字形走向。广州塔站—客村站区间（广客区间）采用盾构法施工。为快速掌握该区间隧道管片的服役现状，采用激光扫测技术对既有轨道交通结构现状进行调查[13]，扫描检测起讫里程为：左线 K6+099.632~K6+500.516，长 400.884m，共计 269 环，现场对应环号为 356~624 环；右线 K6+099.543~K6+499.899，长 400.356m，共计 268 环，现场对应环号为 350~617 环。轨道交通移动测量系统运行速度为 2~5km/h。图 2-28 为现场作业。

2.10.2 数据分析

（1）隧道水平直径、椭圆度

水平直径及椭圆度统计见表 2-19，实测数据分布如图 2-29~图 2-32 所示。广州塔站—客村站的左右线水平直径及椭圆度分别为：左线最大水平直径为 5.487m，位置在第 371 环，超过标准直径（5.4m）0.087m，最小水平直径为 5.379m，位置在 518 环，小于标准直径 0.021m，最大椭圆度为 34‰，位置在第 370 环，最小椭圆度为 1‰，位置在第 468、469、492、495、498、516、531、532、533 环；右线最大水平直径为 5.439m，位置在 417 环和 423 环，超过标准直径 0.039m，最小水平直径为 5.381m，位置在 497 环，小于标准直径 0.019m，右线最大椭圆度为 15‰，位置在 423 环，最小椭圆度为 0‰，位置在 455、545、548 环。

广客区间水平直径及椭圆度统计　　　　表 2-19

范围	左线（269 环）	右线（269 环）
水平直径<30mm	131 环	246 环
30mm≤水平直径<50mm	48 环	22 环
50mm≤水平直径<70mm	78 环	0 环
水平直径≥70mm	12 环	0 环
椭圆度<6‰	58 环	165 环
椭圆度>6‰	211 环	103 环

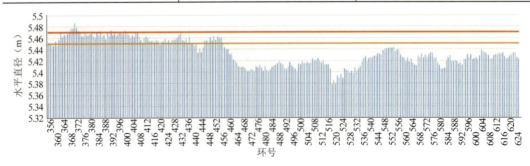

图 2-29　广客区间左线（356~624 环）逐环收敛统计图

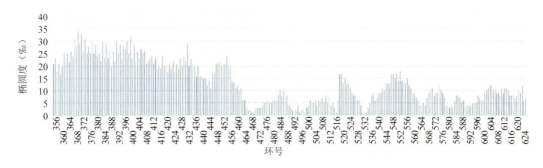

图 2-30　广客区间左线（356～624 环）椭圆度统计图

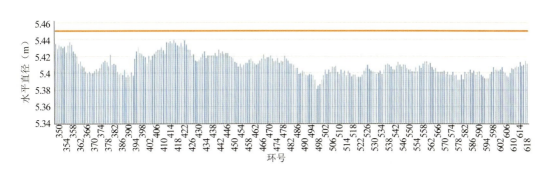

图 2-31　广客区间右线（350～618 环）逐环收敛统计图

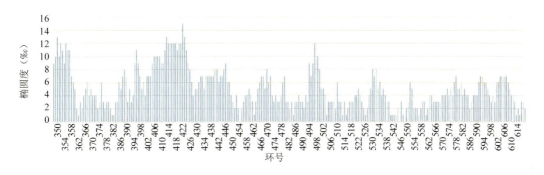

图 2-32　广客区间右线（350～618 环）椭圆度统计图

（2）隧道错台

利用相邻两环片的断面图，以轨道中心为基准相互叠加得到两环片相对位置变化情况，从而得到沿轨道方向的错台变化。错台分析如图 2-33 所示。依据《盾构法隧道施工及验收规范》（GB 50446—2017），地铁隧道相邻管片环间错台量允许偏差为 15mm。以错台±15mm 为限差，筛选得到所有错台大于 15mm 的环片位置、错台弧长、错台位置、错台量，共有 113 处。其中，左线 75 处超限，最大平均错台量 34mm；右线 38 处超限，最大平均错台量 25mm。

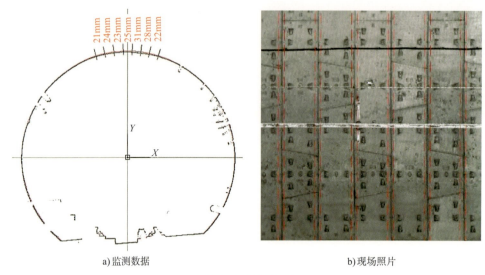

a)监测数据　　　　　　　　　　b)现场照片

图 2-33　错台分析

（3）隧道渗漏水

对三维点云数据进行分析,获得隧道内部环片的渗透水区域的位置及面积。检测区间左线存在 85 处渗水区域,区间右线存在 19 处渗水区域。其中,左线最大渗水面积为 4.905m^2；右线最大渗水面积为 4.730m^2,区间渗水如图 2-34 所示。

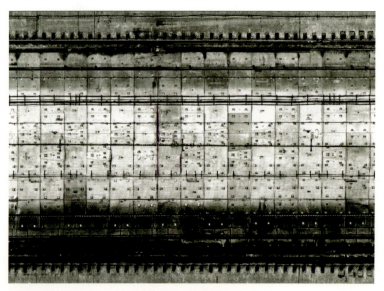

图 2-34　区间渗水

2.10.3　现状评估结论

广州地铁 3 号线广客区间隧道三维激光扫描测量分析后得出以下结论：

（1）地铁隧道左线最大水平直径为 5.487m,最小水平直径为 5.379m,最大椭圆度为 34‰,最小椭圆度为 1‰；右线最大水平直径为 5.439m,最小水平直径为 5.381m,最大椭圆度为15‰，最小椭圆度为0‰。

（2）地铁隧道相邻管片环间错台量大于15mm的共有113处，其中左线75处，右线38处。

（3）地铁隧道左线存在85处渗水区域，右线存在19处渗水区域。

2.11 小结

调查和风险评估是贯穿整个地下穿越工程的重要工作。在进行地下穿越工程之前必须开展详尽的地质调查和既有结构调查，并进行穿越风险的评估。地质调查的内容除岩土层界面位置和物理力学指标之外，还包括岩溶、孤石等6种特殊地层位置的勘测，可在传统钻孔勘察的基础上辅助采用超高密度地震背景噪声法、微动勘探法等5种新型无损连续性勘察方法提高勘察精度。既有结构调查包括现状检查和评估，根据既有结构的沉降和开裂等现状，结合结构设计要求和控制要求将现状分为四类，明确地下穿越工程过程中允许的附加沉降和变形。风险评估分为定性和定量两部分，定性评估可基于新旧结构尺寸、净距和地质条件计算接近程度、工程影响分区并进行5个等级的快速风险评级，对风险等级较高的地下穿越工程应采用解析法或数值法进行进一步精细化定量评估，预测地下穿越工程导致的附加内力、变形、位移，并根据允许值判断加固的必要性。穿越过程中和穿越完成后，应根据实测内力、变形、位移等数据不断进行动态评估分析，结合风险评估结果优化调整施工和加固控制方法，保障既有结构安全。

本章参考文献

[1] 周松, 陈立生. 地下穿越施工技术[M]. 北京: 中国建筑工业出版社, 2016.

[2] 北京市质量技术监督局. 穿越城市轨道交通设施检测评估及监测技术规范: DB11/T 915—2012 [S]. 北京: 中国铁道出版社, 2012.

[3] 北京市质量技术监督局. 城市轨道交通设施养护维修技术规范: DB11/T 718—2016 [S]. 北京: 中国铁道出版社, 2016.

[4] 上海市城乡建设和交通委员会. 盾构法隧道结构服役性能鉴定规范: DG/TJ 08-2123—2013 [S/OL]. 上海: 2013 . https://ebook.chinabuilding.com.cn/zbooklib/bookpdf/probation?SiteID=1&bookID=59671#[1,%22Fit%22].

[5] 浙江省住房和城乡建设厅. 城市轨道交通结构安全保护技术规程: DB33/T 1139—2017 [S]. 北京: 中国建材工业出版社, 2017.

[6] 广东省住房和城乡建设厅. 城市轨道交通既有结构保护技术规范: DBJ/T 15-120—2017 [S]. 北京: 中国城市出版社, 2017.

[7] 中华人民共和国住房和城乡建设部. 城市轨道交通结构安全保护技术规范: CJJ/T 202—2013[S]. 北京: 中国建筑工业出版社, 2013.

[8] 中华人民共和国住房和城乡建设部. 城市轨道交通岩土工程勘察规范: GB 50307—2012[S]. 北京: 中国计划出版社, 2012.

[9] 北京市市场监督管理局. 穿越既有道路设施工程技术要求: DB11/T 716—2019 [S]. 北京: 中国铁道出版社, 2010.

隧道地下穿越轨道交通
关键技术研究与应用 | 第 3 章

地下穿越工程
计算分析方法

地下穿越工程的主要设计和评估流程如图 3-1 所示。穿越前，工程影响等级评估结果为特级、一级、二级及具有特殊要求的三级、四级的工程，必须开展定量安全评估，计算地下穿越导致的既有结构附加内力、变形、位移等评估指标，并根据控制标准和超限原因采取有效的保护措施，以控制与减小地下穿越工程对既有结构的负面影响，保障既有结构的使用功能、耐久性和承载力。

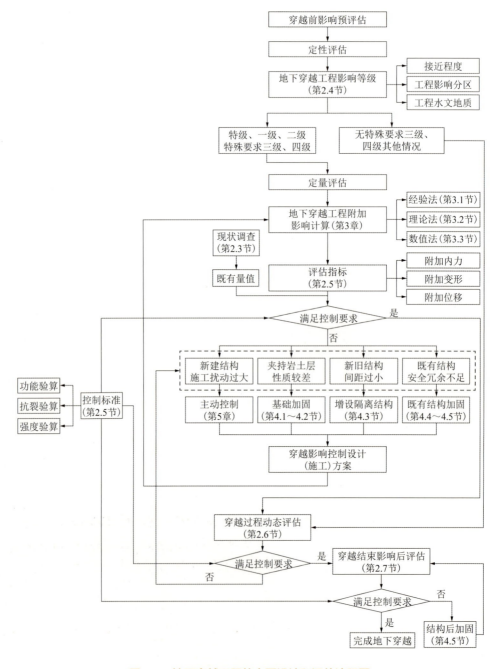

图 3-1　地下穿越工程的主要设计和评估流程图

隧道下穿既有地下隧道和管线等建（构）筑物引起的附加内力、变形、位移可采用经验法、理论法和数值法计算。经验法基于当地大量类似工程的实测数据进行回归分析，对新建工程的影响进行预测，施工参数的影响只能通过类比法对回归系数进行修正，操作简单但精度较低。理论法和数值法考虑了施工过程和参数的影响，对于盾构法隧道，计算主要考虑掌子面压力、注浆压力、盾壳侧摩阻力的影响；对于矿山法隧道，计算主要考虑土体或预注浆后的水泥土开挖卸荷变形，计算精度较高但需要大量复杂的计算参数，一般需要配合开展地质补勘、详勘和室内试验。本章分别介绍三种方法的原理、计算过程和工程算例。

3.1 基于 Peck 曲线的经验法

3.1.1 基本原理

经验法由 Peck 曲线推演发展而来，最初 Peck[11]通过研究认为，隧道开挖后沿隧道横断面方向的地表沉降槽形态，在不排水条件下假设沉降槽面积与隧道开挖后地层损失面积相同，如图 3-2a) 所示，并认为沉降槽形态服从高斯分布，得到地表沉降槽的 Peck 曲线见式(3-1a)，多隧道的影响可采用叠加原理计算[12]。Mair 等人[13]通过研究，进一步认为隧道开挖后，横断面内集中任意深度处的沉降曲线也服从高斯分布，如图 3-2b) 所示，沉降曲线的形状可在 Peck 曲线的基础上通过修正反弯点宽度来描述，见式(3-1b)。更进一步的，既有研究[14]通过大量实测数据分析，认为地下穿越工程导致的既有隧道附加位移也服从高斯分布，如图 3-2c) 所示，位移曲线形状也可在 Peck 曲线的基础上通过修正反弯点宽度来描述，见式(3-1c)，式(3-1a)～式(3-1c)形成了经验法的基本计算式。在此基础上，Sagaseta[15]发现通过折减地层损失率，即可描述地下穿越工程中新建隧道开挖面抵达前导致的横断面内地表沉降、地层沉降和既有隧道位移，由此将经验法的计算范围由二维扩展至三维，折减系数见式(3-2)。

隧道开挖对地表沉降、地层沉降、既有隧道沉降的影响推演过程如图 3-2 所示，可见采用经验法进行地下穿越工程计算时，需首先利用当地前期工程数据进行回归分析得到地表沉降 Peck 曲线，并对反弯点宽度和地层损失率进行修正或折减，方可确定新建隧道对既有隧道的附加影响。需注意，不存在既有隧道的自由地基中的地层沉降曲线与存在既有隧道的地层沉降不同，后者受隧道的约束作用影响，地层沉降曲线宽度和最大值均更小，不能直接套用。

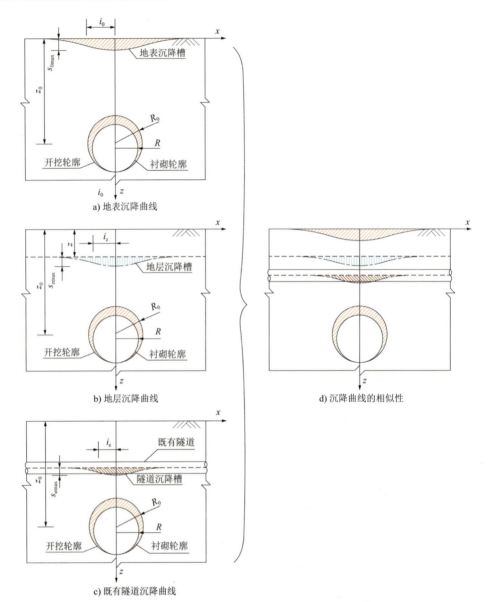

图 3-2　隧道下穿导致地表、地层、既有隧道的沉降曲线

$$s_0 = s_{0\max} \exp\left[-\frac{(x-x_0)^2}{2i_0^2}\right] \frac{AV_{10}}{i_0\sqrt{2\pi}} \exp\left[-\frac{(x-x_0)^2}{2i_0^2}\right] \tag{3-1a}$$

$$s_z = s_{z\max} \exp\left[-\frac{(x-x_0)^2}{2i_z^2}\right] \frac{AV_{10}}{i_z\sqrt{2\pi}} \exp\left[-\frac{(x-x_0)^2}{2i_z^2}\right] \tag{3-1b}$$

$$s_e = s_{e\max} \exp\left[-\frac{(x-x_0)^2}{2i_e^2}\right] \frac{AV_{1e}}{i_e\sqrt{2\pi}} \exp\left[-\frac{(x-x_0)^2}{2i_e^2}\right] \tag{3-1c}$$

$$\eta_{V1} = \frac{1}{2}\left[1 - \frac{|y-y_0|}{\sqrt{(y-y_0)^2 + z_0^2}}\right] \tag{3-2}$$

$$i_z = K_z(z_0 - z) = i_{za}z_0 - i_{zb}z \tag{3-3a}$$

$$i_e = K_e(z_0 - z) \tag{3-3b}$$

以上式中：s_0、s_e、s_z——分别为地表、既有隧道和自由地基埋深z处的附加沉降（m）；

$s_{0\max}$、$s_{e\max}$、$s_{z\max}$——分别为地表、既有隧道和自由地基埋深z处附加沉降最大值（m）；

x、x_0——分别为新建隧道横断面方向的距离和新建隧道平面坐标（m）；

y、y_0——分别为沿新建隧道轴向的坐标和开挖面平面坐标（m）；

z、z_0——分别为深度、新建隧道埋深（m）；

A——新建隧道开挖面积（m²）；

V_{l0}、V_{le}——分别为地表、既有隧道附加沉降对应的地层损失率，前者为新建隧道开挖面积与最终衬砌包络面积之差与开挖面积之比；

η_{Vl}——地层损失率的折减系数；

i_0、i_e、i_z——分别为地表、既有隧道和自由场地基深度z处附加沉降曲线的反弯点宽度（m），根据 Mair 等人[13]的研究，i_z[i_0为i_z的特殊情况（$z=0$）]和i_e在自由场黏土层中可采用式(3-3a)和式(3-3b)计算。

i_{za}、i_{zb}——经验系数，Mair 等人[13]认为黏土层可分别取 0.5 和 0.325，Jacobsz[16]认为砂土层可分别取 0.35 和 0.26；

K_z——自由地基中深度z处沉降槽反弯点宽度系数。

3.1.2 计算步骤

根据经验法的计算原理可知，采用经验法对地下穿越工程进行计算分析的主要内容是确定地表沉降曲线与既有隧道沉降曲线之间的参数换算关系，也可确定地层沉降曲线与既有隧道沉降曲线之间的映射关系，前者可利用地表沉降 Peck 曲线推算地下穿越工程中的既有隧道沉降，后者可利用前期地层沉降研究结果推断地下穿越工程中的既有隧道沉降。此外，由于地下穿越工程中常见小交角穿越和地层加固等情况，与常规 Peck 曲线中的天然自由地基存在较大差异，因此还需在地层损失率、反弯点宽度系数换算的基础上再进行修正。

（1）地表与既有隧道沉降曲线的参数换算

基于当地前期类似隧道工程的地表沉降实测数据，利用回归分析得到地表沉降 Peck 曲线，并将其地层损失率和反弯点宽度系数进行换算，即可得到地下穿越工程导致的既有隧道沉降曲线形状，地层损失率和反弯点宽度的换算分别见式(3-4a)和式(3-4b)[14,17-18]。由此可见，既有隧道的沉降曲线公式主要对反弯点宽度系数进行修正，而对地层损失率的影响不大，其中由于既有隧道埋深与地表不同，采用影响系数α_3描述埋深的影响。此外，由于既有隧道自身刚度较大，被穿越过程中的响应与天然地基存在显著差异，采用影响系数α_4描述既有隧道结构刚度的影响。主要计算过程如图 3-3 所示。

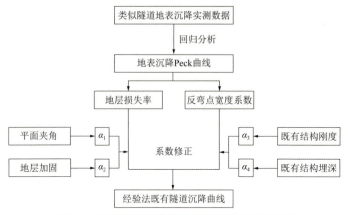

图 3-3 基于地表沉降曲线的经验法计算过程图

$$V_{1e} = \alpha_1 \alpha_2 V_{10} \tag{3-4a}$$

$$K_e = \alpha_3 \alpha_4 K_z \tag{3-4b}$$

式中：α_1——考虑新建隧道与既有隧道轴线平面夹角θ的影响系数，可按式(3-5a)计算[14]；

α_2——考虑下穿时注浆加固等措施对地层损失率的削减作用经验系数，取 $0\sim 1$；

α_3——考虑既有隧道埋深z_e的影响系数，可按式(3-5b)计算[14]；

α_4——考虑既有隧道纵向刚度的影响系数，当既有隧道的横断面高度较大时（厚梁），附加沉降以剪切变形为主，可按式(3-5c)计算，当既有隧道的横断面高度较小时（柔梁），附加沉降以弯曲变形为主，可按式(3-5d)计算[18]。

$$\alpha_1 = (\cos\theta)^{-1} \tag{3-5a}$$

$$\alpha_3 = (z_0 - az_e)(z_0 - z_e)^{-1} \tag{3-5b}$$

$$\alpha_4 = 0.7 M_1^{0.2} \tag{3-5c}$$

$$\alpha_4 = 1.1 + 4.5 M_2 \tag{3-5d}$$

式中：a——与土层性质相关的参数，黏性土和砂性土可分别取 0.65 和 0.50[17]；

M_1——既有隧道横断面剪切刚度（10^9N）；

M_2——既有隧道横断面弯曲刚度（10^{13}N·m²）。

（2）地层与既有隧道沉降曲线的形状映射

同理，地下工程所在地类似隧道工程开挖导致的自由场天然地基分层沉降实测数据，可利用回归分析得到地层沉降曲线，并通过地层沉降曲线和既有隧道沉降曲线之间的映射关系，换算确定地下穿越工程导致的既有隧道沉降。

地层与隧道沉降曲线的映射主要基于传递矩阵法[19]实现，采用高斯分布描述隧道开挖引起的地表、自由场地基和既有隧道附加沉降，并采用傅里叶展开地层沉降函数将自由场地基和既有隧道附加沉降的高斯分布写成向量乘积的形式，见式(3-6)和式(3-7)。在此基础上，借鉴两阶段法的思路，将既有隧道视为温克勒（Winkler）地基梁，考虑地基反力弹簧做功和地基梁变形能构成总势能，根据最小势能原理，推导得到自由场地基和既有隧道附加沉降系数向量$\{a_z\}$和$\{a_e\}$的映射关系（传递矩阵），见式(3-8)。具体的两阶段法推导可参见参考文献或本文下一节的内容，此不赘述。

$$\begin{cases} s_z = \{X_n\}\{a_z\} \\ s_e = \{X_n\}\{a_e\} \end{cases} \tag{3-6}$$

$$\{X_n\} = \left\{1 \quad \cos\frac{\pi x}{L} \quad \cos\frac{2\pi x}{L} \quad \cdots \quad \cos\frac{n\pi x}{L}\right\} \tag{3-7a}$$

$$\begin{cases} \{a_z\} = \{a_{z0} \quad a_{z1} \quad a_{z2} \quad \cdots \quad a_{zn}\}^T \\ \{a_e\} = \{a_{e0} \quad a_{e1} \quad a_{e2} \quad \cdots \quad a_{en}\}^T \end{cases} \tag{3-7b}$$

$$\{a_e\} = [K_{ez}]\{a_z\} = \begin{bmatrix} 1 & 0 & 0 & 0 \\ 0 & \dfrac{E_e I_e}{k_{s1}}\left(\dfrac{\pi}{L}\right)^4 + 1 & 0 & 0 \\ 0 & 0 & \vdots & 0 \\ 0 & 0 & 0 & \dfrac{E_e I_e}{k_{s1}}\left(\dfrac{n\pi}{L}\right)^4 + 1 \end{bmatrix} \{a_z\} \tag{3-8}$$

以上式中：$\{X_n\}$ 和 n——分别为傅里叶展开系数和阶数；

$\{a_z\}$ 和 $\{a_e\}$——分别为自由场地基和既有隧道的附加沉降系数向量；

$[K_{ez}]$——自由场地基和既有隧道附加沉降之间的传递矩阵；

k_{s1}、L、E_e、I_e——分别为Winkler地基刚度（N/m）、描述既有隧道的地基梁半宽（m）、等效模量（N/m²）和惯性矩（m⁴），具体取值可参考本文下一节两阶段法的介绍进行计算，此不赘述。

通过式(3-8)的映射关系和式(3-1b)，即可根据新建隧道下穿时地层沉降曲线推算既有隧道附加沉降。此外，可在上述映射关系的基础上，继续建立地层沉降与既有隧道最大附加应力和环缝（或接头）转角之间的映射关系，根据既有隧道服役状态和限制要求反算确定地表沉降的控制范围[20]。主要计算过程如图3-4所示。

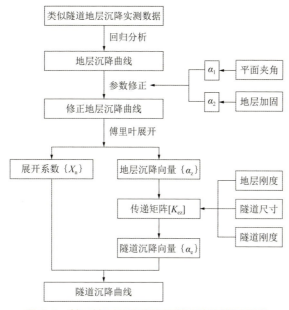

图3-4　基于地层沉降曲线的经验法计算过程图

（3）考虑平面夹角和地层加固的参数修正

当地下穿越工程中新建隧道轴线与既有隧道非正交时，需修正参数将计算平面由新建隧道横断面转换至既有隧道轴线平面，既进行坐标系转换，如图 3-5 所示。另一方面，地下穿越工程前往往需要进行地层预加固，例如地表注浆、搅拌桩、旋喷桩等，夹持土性质较天然地基土的性能存在显著改善，有助于控制地层损失率，则也需进行参数修正。地层损失率和反弯点宽度的换算分别见式(3-4a)和式(3-4b)[14,17,18]，可见平面交角和地层加固对地层损失率影响较大，而对反弯点宽度系数和沉降槽范围影响不大。

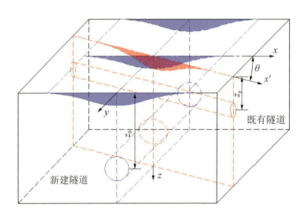

图 3-5 非正交下穿条件下的横向坐标和参数换算

需注意，在基于地表沉降曲线公式的隧道沉降经验法计算过程中，可同时考虑平面交角、地层加固、隧道埋深、纵向结构刚度的影响，分别通过影响系数 $\alpha_1 \sim \alpha_4$ 实现。采用地层沉降曲线时，该曲线已经考虑埋深的影响，既有隧道的纵向结构刚度通过传递矩阵 $[K_{ez}]$ 实现，因此仅需在地层沉降曲线原公式的基础上采用影响系数 α_1、α_2 分别考虑平面交角和地层加固的影响。

3.1.3 适用范围

经验法公式是基于隧道开挖导致的地表沉降、地层沉降、既有结构沉降曲线的相似性进行的推导，因此要求既有结构沉降曲线具有连续性，即既有结构的纵向刚度分布较为均匀。但大量现场实测表明，地下穿越工程中既有结构的附加沉降不一定呈现柔性连续分布[21-22]，因此采用经验法 Peck 曲线预测隧道下穿既有结构所致附加沉降的适用范围有限，其适用性与既有结构纵向刚度的分布特征有关。

当既有结构的纵向刚度分布较均匀时，上述结论成立，例如存在密集环缝的盾构隧道和不设沉降缝的暗挖隧道，既有结构的附加沉降沿纵向呈现平滑的柔性变形，伦敦地铁银禧线（Jubilee 线）$\phi 4.85m$ 盾构隧道下穿既有地铁北线（Northen 线）$\phi 3.6m$ 盾构隧道[14]、深圳地铁 1 号线 $\phi 6m$ 盾构隧道下穿既有 $\phi 3m$ 电缆管[23]导致的附加沉降分别如图 3-6a)、b)所示。

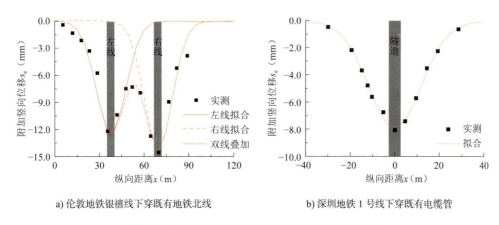

a) 伦敦地铁银禧线下穿既有地铁北线　　　　b) 深圳地铁1号线下穿既有电缆管

图 3-6　既有结构被下穿后出现柔性附加沉降[14,23]

反之，当既有结构的纵向刚度分布不均匀时，附加沉降将以沉降缝之间结构的刚体位移为主，例如设有沉降缝且整体性较强的明挖现浇框架结构的车站和暗挖隧道，不能采用 Peck 曲线公式预测附加沉降，北京地铁 5 号线采用尺寸为 24.2m×11.4m 的暗挖马蹄形断面车站下穿 2 号线尺寸为 5.9m×6.2m 暗挖马蹄形断面隧道[14]、北京地铁 6 号线采用尺寸为 6.8m×7.8m 暗挖矩形断面隧道下穿 2 号线尺寸为 22.7m×11m 的明挖现浇矩形断面车站[24]导致的附加沉降分别如图 3-7a)、b) 所示。

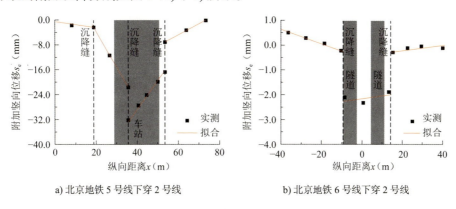

a) 北京地铁 5 号线下穿 2 号线　　　　b) 北京地铁 6 号线下穿 2 号线

图 3-7　既有结构被下穿后出现刚性整体位移[14,24]

综上所述，当地下穿越工程所在地具有较丰富的地表沉降 Peck 曲线研究成果时，可基于此研究成果，考虑隧道与既有结构轴线平面夹角、注浆加固效果、既有结构埋深及其刚度对沉降槽的影响，快速预测下穿导致的既有结构附加沉降。当该地具有较丰富的地层沉降实测结果，或本工程非地下穿越段已开始施工和监测时，可基于同深度地层沉降研究结果预测地下穿越工程导致的既有结构沉降。同时，对于盾构隧道或少见沉降缝的暗挖隧道而言，其附加沉降主要以柔性的弯曲变形为主，采用基于 Peck 曲线的经验公式效果较好；对于多设沉降缝且整体刚度较大的车站结构、明挖隧道结构等而言，其附加沉降主要以沉降缝间的刚体位移为主，不宜采用该经验公式估算附加沉降。

3.1.4 地下穿越工程案例

北京地铁6号线平安里站—北海北站区间采用暗挖法垂直下穿4号线盾构隧道[18]的相对位置如图3-8所示。既有隧道的底板埋深为17.27m，直径为6m，由于既有隧道为盾构隧道，抗弯刚度折减后取$6.56×10^9 N·m^2$。新建隧道为分离式双洞隧道，采用台阶法施工，施工前打设超前小导管进行地层注浆加固。新建隧道中心埋深为23.13m，单洞隧道开挖面积为33.7m^2，中心间距为16m。

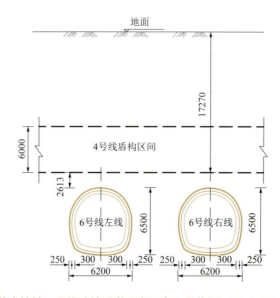

图3-8 北京地铁6号线暗挖隧道垂直下穿4号线[18]（尺寸单位：mm）

调研北京地区9个新建隧道下穿既有结构工程（表3-1），根据Peck曲线拟合得到地表沉降曲线的地层损失率和沉降槽宽度系数，其中2例典型工程隧道变形及拟合结果分别如图3-9a)、b)所示。

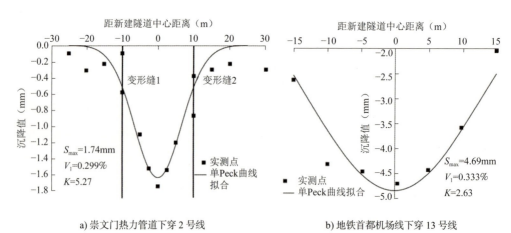

a) 崇文门热力管道下穿2号线　　　　b) 地铁首都机场线下穿13号线

图3-9 北京地区部分地下穿越工程实测沉降曲线拟合[18]

北京地区新建隧道下穿既有隧道工程统计[18]

表 3-1

工程序号	新建隧道名称	既有隧道名称	穿越角度(°)	隧道尺寸(宽×高)(m)	D(m)	Z(m)	施工工法		V_{l0}(%)	K_0	$A_{dj,R}$	S_{emax}(mm)	EI(10^{13}N·m²)
1	南水北调双洞暗涵[25]	1号线五棵松站	90	4.2×5.1	8.20	6.22	台阶法		0.284	1.42	0.96	4.83	1.70
2	10号线公主坟站双洞隧道[26]	1号线公主坟站	90	14.05×9.32	63.20	4.66	六导洞施工千斤顶顶升		0.142	5.90	0.76	2.91	1.79
3	9号线军事博物馆站双洞隧道[12]	1号线区间	90	10.51×9.55	14.25	16.05	六导洞施工		0.024	0.43	0.68	2.35	0.37
4	崇文门热力单洞隧道[27]	2号线区间	90	3.6×2.5		1.25	台阶法		0.299	5.27	0.86	1.74	0.22
5	崇文门污水单洞隧道[27]	2号线区间	90	1.9×1.8		0.90	台阶法		1.183	6.76	0.94	2.60	0.22
6	郑常庄热力单洞隧道[27]	1号线区间	90	5.8×3.2		1.60	台阶法		0.116	5.01	0.79	1.08	0.37
7	首都机场线东直门站单洞隧道[28]	13号线折返线	62	13.3×9.23		4.62	洞柱托换法	上行线	0.725	5.47	0.65	15.95	0.97
								下行线	0.640	6.38	0.79	11.39	0.97
8	5号线崇文门站单洞隧道[27]	2号线区间	90	7.19×11.46		7.71	柱洞法中洞开挖完成(右线)		0.890	0.93	0.92	31.26	0.22
						7.71	注浆抬升		0.380	0.96	0.71	14.95	0.22
9	10号线国贸一双井区间双洞隧道[29]	1号线区间	90	6.1×7.84	77.00	5.00	六导洞施工		0.333	2.63	0.87	4.69	0.09

注：D为隧道中心间距；Z为新建隧道轴心到既有隧道底板的距离；$A_{dj,R}$为确定调节系数；S_{emax}为既有隧道最大沉降；EI为既有隧道抗弯刚度，其中，E为钢筋混凝土弹性模量，I为断面惯性矩。当既有隧道为地铁车站时，计算时柱采用体积等效的方法简化为连续墙进行计算；新建分离式双洞隧道时，由于双洞同时开挖且地层条件、施工方法均相同，因此令 $V_{l01} = V_{l02}$，$K_{01} = K_{02}$。

各案例的确定调节系数$A_{dj.R}$为0.65～0.96，平均值为0.81，仅首都机场线东直门站下穿地铁13号线折返线工程因62°交叉下穿，调节系数低于0.7，剔除后其余工程的确定调节系数均较接近1.0，说明拟合结果与实测值较为接近，Peck公式适用性较好。拟合得到的地层损失率V_{l0}值为0.024%～1.183%，平均值为0.456%。拟合得到反弯点宽度系数K_0值为0.43～6.76。进一步分析调研案例中施工工法、开挖面积以及辅助施工工法对地层损失率的影响，新建隧道与既有隧道埋深以及既有隧道刚度对沉降系数的影响，明确Peck公式经验参数的影响因素。

由于新建隧道没有采用千斤顶支顶及注浆抬升等工后辅助措施，因此取平面交角和地层加固影响系数$\alpha_1=1$、$\alpha_2=1$。根据表3-1中的建议值，地层损失率V_{le}取0.3%。当$z=17.27m$，$z_0=23.13m$时，自由地基深度z处沉降槽反弯点宽度系数$K_z=1.0$。根据式(3-4b)计算，综合考虑新旧隧道埋深、既有隧道刚度，得到结构纵向刚度系数$K_e=1.12$。将上述参数按照图3-3代入式(3-3a)至式(3-5d)，得到地铁6号线双洞双线隧道下穿地铁4号线引起的隧道沉降曲线如图3-10所示。

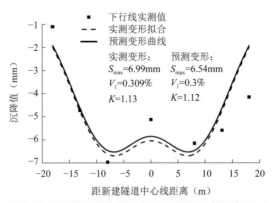

图3-10 采用经验法的既有隧道预测及实测变形[18]

由图3-10可见，基于经验法预测得到的变形与现场实测变形范围、形状均相似，预测最大沉降为6.54mm，实测最大沉降为6.99mm，实测变形略大于预测变形。预测准确性和精度满足工程需求，误差主要由于新建隧道施工质量、地层均匀性以及左、右线施工顺序有关。但同时也需注意，该算例中用于沉降曲线回归分析的既有隧道存在非正交、地层加固、结构后加固等情况，对回归结果的正确性存在一定的干扰，仅允许在前期工程数量和实测数据不足的情况下采用。随着我国隧道与地下工程的快速发展，实测数据更加丰富，应采用隧道在天然地基中开挖导致的地表或地层沉降监测结果，以保证经验法的正确性。

3.2 基于两阶段法的理论法

3.2.1 基本原理

理论法是地下近接工程中分析新建工程对既有结构影响的常用方法，其中以两阶段法最为常见，例如新建隧道、基坑、桩基础和地面堆载与既有结构之间的影响分析。两阶段法首先忽略既有结构的影响，采用理论解计算新建工程引起的自由场地基附加位移，再将既有结构视为弹性地基梁并假设其附加位移形态，考虑附加位移引起的既有结构变形能，以及既有结构与地基土位移协调过程中荷载与弹性地基反力做功构成系统的总势能，根据最小势能原理计算既有结构的附加位移。由此可知，隧道下穿引起既有结构附加沉降的计算主要分为三部分：隧道开挖导致的自由场地基附加位移计算、既有结构的弹性地基梁模型构建、基于最小势能原理的变形协调和附加沉降计算，主要过程如图3-11所示。

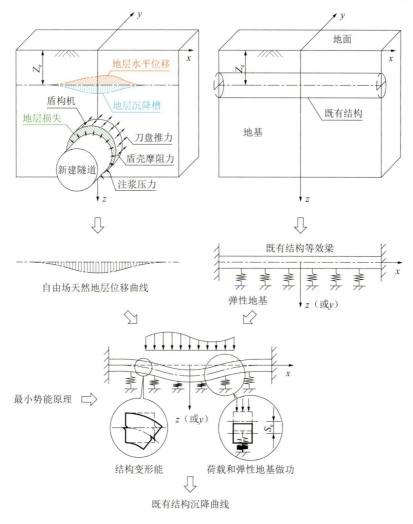

图3-11 基于两阶段法的理论解计算过程图

3.2.2 计算步骤

1）隧道开挖导致的自由场地基附加位移计算

理论法首先需要计算隧道下穿导致的自由场地基附加位移，该附加位移又可分为由隧道横断面收敛引起的附加位移和由机土相互作用荷载引起的附加位移。

（1）隧道横断面收敛导致的自由场地基附加位移

圆形断面隧道的附加位移可采用罗格纳森模型（Loganathan 模型）[30]、圆孔收缩模型（Sagaseta 模型）[31]和经验法[32]计算。在此基础上，基于随机介质理论[34]，将隧道开挖引起的横断面内附加位移视为无数个微单元开挖或微地层损失影响的叠加，在横断面收敛面内进行面积分，推导得到类矩形等任意非圆形横断面隧道开挖导致的自由场地基附加位移。

Loganathan 模型是最常用的自由场地基附加位移计算方法。在半无限各向同性均质地基中，Loganathan 模型假设隧道开挖后呈现隧道底部不动的不均匀收敛，收敛后的断面仍为圆形，收敛引起的自由场地基沉降可采用式(3-9a)和式(3-9b)计算。部分研究[34]考虑新建隧道与既有结构轴线的平面夹角θ，隧道下穿时引起的既有结构所在断面内自由场地基的沉降计算公式见式(3-9a)和式(3-9c)。需注意，式(3-9c)是将新建隧道横断面方向作 x 轴为前提，当既有结构轴线方向作为 x 轴时，则坐标变换系数不是 $1/\cos\theta$，而应该是 $\sin\theta$。

$$s_z = R_0^2 V_{10} s_{z1} s_{z2} \tag{3-9a}$$

$$\begin{cases} s_{z1} = \dfrac{(3-4\nu)(z+z_0)}{(x-x_0)^2+(z+z_0)^2} - \dfrac{z-z_0}{(x-x_0)^2+(z-z_0)^2} - \dfrac{2z[(x-x_0)^2-(z+z_0)^2]}{[(x-x_0)^2+(z+z_0)^2]^2} \\ s_{z2} = \exp\left\{-\left[\dfrac{1.38(x-x_0)^2}{(R_0+z_0)^2} + \dfrac{0.69z^2}{z_0^2}\right]\right\} \end{cases} \tag{3-9b}$$

$$\begin{cases} s_{z1} = \dfrac{(3-4\nu)(z+z_0)}{\left(\dfrac{x-x_0}{\cos\theta}\right)^2+(z+z_0)^2} - \dfrac{z-z_0}{\left(\dfrac{x-x_0}{\cos\theta}\right)^2+(z-z_0)^2} - \dfrac{2z\left[\left(\dfrac{x-x_0}{\cos\theta}\right)^2-(z+z_0)^2\right]}{\left[\left(\dfrac{x-x_0}{\cos\theta}\right)^2+(z+z_0)^2\right]^2} \\ s_{z2} = \exp\left\{-\left[1.38\left(\dfrac{x-x_0}{\cos\theta}\right)^2(R_0+z_0)^{-2} + \dfrac{0.69z^2}{z_0^2}\right]\right\} \end{cases} \tag{3-9c}$$

式中：s_z——隧道开挖引起的自由场地基沉降（m）；

V_{10}——隧道开挖后的地层损失率；

s_{z1}、s_{z2}——分别为计算参数，单位分别为 1/m、1；

x、x_0——分别为新建隧道横断面方向的坐标和隧道坐标（m）；

z、z_0——分别为开挖深度和隧道埋深（m）；

R_0——隧道开挖半径（m）；

ν——地基土泊松比；

θ——隧道横断面方向与既有地下结构轴线方向夹角（°）。

圆孔收缩模型是将新建隧道简化为无限各向同性均质弹塑性地基中的圆孔，开挖后呈现由初始半径 R_0 收缩至最终半径 R 的均匀收敛，根据极坐标下的土单元应力平衡、体积连续性和边界条件，采用镜像法推导得到隧道开挖引起的半无限自由场地基沉降计算公式，见式(3-10a)与式(3-10b)，如图 3-12 所示。当新建隧道与既有结构轴线的平面关系非正交时，仍可采用类似于式(3-9c)的坐标变换，此不赘述。

$$s_z = \begin{cases} \dfrac{p_0 \sin\phi + c\cos\phi}{2G} \dfrac{(z-z_0)R_p^2}{(x-x_0)^2+(z-z_0)^2}, & r < R_p \\ \dfrac{p_0 \sin\phi + c\cos\phi}{2G} \dfrac{(z-z_0)R_p^{\frac{2}{1-\sin\psi}}}{\left[(x-x_0)^2+(z-z_0)^2\right]^{\frac{1}{1-\sin\psi}}}, & r \geqslant R_p \end{cases} \quad (3\text{-}10\text{a})$$

$$R_p = R_0\sqrt{1-V_{l0}} \left[\dfrac{c\cos\phi + \sin\phi\left(p_0 - 2G\dfrac{1-\sqrt{1-V_{l0}}}{\sqrt{1-V_{l0}}}\right)}{(1-\sin\phi)(c\cos\phi + p_0\sin\phi)} \right]^{\frac{\sin\phi-1}{2\sin\phi}} \quad (3\text{-}10\text{b})$$

式中：p_0——各向同性均匀初始地应力（Pa）；

R_p——塑性区半径（m）；

c——地基土黏聚力（Pa）；

G——地基土剪切模量（Pa）；

ϕ、ψ——分别为地基土内摩擦角、剪胀角（°）；

r——计算点与隧道中心的距离（m）。

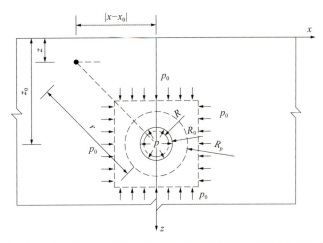

图 3-12 基于圆孔收缩模型的隧道开挖导致自由场地基附加沉降

经验法[27]采用 Peck 曲线式(3-1b)计算，并采用式(3-4a)考虑非正交情况下既有结构轴线所在平面内的自由场地基附加沉降。

基于随机介质理论的方法[33]认为任意形状和收敛形式的隧道横断面开挖引起的天然地基附加位移均可采用微单元影响的叠加描述，微单元开挖影响的推导与圆孔收缩模型类似，均将微单元视为无限各向同性均质弹性地基中的圆孔，采用镜像法推导其在半无限自由场地基引起的附加位移，并除以圆孔面积得到单位面积间隙引起的附加沉降，将其在收敛面上积分得到隧道断面收敛导致的总附加沉降式(3-11a)[35]；同理，也可推导得到采用地层损失率描述的总附加沉降式(3-12a)[36]。当新建隧道与既有结构轴线的平面关系非正交时，仍可采用类似于式(3-9c)的坐标变换，此不赘述。

$$s_z = \iint_{\Omega_1-\Omega_2} (s_{dz1} + s_{dz2}) d\xi_x d\eta_z \tag{3-11a}$$

$$\begin{cases} s_{dz1} = -\dfrac{1}{2\pi}\left[\dfrac{z-\eta_z}{(x-\xi_x)^2+(z-\eta_z)^2} - \dfrac{3z+\eta_z}{(x-\xi_x)^2+(z+\eta_z)^2}\right] \\ s_{dz2} = -\dfrac{2z(x-\xi_x)^2}{\pi[(x-\xi_x)^2+(z+\eta_z)^2]^2} \end{cases} \tag{3-11b}$$

$$s_z = \iint_{\Omega_1-\Omega_2} s_{dz1} s_{dz2} \, d\xi_x d\eta_z \tag{3-12a}$$

$$\begin{cases} s_{dz1} = -\dfrac{1}{\pi}\left\{\dfrac{z-\eta_z}{(x-\xi_x)^2+(z-\eta_z)^2} - \dfrac{(3-4\nu)(z+\eta_z)}{(x-\xi_x)^2+(z+\eta_z)^2} + \dfrac{2z[(x-\xi_x)^2-(z+\eta_z)^2]}{[(x-\xi_x)^2+(z+\eta_z)^2]^2}\right\} \\ s_{dz2} = \exp\left\{-\left[\dfrac{1.38(x-\xi_x)^2}{(\eta_z+(\pi V_{10})^{-0.5})^2} + \dfrac{0.69z^2}{\eta_z^2}\right]\right\} \end{cases} \tag{3-12b}$$

以上式中：s_{dz1}、s_{dz2}——计算参数（1/m）；

ξ_x——微单元的横坐标（m）；

η_z——微单元的深度坐标（m）；

Ω_1、Ω_2——分别为隧道横断面收敛前后的包络面积域。

需注意，上述四种方法均得到新建隧道横断面内的二维平面解，只能反映隧道下穿后的自由场地基附加沉降。若需描述隧道掘进过程对未开挖断面的影响，可针对上述方法中的地层损失率参数，借鉴 Sagaseta[15]对 Peck 曲线的修正，采用式(3-2)描述未开挖断面内的地层损失情况，从而将 Loganathan 模型、圆孔收缩模型和经验法的结论由二维推至三维。

（2）机土相互作用荷载导致的自由场地基附加位移

机土相互作用荷载为盾构机或顶管机等隧道施工机械与地层之间的刀盘推力、盾壳侧摩阻力、盾尾注浆压力等。Mindlin[37]给出了半无限弹性空间中单位荷载导致的自由场地附加位移场。既有研究[38-39]将盾构机（或顶管机，下同）刀盘推力、机壳与地层之间的摩擦力和盾尾注浆压力视为均布荷载p_1、p_2、p_3（图3-13），将 Mindlin 解在作用面上积分并进行坐标换算，推导得到盾构机下穿过程中，刀盘中心位于点$P_0(x_0,y_0,z_0)$时，上述三种分布荷载引起的点$P(x,y,z)$处附加沉降s_{zp1}、s_{zp2}、s_{zp3}，见式(3-13)[40]，其中注浆压力仅考虑了其竖向分力的影响，而水平向分力对附加沉降的影响忽略不计。

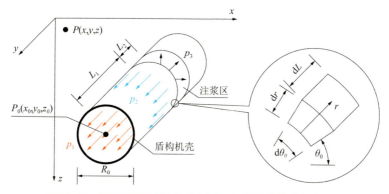

图 3-13　隧道掘进过程中机土相互作用导致的附加位移

$$\begin{cases} s_{zp1} = \int_0^{2\pi}\int_0^{R_0}(s_{zp11}s_{zp12})\mathrm{d}r\mathrm{d}\theta_0 \\ s_{zp2} = \int_0^{2\pi}\int_0^{L_1}(s_{zp21}s_{zp22})\mathrm{d}l\mathrm{d}\theta_0 \\ s_{zp3} = \int_0^{2\pi}\int_0^{L_2}(s_{zp31}s_{zp32})\mathrm{d}l\mathrm{d}\theta_0 \end{cases} \quad (3\text{-}13\text{a})$$

$$\begin{cases} s_{zp11} = \dfrac{p_1 r(y-y_0)}{16\pi G(1-\nu)} \\ s_{zp12} = \dfrac{z-z_0}{R_{11}^3} + \dfrac{(3-4\nu)(z-z_0)}{R_{21}^3} - \dfrac{6zz_0(z+z_0)}{R_{21}^5} + \dfrac{4(1-\nu)(1-2\nu)}{R_{21}(R_{21}+z+z_0)} \\ s_{zp21} = \dfrac{p_2 R_0(y-y_0+l)}{16\pi G(1-\nu)} \\ s_{zp22} = \dfrac{z-z_0}{R_{12}^3} + \dfrac{(3-4\nu)(z-z_0)}{R_{22}^3} - \dfrac{6zz_0(z+z_0)}{R_{22}^5} + \dfrac{4(1-\nu)(1-2\nu)}{R_{22}(R_{22}+z+z_0)} \\ s_{zp31} = \dfrac{p_3 R_0 \sin\theta_0}{16\pi G(1-\nu)} \\ s_{zp32} = \dfrac{3-4\nu}{R_{13}} + \dfrac{8(1-\nu)^2-(3-4\nu)}{R_{23}} + \dfrac{(z-z_0)^2}{R_{13}^3} + \dfrac{(3-4\nu)(z+z_0)^2-2zz_0}{R_{23}^3} + \\ \qquad\dfrac{6zz_0(z+z_0)^2}{R_{23}^5} \end{cases} \quad (3\text{-}13\text{b})$$

$$\begin{cases} R_{11} = \sqrt{(x-x_0-r\cos\theta_0)^2+(y-y_0)^2+(z-z_0)^2} \\ R_{21} = \sqrt{(x-x_0-r\cos\theta_0)^2+(y-y_0)^2+(z+z_0)^2} \\ R_{12} = \sqrt{(x-x_0-r\cos\theta_0)^2+(y-y_0+l)^2+(z-z_0)^2} \\ R_{22} = \sqrt{(x-x_0-r\cos\theta_0)^2+(y-y_0+l)^2+(z+z_0)^2} \\ R_{13} = \sqrt{(x-x_0-r\cos\theta_0)^2+(y-y_0+L_1+l)^2+(z-z_0)^2} \\ R_{23} = \sqrt{(x-x_0-r\cos\theta_0)^2+(y-y_0+L_1+l)^2+(z+z_0)^2} \end{cases} \quad (3\text{-}13\text{c})$$

式中：s_{zp1}、s_{zp2}、s_{zp3}——分别为盾构机刀盘推力、机壳与地层间的摩擦力、注浆压力导致的自由场地基附加沉降（m）；

p_1、p_2、p_3——分别为等效为均布荷载后的盾构机刀盘推力、机壳与地层间的摩擦力、盾尾注浆压力（Pa）；

R_0、L_1、L_2——分别为刀盘半径、盾构机长度、盾尾注浆区长度（未达到初凝的浆液分布长度）（m）；

r、θ_0——分别为盾构机刀盘上的极坐标，单位分别为 m、°。

综合上述计算可知，联合隧道横断面收敛导致的三维附加位移场 s_z 和机土相互作用导致的附加位移场 s_{zp1}~s_{zp3}，即可描述下穿过程中各阶段导致的既有结构天然地基附加位移及其变化规律。

2）既有结构的弹性地基梁模型构建

既有结构弹性地基梁模型的构建主要分为两部分：梁的力学模型和梁与地基土接触关系的模拟。

（1）梁的力学模型

梁的力学模型可分为连续梁模型和离散梁模型，前者将既有结构简化为纵向均值的梁单元，后者考虑环缝后将既有结构简化为刚体序列。

连续梁模型是将既有结构视为沿轴线均质连续的欧拉—伯努利梁（Euler-Bernoulli 梁）或铁木辛柯梁（Timoshenko 梁），适用于描述现浇衬砌等设缝较少、纵向刚度连续性较强的地下结构。Euler-Bernoulli 梁模型认为梁变形前的横断面在变形后仍为平面，且忽略下挠中的剪切变形和转动惯量，则梁的横断面在变形后仍垂直于梁的轴线，适用于细长梁的受力和变形分析，如图 3-14a) 所示。Timoshenko 梁模型认为梁变形前的横断面在变形后仍为平面，但考虑下挠中的剪切变形和转动惯量，则梁的横断面在变形后不再垂直于梁的轴线，适用于短厚梁的受力和变形分析，如图 3-14b) 所示。由此可知，Euler-Bernoulli 梁是 Timoshenko 梁忽略剪切变形和转动惯量后的特例，而既有研究表明，采用 Euler-Bernoulli 梁的两阶段法计算隧道下穿导致的既有结构附加沉降量偏小[41-42]。以 Timoshenko 梁为例，考虑附加沉降导致连续梁弯曲和剪切变形能，弯矩和剪力作用下单元体的正应变和剪应变分别为式(3-14a)和式(3-14b)，则单元体的变形能为式(3-15a)，积分并代入力和变形的关系式(3-16a)和式(3-16b)中，可得 Timoshenko 梁的变形能为式(3-15b)，忽略第二项剪切能后可得 Euler-Bernoulli 梁的变形能。

$$\varepsilon = \frac{Mz_c}{E_e I_e} \tag{3-14a}$$

$$\gamma = \frac{QS}{G_e I_e b} \tag{3-14b}$$

式中：ε、γ——分别为正应变和剪应变；

E_e、G_e——分别梁的弹性模量、剪切模量（Pa）；

M——弯矩（N·m）；

Q——剪力（N）；

S——单元体在横断面上的静矩（m）；

z_c——单元体在横断面上至中性轴的高度（m）；

b——梁横断面宽度（m）；

I_e——梁横断面惯性矩（m^4）。

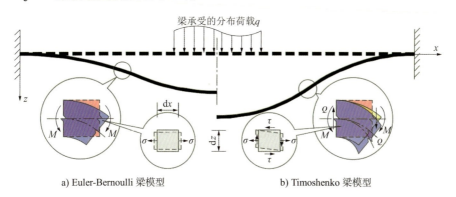

图 3-14　连续梁模型的附加位移模式

$$dU = \frac{\sigma dA_e \cdot \varepsilon dx}{2} + \frac{\tau dA_e \cdot \gamma dx}{2} \tag{3-15a}$$

$$U = \int_V dU = \frac{1}{2}\int_{-\infty}^{+\infty}\left[E_e I_e\left(\frac{d\phi_b}{dx}\right)^2 + \frac{G_e A_e}{f_s}\left(\frac{ds_e}{dx} - \phi_b\right)^2\right]dx \tag{3-15b}$$

$$M = -E_e I_e \frac{d\phi_b}{dx} \tag{3-16a}$$

$$Q = \frac{G_e A_e}{f_s}\left(\frac{ds_e}{dx} - \phi_b\right) \tag{3-16b}$$

式中：σ、τ——分别为正应力和剪应力（Pa）；

A_e——梁横断面的面积（m^2）；

ϕ_b——梁横断面的转角（°）；

s_e——梁横断面的挠度（m）；

U——梁的变形能（J）；

f_s——横断面的剪切形式系数，按式(3-17)计算。

$$f_s = \frac{A_e}{I_e^2}\int_{A_e}\frac{S^2}{b^2}dA_e \tag{3-17}$$

离散梁模型是考虑结构分缝后将既有结构视为具有剪切和转动刚度缝单元连接的刚

体序列，附加沉降通过相邻刚体单元之间的相对错台和旋转实现，适用于描述盾构隧道等预制拼装地下结构，如图 3-15 所示。由于管片自身的变形与接缝相比可忽略不计，将其视为刚体后，既有结构附加变形导致的变形能 U 主要由接缝剪切变形能 U_1 和转动变形能 U_2 组成，分别见式(3-18)和式(3-20)[43-45]，相邻刚体单元之间的总相对位移 δ_i、剪切位移 δ_{i1}、转动位移 δ_{i2} 和相对转角 θ_i 之间的约束关系见式(3-20)。

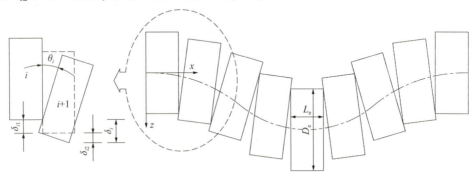

图 3-15　离散梁模型的附加位移模式

$$U = U_1 + U_2 \tag{3-18}$$

$$\begin{cases} U_1 = \sum_i \dfrac{1}{2} k_\tau \delta_{i1}^2 \\ U_2 = \sum_i \int_0^{D_e} \left[\dfrac{1}{2} \dfrac{k_\sigma}{D_e} (\theta_i r)^2 \right] \mathrm{d}r = \sum_i \dfrac{k_\sigma \theta_i^2 D_e^2}{6} \end{cases} \tag{3-19}$$

$$\begin{cases} \delta_i = s_{e(i+1)} - s_{ei} = \delta_{i1} + \delta_{i2} \\ \theta_i \approx \sin\theta_i = \dfrac{\delta_{i2}}{L_e} \end{cases} \tag{3-20}$$

以上式中：U、U_1、U_2——分别为附加位移导致的既有结构总变形能、剪切变形能、转动变形能（J）；

　　　　　δ_i、δ_{i1}、δ_{i2}——分别为附加位移导致的相邻刚体单元间的总相对位移、剪切错台所致相对位移、转动所致相对位移（m）；

　　　　　k_τ、k_σ——分别为环缝的抗剪刚度、抗压刚度（N/m）；

　　　　　D_e、L_e——分别为既有结构刚体单元的横断面宽度和单元长度（m）；

　　　　　θ_i——转动所引起的相对转角（°）；

　　　　　i——刚体单元编号，$i = 1,2,3\cdots$；

　　　　　s_e——既有结构附加位移（m）。

（2）梁与地基土接触关系的模拟

梁与地基土的接触关系可采用温克尔（Winkler）单参数模型、帕斯捷尔纳克（Pasternak）双参数模型和科尔（Kerr）三参数模型模拟，根据上述模型可计算附加沉降影响下既有结构与地层位移协调过程中地基反力的做功。

Winkler 单参数模型采用一系列独立的弹簧模拟梁与地基土的接触[41]，但忽视了地基土之间的剪切作用，只能通过土体弹簧刚度k_{s1}模拟地基土的压缩性，如图 3-16a) 所示。在此基础上，Pasternak 双参数模型在梁底部附加一层剪切层，通过剪切层刚度系数g_s模拟相邻地基土之间的变形协调[47]，如图 3-16b) 所示。此外，梁底至无限深处地基土的附加沉降并不一致，而 Pasternak 双参数模型强制梁与所有深度范围内地基土的位移协调，高估了地基土的不均匀沉降，因此 Kerr 三参数模型在梁和剪切层之间再增加一系列独立弹簧，采用第二层土体弹簧刚度k_{s2}避免了剪切层与梁之间的强制位移协调[48]，如图 3-16c) 所示。在上述梁与地基土的接触关系中，仅考虑了既有结构所在断面内的情况，但实际上梁与地基土、地基土之间的位移协调同时发生在三维空间内，如图 3-17 所示，因此可在上述 xoz 平面内接触关系的基础上，增加 yoz 平面内的接触关系[23]，仍然通过剪切层和地基弹簧模拟该平面内的位移协调，如图 3-16d) 所示。

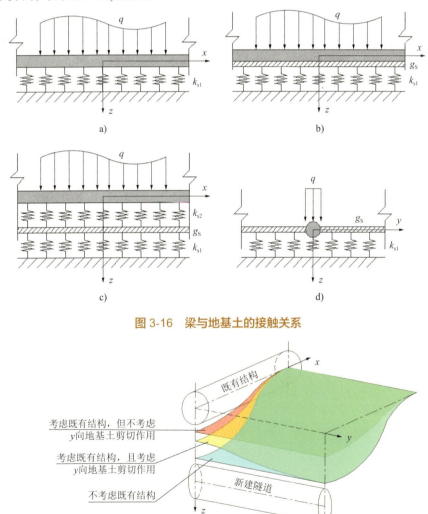

图 3-16 梁与地基土的接触关系

图 3-17 不同梁与地基土接触关系下的附加沉降分布情况

根据梁与地基土的接触关系，可推导梁与地基土位移协调过程中梁所承受的地基反力做功。对 Winkler 单参数模型而言，位移协调表现为自由场地基中该深度处的附加沉降 s_z 减小为存在既有结构时的附加沉降 s_e，位移协调过程中的位移释放量见式(3-22)，地基弹簧对梁做功并释放部分自身的压缩变形能，则外力做功见式(3-21a)。对 Pasternak 双参数模型而言，位移协调过程中不仅包括地基弹簧压缩变形能的释放，还包括剪切层剪切变形能的释放，则外力做功见式(3-21b)。Kerr 三参数模型的情况相对复杂，位移协调过程中包括两层地基弹簧和剪切层变形能的释放，需首先确定两层地基弹簧的位移释放量。将总位移释放量分解为上层和下层弹簧位移释放量，见式(3-23a)。根据剪切层的受力分析，如图 3-18 所示，可知双层弹簧位移释放量之间存在关系见式(3-24a)，推导后可得式(3-24b)，将其代入式(3-23a)后可得(3-23b)，由此可将双层弹簧的位移释放量简化为底层弹簧位移释放量的函数，则位移协调过程中地基土对梁的外力做功见式(3-21c)，将式(3-21b)代入式(3-21c)即可得到以底层地基弹簧位移释放量为唯一未知量的变形能计算式。

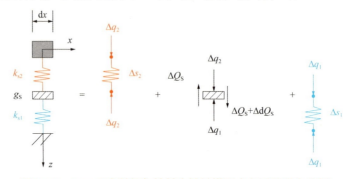

图 3-18　Kerr 三参数梁与地基土接触模型中各层的受力分析

$$V = \frac{1}{2}\int_{-\infty}^{+\infty} k_{s1}(\Delta s)^2 dx \tag{3-21a}$$

$$V = \frac{1}{2}\int_{-\infty}^{+\infty}\left[k_{s1}(\Delta s)^2 + g_s\left(\frac{d\Delta s}{dx}\right)^2\right]dx \tag{3-21b}$$

$$V = \frac{1}{2}\int_{-\infty}^{+\infty}\left[k_{s1}(\Delta s_1)^2 + k_{s2}(\Delta s_2)^2 + g_s\left(\frac{d\Delta s_1}{dx}\right)^2\right]dx \tag{3-21c}$$

$$\Delta s = s_z - s_e \tag{3-22}$$

$$\Delta s = \Delta s_1 + \Delta s_2 \tag{3-23a}$$

$$\Delta s = \left(1 + \frac{k_{s1}}{k_{s2}}\right)\Delta s_1 - \frac{g_s}{k_{s2}}\frac{d^2\Delta s_1}{dx^2} \tag{3-23b}$$

$$\Delta q_1 + \Delta Q_s = \Delta q_2 + \Delta Q_s + \Delta dQ_s \tag{3-24a}$$

$$\Delta s_2 = \frac{k_{s1}}{k_{s2}}\Delta s_1 - \frac{g_s}{k_{s2}}\frac{d^2\Delta s_1}{dx^2} \tag{3-24b}$$

$$\Delta q_1 = k_{s1}\Delta s_1 \tag{3-25a}$$

$$\Delta q_2 = k_{s2}\Delta s_2 \tag{3-25b}$$

$$\Delta dQ_s = -g_s \frac{d^2 \Delta s_1}{dx^2} \tag{3-25c}$$

以上式中： V——地基反力做功（J）；

Δs、Δs_1、Δs_2——分别为总位移释放量、底层地基弹簧和顶层地基弹簧位移释放量（m）；

Δq_1、Δq_2、ΔQ_s——分别为底层和顶层地基弹簧的压力释放量、剪切层剪力释放量（N）；

ΔdQ_s——dx 长度范围内新增剪力 ΔQ_s 的增量；

D_e——梁等效直径（m）；

k_{s1}、k_{s2}、g_s——分别为底层地基弹簧、顶层地基弹簧压缩刚度和剪切层剪切刚度（N/m），其计算方法尚未形成统一结论，部分研究采用的计算式见表 3-2。

梁与地基土接触关系中的刚度系数计算式 表 3-2

来源	k_{s1}	k_{s2}	g_s
周顺华[45]	$k_{s1} = 2k_\infty = \frac{1.3E_s}{(1-\nu)^2}\left(\frac{E_s D_e}{E_e I_e}\right)^{\frac{1}{12}}$		
Vesic[50]	$k_{s1} = k_\infty = \frac{0.65E_s}{(1-\nu)^2}\left(\frac{E_s D_e}{E_e I_e}\right)^{\frac{1}{12}}$		
Kerr[52]	$k_{s1} = \frac{E_s}{H_s}$		$g_s = \frac{E_s H_s}{4(1+\nu)}$
Tanahashi[53]	$k_{s1} = \frac{E_s(1-\nu)}{z_0(1+\nu)(1-2\nu)}$		$g_s = \frac{E_s z_0}{6(1+\nu)}$
Morfidis[54]	$k_{s1} = \frac{4E_s}{3H_s}$	$k_{s2} = 3k_{s1}$	$g_s = \frac{2E_s H_s}{9(1+\nu)}$

注：E_s 为地基土弹性模量（Pa）；ν 为泊松比；z_0 为新建隧道中心的深度（m）；D_e 为梁等效直径（m）；H_s 为梁下地基土厚度（m），既有研究表明可近似取 $H_s = 6D_e$ [49]。

3）基于最小势能原理的变形协调和附加沉降计算

梁的总势能为附加沉降引起的变形能、附加荷载和地基反力做功之和，见式(3-26)。根据最小势能原理对梁的总势能取极值点，即可根据自由场地基该深度处的附加沉降 s_z 求解附加沉降 s_e，见式(3-27a)。需注意，求解之前需首先假设附加沉降 s_e 的曲线形式。一般而言，式(3-27a)的求解本质将得到齐次微分方程组的通解和特解，则既有结构的附加沉降可写为式(3-28a)的形式。由于求解过程比较复杂，可采用傅里叶展开并将既有结构的附加沉降写为式(3-28b)的形式[55]，则最小势能原理可简化为式(3-27b)的形式，其中 $\{X_n\}$、$\{a\}$ 是附加沉降的形态和幅值系数矩阵，具体见式(3-29a)和式(3-29b)，n 是傅里叶展开和矩阵阶数，一般取 $n = 10$ 即可保证求解精度。

$$\Pi = U + V \tag{3-26}$$

$$\partial \pi = 0 \tag{3-27a}$$

$$\frac{\partial \pi}{\partial a_i} = 0 \tag{3-27b}$$

$$s_e = e^{\alpha x}(A_1 \cos \beta x + A_2 \sin \beta x) + e^{-\alpha x}(A_3 \cos \beta x + A_4 \sin \beta x) \tag{3-28a}$$

$$s_e = \{X_n\}\{a\} \tag{3-28b}$$

$$\{X_n\} = \left\{1 \quad \cos\frac{\pi x}{L} \quad \cos\frac{2\pi x}{L} \quad \cdots \quad \cos\frac{n\pi x}{L}\right\} \tag{3-29a}$$

$$\{a\} = \{a_0 \quad a_1 \quad a_2 \quad \cdots \quad a_n\}^T \tag{3-29b}$$

以上式中：Π、U、V——分别为总势能、变形能、外力做功（J）；

α、β——分别为齐次微分方程组求解过程中的系数，可参考文献[37]计算，此不赘述；

A_1、A_2、A_3、A_4——分别为待定系数；

L——梁的附加沉降槽半宽（m），可参照基于修正 Peck 曲线的经验法中的沉降槽反弯点宽度 i_e 的计算方法，并根据既有研究和工程经验[55,56]取 $L = 3 \sim 10 i_e$。

需注意，当梁与地基土的接触关系采用 Winkler 单参数模型和 Pasternak 双参数模型时，均采用式(3-28a)或式(3-28b)描述既有结构附加沉降 s_e；但对于采用 Kerr 三参数模型的情况而言，实际上需采用式(3-28a)或式(3-28b)描述底层弹簧的位移释放量 Δs_1，并根据式(3-22)和式(3-23b)推导得到既有结构的附加沉降 s_e。

3.2.3 地下穿越工程案例

（1）盾构隧道下穿工程

杭州地铁 4 号线盾构法下穿地铁 1 号线盾构隧道[38]平面投影夹角为 23°。4 号线采用铰接型加泥式土压平衡盾构机，盾构外径为 6.4m。4 号线下穿 1 号线的地层主要有〈6-1〉黏土、〈6-2〉粉质黏土，土体泊松比 $\nu = 0.32$。盾构直径 $2R_0 = 6.4$m，长度 $L = 9$m，剪切模量 $G = 10$MPa；4 号线隧道轴线埋深 $z = 26.7$m，1 号线埋深 $z_0 = 19.5$m，如图 3-19 所示。1 号线隧道管片外径为 6.2m，内径为 5.5m，厚度 0.35m，环宽 1.2m。

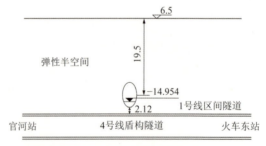

图 3-19 盾构隧道穿越既有隧道纵剖面图（尺寸单位：m）[38]

假定同步注浆作用范围为盾尾后方单环管片宽度，同时盾构掘进仅为空间位置上的变化，不考虑时间效应。采用 Mindlin 解计算盾构参数引起的附加应力，取盾构刀盘推力 $p_1 = 200$kPa，盾壳摩擦力 $p_2 = 150$kPa，盾尾同步注浆附加压力 $p_3 = 120$kPa。隧道纵向刚度 $(EI)_{eq} = 6.676 \times 10^7$kN·m²。基床系数 $k = 1.0 \times 10^4$kN/m³，$K = 2R_0 k = 6.4 \times 10^4$kN/m³，

$\lambda = 0.1244\text{m}^{-1}$，采用 Winkler 单参数地基 Euler-Bernoulli 梁计算既有隧道位移。

地下穿越前，当盾构机刀盘距交叉点 10m 时（$L_1 = 10\text{m}$），则可以得到 $y = -x\tan 23° - 10$。既有隧道竖向变形如图 3-20 所示。刀盘附加推力 q、盾壳摩擦力 f 和土体损失引起的既有隧道变形较大，而同步注浆压力 p_v 和 p_h 的影响较小。各位移值叠加后计算结果显示盾构下穿引起上部既有隧道变形与实测结果形态类似，但比实测结果略大。盾构机和管片占据一定的空间，影响了附加应力的传递，导致理论值和实测值有差异。

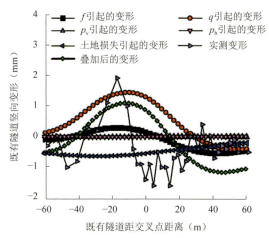

图 3-20　未穿越时（$L_1 = 10\text{m}$）既有隧道竖向变形[38]

当盾构机刀盘位于既有隧道正下方时（$L_1 = 0$），则可得到 $y = -x\tan 23°$。盾构施工穿越中既有隧道竖向变形如图 3-21 所示。此时盾壳摩擦力 f 引起既有隧道隆起，对隧道变形的影响最大，刀盘附加推力 q 也一定程度上影响了既有隧道变形。理论计算结果和实际结果形态类似，实际值偏小，可能是由于盾构姿态等其他参数的影响。

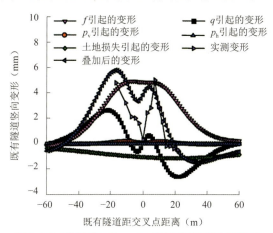

图 3-21　穿越中（$L_1 = 0$）既有隧道竖向变形[38]

当盾构机穿越后刀盘距交叉点 10m 时（$L_1 = -10\text{m}$），则可得到 $y = -x\tan 23° + 10$。随着盾构机远离上部既有隧道下方，盾构参数刀盘附加推力 q 和盾壳摩擦力 f、同步注浆压力 p_v 和 p_h 都对土体产生拉力，而土体几乎不抗拉，故不计算盾构参数引起的附加应力，直接计算土体损失引起的变形如图 3-22 所示。计算与实际变形规律相差较大，原因可能是由于弹性解是瞬时解，忽略了时间效应，既有隧道的变形与周围土体相互作用不可能瞬时变化，与算例的假设条件有关。

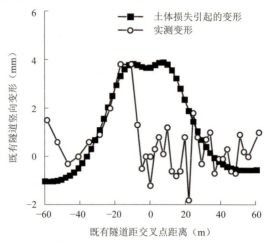

图 3-22 穿越后（$L_1 = -10\text{m}$）既有隧道竖向变形[38]

（2）暗挖隧道下穿工程

深圳地铁 3 号线益田站—香蜜湖站区间隧道下穿电缆管道工程中[34]，由于计算仅考虑隧道开挖导致的横断面收敛，而未考虑土仓压力、盾壳摩擦力、同步注浆压力等的影响，可作为暗挖算例参考。隧道垂直下穿一条直径 $D = 3.0\text{m}$ 的混凝土电缆管道，管道壁厚 $t = 0.12\text{m}$，轴线埋深 $z_0 = 8.7\text{m}$，实测值取管道内东西两排测线的平均值。管道计算参数见表 3-3。算例采用 Loganathan 解、Pasternak 双参数地基 Euler-Bernouli 梁计算既有管道位移。表 3-4 为算例验证过程中不同参数表达式得出的参数值。

管道计算参数[34] 表 3-3

管道半径R（m）	管道中心埋深H（m）	既有管道埋深Z_0（m）	地层损失率ε_0（%）	地层模量E_s（MPa）	地层泊松比ν	既有管道刚度E_pI_p（kN·m^2）
3.0	14.4	8.7	0.84	8.2	0.3	5.87×10^7

各项参数值[34] 表 3-4

模型类别	地基弹性系数k（N/m^3）	地基剪切系数g_s（N/m）
Winkler 模型	$k = \dfrac{kE_s}{6D} = 4.56 \times 10^5$	0
Pasternak 模型	$k = \dfrac{E_s}{6D} = 4.56 \times 10^5$	$g_s = \dfrac{E_s \cdot 3D}{2(1+\nu)} = 2.84 \times 10^7$
Pasternak 模型 $\gamma = 0$	$k = \dfrac{E_s(1-\nu)}{(1+\nu)(1-2\nu)H} = 7.67 \times 10^5$	$g_s = \dfrac{E_s H}{6(1+\nu)} = 1.51 \times 10^7$
Pasternak 模型 $\gamma = 0.38$	$k = \dfrac{E_s(1-\nu)}{(1+\nu)(1-2\nu)} \int_{Z_0}^{H} \left(\dfrac{\mathrm{d}\phi(z)}{\mathrm{d}z}\right)^2 \mathrm{d}z = 4.56 \times 10^5$	$g_s = \dfrac{E_s}{2(1+\nu)} \int_{Z_0}^{H} \phi^2(z) \mathrm{d}z = 5.88 \times 10^6$

注：γ 是 Pasternak 模型计算采用的迭代因子。

图 3-23 为采用不同模型计算的管道竖向位移曲线及实际工程监测数据。其中，Winkler

模型本质上属于未考虑侧向土体作用且采用经验公式求解k、g_s值的Pasternak模型的特例，由于土中剪力是土与结构相互作用的重要组成部分，忽略或不准确地计算土中剪力的影响，会降低理论模型的精确度，导致计算结果与实测值存在较大偏差。同时，采用假定$\gamma=0$得出的参数表达式，其计算结果同样与实测值之间存在一定的偏差，这也说明了是否精确求取γ值对模型参数会造成一定的影响。通过将γ假定为0后得出的参数表达式虽然会简化计算，但同时也导致了一定的误差。相比之下，案例中采用迭代求解k、g_s值的Pasternak模型计算结果与实测值更为贴合。

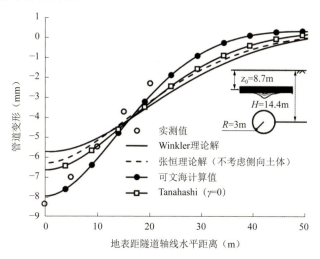

图 3-23　不同求解方式的既有管道变形[34]

（3）明挖隧道上跨工程

在郑州经三路城东路明挖隧道上跨1号线盾构隧道工程中[51]，新建隧道采用基坑明挖施工，基坑纵轴线与1号线平面相交角度为33°，基坑开挖深度为10m左右，坑底距离1号线竖向最小净距为8.5m，取隧道纵向抗弯刚度有效系数为1/6，抗剪刚度有效系数为1/4，平纵剖面如图3-24所示。

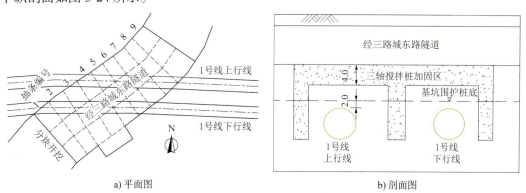

图 3-24　基坑与1号线位置关系（尺寸单位：m）[51]

基坑采用"双排桩+两道支撑+坑底满堂加固"的围护方式，开挖次序为：①破除路面,平整场地,开挖 2.2m;②修筑冠梁及第一道支撑;③全区域向下开挖 1.5m;④开槽架设第二道支撑,抽条分块开挖最后 6m 土层。抽条开挖每条宽 7～9m,并分 3 块开挖,详细布置如图 3-24a) 所示。抽条顺序为 5→1→9→3→7→4→6→2→8,根据地铁监测数据动态调整。

在基坑开挖之前,隧道上下土层可以假设为处于压缩状态的弹簧,如图 3-25a) 所示。基坑开挖卸载后,荷载经过上层土体的传递,对隧道产生作用 q。隧道发生变形的同时将荷载向下层土体传递,如图 3-25b) 所示。但需注意,隧道的刚度远大于土体的刚度,故相同情况下隧道上层土体变形远大于隧道变形,即可趋于简化地认为上层土体对隧道的变形没有约束作用,可将上方卸载对隧道作用的简化模型归纳为图 3-25c)。由于下层土体在卸载时发生变形,故土体刚度应采用卸荷模量。

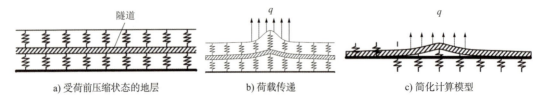

图 3-25 基坑开挖对既有隧道影响的简化计算[51]

本案例将开挖简化为土体内一定区域的卸荷,隧道轴线上的附加应力可以转化为土体中一定范围内 Mindlin 基本解的积分。由于土体受荷再卸荷时存在残余应力,取原状土中的卸荷量为 $0.7q = 190\text{kPa}$。郑州经三路城东路明挖隧道基坑抽条分块开挖时,为了压密地层土体,减少地层扰动,降低第二次开挖的影响。

第一阶段:开挖 k_0、k_{10} 基坑,由于部分加固水泥土龄期不够,强度未有效增长,此时认为开挖卸荷量为 $0.7q$,运用 Kerr 三参数地基 Timoshenko 梁模型求解出的结果大体与实测数据一致,对比结果见图 3-26。

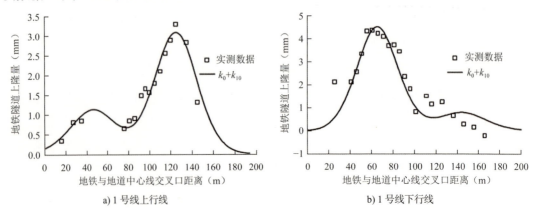

图 3-26 第一阶段预测结果与实测数据对比[51]

第二阶段:全区域开挖 1.5m,根据监测结果可知,此时地铁隧道附加位移日变化速率较大，全区域开挖当天即上隆 1mm 左右。通过反复验算，发现取水泥土开挖卸荷量为 $0.22q$ 时，理论计算与实测数据较为吻合，但实测数据的变化范围更窄，对比结果如图 3-27 所示。

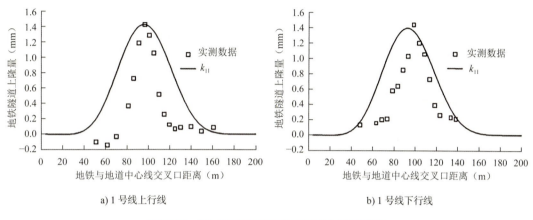

图 3-27　第二阶段预测结果与实测数据对比[51]

第三阶段：抽条开挖阶段。由于采用快速开挖、快速等量加载的抽条模式，假定可以忽略先期抽条开挖对地层的扰动，即每次开挖的影响都是独立可叠加的。最终预测结果如图 3-28 所示。

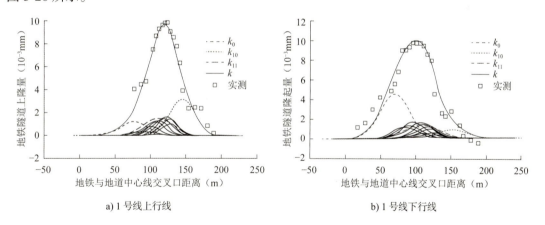

图 3-28　最终预测结果与实测数据对比[51]

基于预测与现场实测监测数据对比分析，可以看出地铁隧道最大位移和隆起范围都与实测数据较为接近，验证了案例方法的有效性。

3.3　基于有限元分析的数值法

3.3.1　基本原理

基于有限元分析的数值法将连续的研究对象划分为大量小体积或小面积单元的集合

体，每个单元内采用平衡方程、物理方程、几何方程等控制方程描述其行为，再由所有单元的控制方程组成控制方程矩阵，采用计算机对该庞大矩阵进行求解。单元尺寸越小，计算精度越高，但计算量越大，因此数值法对计算机的性能要求很高，但可较好地描述复杂地层、复杂结构几何形状、非线性力学性能等情况，且大部分计算参数均可通过地勘资料直接获取，无须复杂的换算，理解和操作难度较低，相较而言具有更好的实用性。

与数值法相比，基于 Peck 曲线的经验法和基于两阶段法的理论法均可实现隧道下穿时既有结构附加沉降的快速预测，但经验法与理论法要求较丰富的前期实测资料或大量的计算参数，且仅适用于地层单一和边界条件简单的情况，与实际情况之间往往存在很大差异，导致在实际应用中还存在诸多困难。鉴于上述局限性，基于有限元分析的数值法逐渐成为地下穿越工程的主流精细化分析手段。

3.3.2 建模分析步骤

采用有限元分析地下穿越工程导致的附加内力、位移和变形时，主要需解决三个问题：土层力学特性的模拟、隧道衬砌承载性能的模拟、隧道掘进行为的模拟。对土层力学特性的模拟而言，需采用合理的本构模型描述土单元的应力应变关系，以及合理的屈服准则描述土单元在弹塑性间的转换，该要求与所有岩土工程和地下工程的数值模拟相同，可参考相关岩土工程论著，本文不再赘述。下面将主要介绍隧道衬砌承载性能和隧道掘进行为的模拟方法。

（1）隧道衬砌承载性能的模拟方法

新建隧道和既有结构的衬砌可分为三类：连续现浇结构、分段现浇结构、预制拼装结构。暗挖隧道的初期支护在施工过程中各段间采用纵向钢筋连接，新老喷射混凝土相互咬合，成型后可视为物理力学性质沿隧道纵向均匀分布的连续结构。明挖隧道或地下结构多采用分段现浇方式施工，尤其当地下结构平面尺寸较大、设计荷载不同、地基条件多变而导致差异沉降过大时，需在结构内部设置一系列沉降缝以避免结构开裂渗漏，由于分段间隔往往较大，因此该类结构整体上属于物理力学性质沿纵向不均匀分布的结构。盾构、顶管和明挖预制拼装隧道或地下结构的预制件尺寸往往较小，以便于运输。同时，结构中存在大量的接缝，接缝间隔与隧道和地下结构的整体尺寸相比较小，因此可将其视为物理力学性质在宏观上沿隧道纵向均匀分布的结构，并通过换算得到等效的连续结构，以简化有限元的建模和计算量。

连续现浇衬砌结构如图 3-29 所示，由于其物理力学性质沿隧道纵向均匀分布，在有限元中可采用正交异性板壳单元模拟[59]，以便于衬砌内力的分析，并根据钢拱架主筋、纵向连接筋和喷射混凝土断面积，采用复合模量法换算正交异性板壳单元在纵向和环向上的等效模量和其他参数。

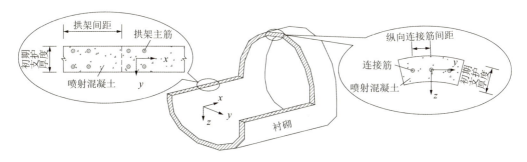

图 3-29　连续现浇衬砌的正交异性板壳单元简化方法

分段现浇衬砌结构如图 3-30 所示，相邻沉降缝之间的结构模拟方法与连续现浇衬砌相似，可采用正交异性板壳单元模拟，并根据配筋量和断面尺寸，采用复合模量法换算正交异性板壳单元在纵向和环向上的等效模量和其他参数。沉降缝可采用接触单元模拟接缝处的相对位移与摩擦力的关系，当沉降缝未设置凹凸榫等相对位移限制结构时，沉降缝两侧的相对位移与摩擦力的关系可简化地采用摩擦因数表示；当沉降缝设置咬合结构时，则咬合结构锁止和破坏前后相对位移与摩擦力的关系可采用分段函数描述。

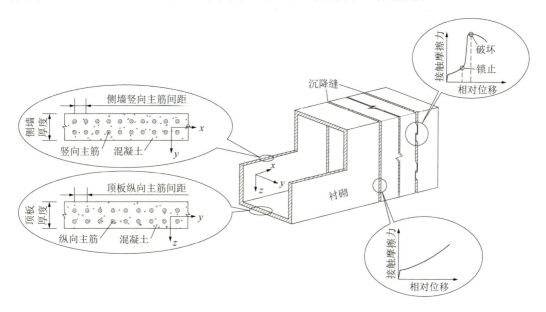

图 3-30　分段现浇衬砌的正交异性板壳单元和沉降缝接触单元简化方法

预制拼装结构如图 3-31 所示，较小的预制件尺寸导致既有隧道或结构中存在较密集的接缝，对下穿既有结构的影响分析而言，考虑管片凹凸榫、钢螺栓、防水密封垫的精细化接缝模型将导致有限元模型宏细观尺度差异过大，进而产生计算收敛性差和计算耗时过长等问题，因此需要在有限元建模之前针对纵缝和环缝进行简化处理，采用等效正交异性板壳单元进行模拟。为便于简化问题，假设纵缝对横断面承载性能的影响和环缝对纵断面承载性能的影响相互独立，则可分别采用修正惯用法[60-61]和等效连续化模型[37,54]换算得到正交异性板壳单元的等效环向和纵向刚度。

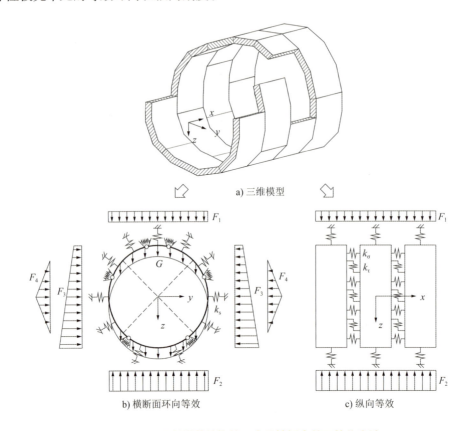

a) 三维模型

b) 横断面环向等效

c) 纵向等效

图 3-31 预制拼装结构的正交异性板壳单元简化方法

横断面等效环向刚度采用修正惯用法换算,该方法原用于盾构隧道的衬砌内力计算,引入抗弯刚度折减系数η和弯矩调整系数ζ,分别描述接头导致的均质无缝衬砌横断面抗弯刚度的衰减和接头弯矩的增大,如图 3-32 所示。若管片衬砌横断面抗弯刚度为EI,则换算后等效均质无缝衬砌的横断面抗弯刚度为ηEI,根据等效均质无缝衬砌的弯矩M,取管片和接缝最大设计弯矩分别为$(1+\zeta)M$、$(1-\zeta)M$,由此可知有限元模型中正交异性板壳单元的环向等效刚度为ηEI。抗弯刚度折减系数η和弯矩调整系数ζ的取值可通过现场加载试验、室内模型试验或采用精细化接缝的有限元单环模型分析,并根据式(3-30a)确定。由于上述两个参数的结果受管片分块方式、尺寸、材料、拼装方式等多种因素的影响[62],上述方法过程复杂而不经济,故一般采用经验公式计算上述参数。《地基基础设计标准》(DGJ 08-11—2018)中建议取值为:$\eta = 0.6 \sim 0.8$、$\zeta = 0.3 \sim 0.5$,部分研究得到抗弯刚度折减系数η的经验公式,见式(3-30b)[65]、式(3-30c)[65]和式(3-30d)[66],但推导过程中采用的椭圆变形假设和荷载分布形态假设等均与现实间存在一定差异[68]。其他研究将整环管片展开平铺,通过弯矩作用下真实与等效横断面展开平铺后的总转角相等,建立了抗弯刚度折减系数η的理论解,见式(3-30e)[68]。

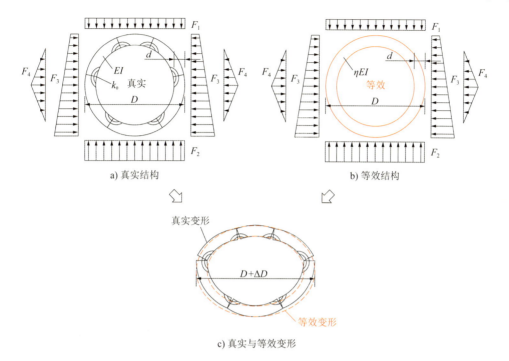

图 3-32　基于修正惯用法的横断面等效环向刚度换算方法

$$\eta = \left(1 + \frac{\Delta D}{D}\right)^{-1} \tag{3-30a}$$

$$\eta = \begin{cases} \dfrac{k'_\theta}{EI} + \left(\dfrac{4}{n}\right)^2, & n > 4 \\ 1, & n \leqslant 4 \end{cases} \tag{3-30b}$$

$$\eta = 0.492 \log(a_\eta) + 0.6644 \tag{3-30c}$$

$$\eta = (1 + b_\eta)^{-1} \tag{3-30d}$$

$$\eta = \left[1 + \frac{nEI}{\pi k'_\theta (D-d)}\right]^{-1} \tag{3-30e}$$

式中：η——横断面等效均质无缝衬砌的抗弯刚度折减系数；

D、ΔD——分别为横断面直径和设计荷载作用下水平直径的增量（m）；

d——管片厚度（m）；

EI、k'_θ——分别为管片横断面抗弯刚度和纵缝接头刚度（N·m²）；

n——横断面内的纵缝数量；

a_η 和 b_η——计算系数，分别按式(3-31)和式(3-32)计算。

$$a_\eta = \frac{k'_\theta L_e}{EI} \tag{3-31}$$

$$b_\eta = \frac{3EI}{Rk'_\theta} \sum_{i=1}^{n} (\cos\theta_i \cos 2\theta_i) \tag{3-32}$$

以上式中：L_e——分别为管片厚度和环宽（m）；

R——横断面半径（m）；

θ_i——分别为横断面中接头所在位置的角度（°）。

纵断面等效纵向刚度的换算采用志波由纪夫等提出的等效连续化模型，忽略单环管片中的分块并将其视为均质无缝管环，各环管片之间采用法向和切向弹簧联系，如图3-33所示。根据拉压、剪切和弯曲作用下变形相等的原则，可推导得到圆形[61]和类矩形[69]等断面隧道整体纵向上的压缩刚度、剪切刚度和抗弯刚度与单环管片相比的折减系数η_N、η_Q、η_M，分别见式(3-33a)、式(3-33b)、式(3-33c)。鉴于一般情况下η_N、η_Q、η_M的取值相差不大[34,54]，可结合地下结构以弯剪为主的附加位移特征，根据抗弯和抗剪刚度折减系数取综合值。在此基础上，部分研究同时考虑弯矩和轴力的作用，推导了圆形横断面隧道在不同环缝接触状态和屈服条件下的纵向刚度折减系数[70]，由此可将预制拼装的隧道结构在纵向上简化为均质无缝板壳单元。

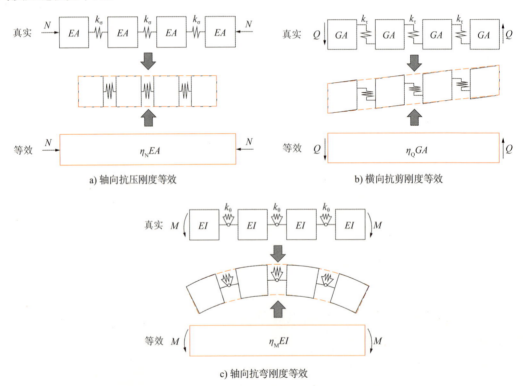

图 3-33 基于等效连续化模型的等效纵向刚度换算方法

注：N为轴力（N），Q为剪力（N），M为弯矩（N·m）。

$$\eta_N = \frac{k_\sigma}{k_\sigma + \frac{EA}{L_e}\left(1 - \frac{1}{m}\right)} \tag{3-33a}$$

$$\eta_Q = \frac{k_\tau}{k_\tau + \frac{GA}{L_e}\left(1 - \frac{1}{m}\right)} \tag{3-33b}$$

$$\eta_{\mathrm{M}} = \frac{k_\theta}{k_\theta + \frac{EI}{L_e}\left(1 - \frac{1}{m}\right)} \tag{3-33c}$$

式中：k_σ、k_τ——分别为环缝接头的抗压刚度与抗剪刚度（N/m）；

k_θ——环缝接头的抗弯刚度（N·m）；

E、G——分别为均质无缝单环管片的弹性模量与剪切模量（Pa）；

I——横断面惯性矩（m⁴）；

A——横断面面积（m²）；

m——环缝数量。

（2）隧道掘进行为的模拟方法

隧道掘进行为将导致地层产生附加应力和位移，并逐渐传递至既有结构。采用盾构法、顶管法和暗挖法进行隧道施工时的影响因素略有不同。

盾构隧道施工过程中，盾构机掘进对地层的影响主要包括七个方面：掘进面的刀盘推力、土仓压力、盾壳与地层间的摩阻力、盾尾的地层损失率、盾尾的同步注浆压力、浆液性能的时变性、盾构机后部隧道内设备压重。盾构隧道施工模拟如图3-34所示。

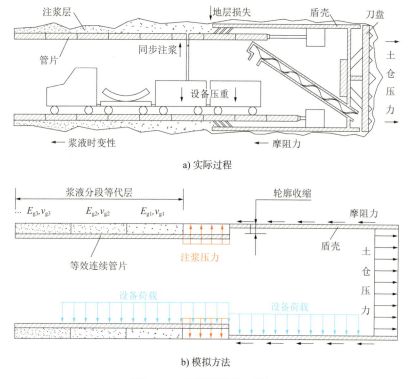

a) 实际过程

b) 模拟方法

图 3-34 盾构隧道施工模拟

为减少对地层的扰动，隧道掘进常采用顶管机。顶管机土仓压力和设备压重的影响与盾构机类似，机壳和衬砌与地层间均存在摩阻力，机壳与衬砌轮廓线一致而不再引起地层损失。同步注浆的目的主要为润滑和减小摩擦,而不再包含填充空隙,因此可采用较小的注浆压力,进而可忽略其影响。注入的浆液不再采用实体单元模拟,其性能的时变性采用机壳和衬砌与地层间摩阻力的变化体现,如图3-35所示。

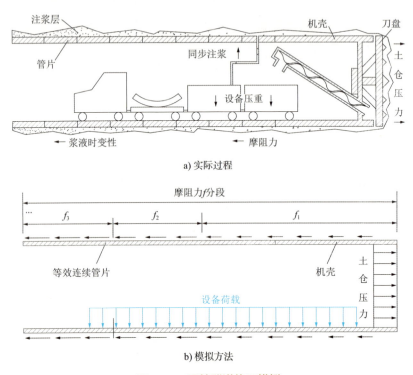

图3-35 顶管隧道施工模拟

暗挖隧道施工过程中,对地层的影响主要包括三个方面:开挖前预支护和预注浆加固体的浆液结石体性能时变性、开挖后初期支护施作滞后性导致的围岩应力释放、初期支护施作后喷射混凝土的性能时变性,而挖掘机等设备的自重相对较小可忽略不计,如图3-36所示。此外,对于采用爆破法开挖围岩的暗挖隧道而言,爆破对邻近既有结构的影响需进行动力学计算,在开挖面上施加爆破振动加速度,分析既有结构的振动速度和加速度幅值是否满足控制要求。由于本节仅局限于静态影响的模拟,因此不展开介绍爆破振动的动力学计算方法。

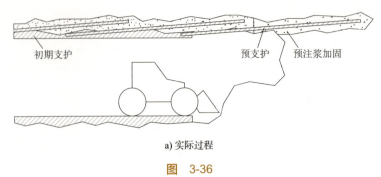

图 3-36

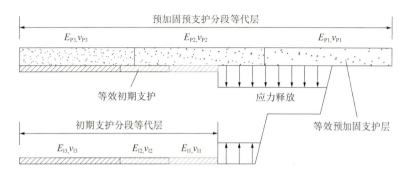

b) 模拟方法

图 3-36 暗挖隧道施工模拟

盾构机和顶管机的刀盘推力、注浆压力、设备荷载均采用面荷载模拟。在实际施工中，刀盘推力与掘进面压力之间存在差值，掘进面压力强度根据上覆土自重和静止侧压力系数确定，包括水土合算方法和水土分算方法，一般取上小下大的梯形分布；刀盘推力在计算上通过传递系数建立与掘进面压力之间的关系，传递系数主要考虑刀盘开口率、出土量、渣土状态等盾构施工参数。注浆压力根据实际施工参数确定，可采用均布荷载。设备荷载的强度和分布形式根据盾构机刀盘、外壳、驱动和推进设备、螺旋输送机和皮带运输机、管片吊机和转运车、注浆注脂系统、渣土改良系统等设备的自重和位置确定。

盾尾同步注浆后浆液的性能时变性、暗挖隧道预加固注浆结石体的性能时变性、暗挖隧道初期支护喷射混凝土的性能时变性采用等代层刚度迁移法模拟[57-58]。对于同步注浆的浆液体而言，等代层参数确定分四步：第一步，根据参数时变曲线和隧道掘进进度曲线，确定两个指标随时间的变化情况；第二步，根据上述数据点绘制参数沿隧道纵向上的分布情况；第三步，根据初凝时间的对应点，确定注浆压力与实体单元等代层的分界位置；第四步，选取合适的分段间隔，绘制阶跃型等代层参数的分布曲线，从而确定等代层每段的参数取值，如图 3-37 所示。同时，当不同计算步中隧道开挖面前移一段时，等代层各段的参数取值相应前移一段。由于等代层的变形主要受刚度影响，因此该方法常称为刚度迁移法，如图 3-38 所示。

需注意，受刚度迁移法的限制，模型中所有等代层分段时宜取等宽，或取基于特定基础宽度和不同模数的组合，以便于使用刚度迁移法，并降低建模复杂性。同理，对暗挖隧道预加固注浆结石体而言，其性能的模拟与盾尾同步注浆浆液相似，当同时采用预支护措施时，可根据预支护措施和注浆结石体横断面的抗弯刚度等效换算预加固预支护等代层物理力学参数。对暗挖隧道初期支护而言，喷射混凝土性能时变性的模拟方法同上，分段确定物理力学参数后采用复合模量法综合计算初期支护衬砌横断面钢拱架和喷射混凝土等代层等效换算刚度。

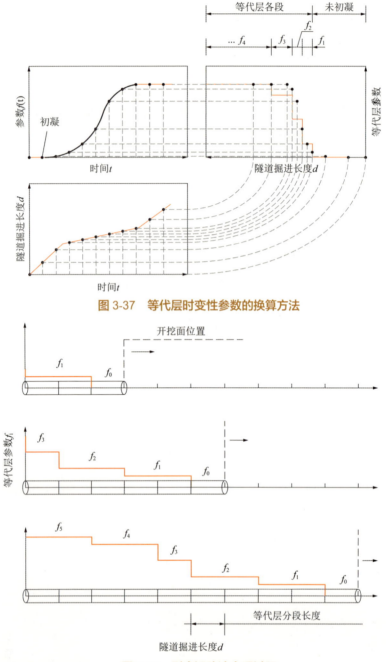

图 3-37 等代层时变性参数的换算方法

图 3-38 刚度迁移法实现过程

盾构隧道管片脱出盾尾时的地层损失采用强制面收缩模拟,根据盾构机截面积、衬砌包络面积和单位长度内的注浆量确定,一般不超过 1%。暗挖隧道围岩的应力释放采用强制应力释放率模拟,可分别采用暗挖隧道的支护特征曲线和岩壁位移时变曲线描述围岩应力、位移和时间的关系,根据初期支护滞后时间确定围岩应力的释放程度。此外,也可采用经验曲线描述应力释放率与位移释放率之间的关系,直接采用强制面收缩等效模拟围岩应力释放程度[24]。

摩阻力在模拟过程中往往忽略不计。由于常采用静态法模拟盾构或顶管隧道的掘进过程，有限元模型中的盾构机或顶管机在每个计算步中均保持静止，因此无法考虑其侧壁与地层间的摩阻力，也不能考虑其可能产生的背土现象。

综上所述，采用上述隧道掘进行为的模拟方法和隧道衬砌承载性能的模拟方法，配合合理的地层本构和屈服模型，即可采用有限元模型分析计算隧道下穿既有结构过程中导致的附加内力、变形和位移。

3.3.3 地下穿越工程案例

（1）盾构隧道穿越工程

在上海地铁 11 号线盾构隧道穿越 4 号线盾构隧道工程中[66]，新建 11 号线左右线盾构隧道斜向 75°分别从 4 号线隧道上、下穿越，如图 3-39 所示。11 号线上下行线与 4 号线隧道净距分别为 1.82m 和 1.69m，4 号线内外圈盾构隧道中心间距为 16.8m。4 号线和 11 号线隧道外径均为 6.2m，内径均为 5.5m。衬砌管片采用钢筋混凝土预制而成，混凝土强度等级为 C55，每环管片宽度为 1.2m，厚度为 0.35m。区间隧道采用 2 台土压平衡盾构机同向推进，盾构机直径为 6.34m。

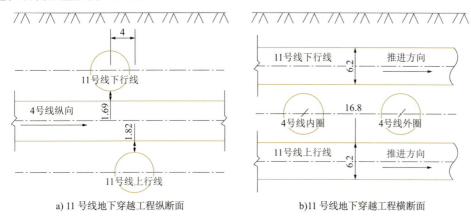

a) 11 号线地下穿越工程纵断面   b) 11 号线地下穿越工程横断面

图 3-39　11 号线地下穿越 4 号线示意图（尺寸单位：m）[66]

根据新建隧道与既有隧道的相对位置关系，建立有限元计算模型尺寸为 84m × 84m × 60m，即沿 4 号线纵向和 11 号线推进方向均取 84m，沿深度方向取 60m，三维有限元计算模型如图 3-40 所示。土体、衬砌和等代层均采用 8 节点实体单元进行模拟，土体屈服准则为德鲁克-普拉格准则（Drucker-Prager 准则）。考虑管片拼装对衬砌结构刚度的影响，将衬砌管片刚度折减 15%，即刚度折减系数为 0.85，管片弹性模量取 30.2GPa，泊松比为 0.2。结合盾构施工情况，确定

图 3-40　三维有限元计算模型[66]

11号线盾构推进步如图3-41所示,沿11号线推进方向第5~23步为多线叠交段,叠交段推进长度为2.4m/步,非叠交段推进长度为4.8m/步。

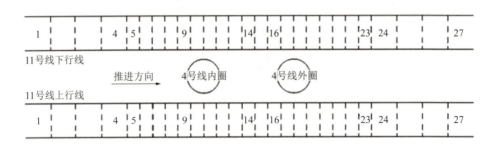

图3-41 新建盾构隧道推进步划分示意图[66]

利用刚度迁移法和等代层模拟盾构施工过程,等代层厚度取0.1m。根据浆液抗压强度现场测试结果,选取两个典型抗压强度时间点,即浆液的弹性模量由0.58MPa变为1.2MPa,以模拟浆液的硬化过程。穿越掘进时简化计算,取盾构平衡土仓压力等于开挖面中心水平静止土压力。引入土仓压力比λ_1,土仓压力P_1的计算公式见式(3-34)。盾构注浆压力设定过小易导致地表变形较大,过大则易造成浆液侵入周围土层并导致混凝土管片开裂。引入注浆压力比λ_2,注浆压力P_2的计算公式见式(3-35)。

$$P_1 = \lambda_1 P_0 = \lambda_1 K_0 \sigma_v \tag{3-34}$$

$$P_2 = \lambda_2 \sigma_v \tag{3-35}$$

以上式中:P_0——盾构平衡土仓压力(Pa);

K_0——静止土压力系数;

σ_v——开挖面中心土体的竖向应力(Pa)。

根据盾构推进记录,土仓压力的设定范围为0.18~0.27MPa。盾构注浆压力与隧道埋深处土层应力相当时,盾构施工引起的地层损失和地表沉降都较小,注浆压力一般取0.2~0.4MPa。为研究盾构穿越施工时土仓压力和注浆压力对既有隧道变形的影响,对5种穿越施工工况进行了计算,具体工况见表3-5。其中,工况1对应的地铁4号线纵向变形曲线如图3-42所示,下穿施工引起上方既有隧道发生不均匀变形,最大位移发生于上行线隧道中心线上方。

下穿施工的计算工况[66] 表3-5

计算工况	工况1	工况2	工况3	工况4	工况5
土仓压力比λ_1	1.0	1.3	1.6	1.6	1.6
注浆压力比λ_2	1.0	1.0	1.0	0.8	0.6

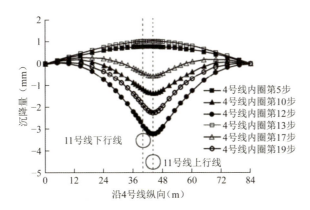

图 3-42 下穿施工时既有隧道的纵向变形曲线[66]

工况 1~工况 3 可分析土仓压力对既有隧道变形的影响，既有隧道沉降量随盾构推进步数的变化如图 3-43 所示。土仓压力对 4 号线内、外圈竖向位移的影响分别集中在第 4~12 步、第 10~19 步，此范围内既有隧道的竖向位移随土仓压力比的增大而增大。由工况 1 与工况 3 既有隧道沉降量差值随盾构推进的变化曲线可知，盾构推进到第 4~7 步（内圈）、第 10~14 步（外圈）时，4 号线内、外圈沉降量差值均呈现逐步增大趋势，即距既有隧道中心线 1.1~3.0 倍盾构外径范围内，土仓压力的变化会对既有隧道的竖向位移产生较大影响，此范围应作为土仓压力控制的重点区域。

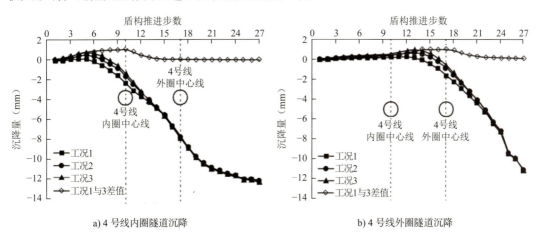

a) 4 号线内圈隧道沉降

b) 4 号线外圈隧道沉降

图 3-43 既有隧道沉降量随盾构推进步数的变化（工况 1~工况 3）[66]

工况 3~工况 5 可分析穿越施工注浆压力对既有隧道变形的影响，既有隧道的沉降量随盾构推进的变化如图 3-44 所示。由工况 3 与工况 5 沉降量差值随盾构推进的变化曲线可知，下穿盾构推进到接近既有隧道中心线 0.8D（D 为隧道外径），远离隧道中心线 1.9D 范围内时（内圈对应 9~15 步、外圈对应第 16~22 步），既有隧道沉降量随注浆压力比的减小而显著增大，此范围应作为注浆压力控制的重点区域。随后，4 号线内、外圈沉降量差值分别稳定在 4.27mm、4.78mm。

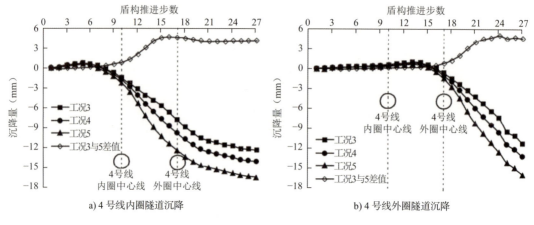

a) 4号线内圈隧道沉降　　　　b) 4号线外圈隧道沉降

图 3-44 既有隧道沉降量随盾构推进步数的变化（工况 3～工况 5）[66]

在不同计算工况下，11 号线上行隧道引起的 4 号线隧道沉降见表 3-6，可见工况 1～工况 3 中既有隧道内、外圈沉降量不随土仓压力比的改变而改变，内、外圈沉降均值分别为 12.3mm 与 11.2mm；工况 3～工况 5 中既有隧道的沉降量随着注浆压力比的减小而增大，注浆压力比减小到 0.6 时，既有隧道内外圈的沉降量分别增加 34%与 41%，量值分别达到 16.52mm 与 15.81mm。因此，在地下穿越过程中可适当提高土仓压力和注浆压力，从而减小穿越导致的既有隧道沉降。

穿越施工结束时既有隧道的沉降量（单位：mm）[66]　　　表 3-6

计算工况	工况 1	工况 2	工况 3	工况 4	工况 5
内圈沉降量	12.43	12.24	12.33	14.04	16.52
外圈沉降量	11.27	11.16	11.18	13.11	15.81

（2）暗挖隧道下穿工程

北京地铁 6 号线朝阳门站—东大桥站区间双线隧道垂直下穿既有地铁 2 号线朝阳门站[24]，6 号线双线隧道与 2 号线车站之间的具体位置关系如图 3-45 所示。区间隧道净距为 9m，下穿段范围 2 号线车站结构位于同一段变形缝内，6 号线双线隧道拱顶与 2 号线车站底板垫层之间密贴。既有地铁车站全长为 141.18m，宽为 22.7m，底板高程为 24.142m，主体为 3 跨矩形框架结构，中柱为直径 1.2m 的 C30 混凝土圆柱，横向柱距为 7.2m，纵向柱距为 5.0m，总高 11m，侧墙厚 1.1m，顶板厚 1.5m，底板厚 1.3m，混凝土底板垫层厚 0.225m，每 25m 设置 1 条沉降缝。

6 号线双线隧道下穿施工前期采取深孔注浆与袖阀管注浆相结合的方式形成封闭的堵水帷幕及土体注浆加固区，如图 3-45 所示。新建区间隧道喷射 C20 混凝土，厚度为 350mm，每 0.5m 设 1 榀格栅钢架。穿越段采用在初期支护结构内设置千斤顶的方案，纵向每 4 榀格栅钢架设置 1 榀型钢钢架。千斤顶采用 100t 液压自锁式千斤顶，隧道每个断面共设 6 台。千斤顶顶撑顺序及顶力的施加结合各个洞室开挖初期支护及成环的情况确定。

地下穿越工程计算分析方法 第3章

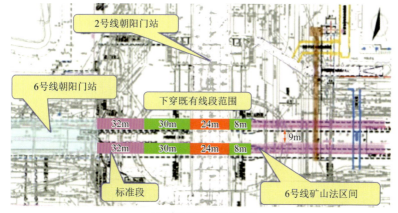

a) 新建地铁区间隧道平面

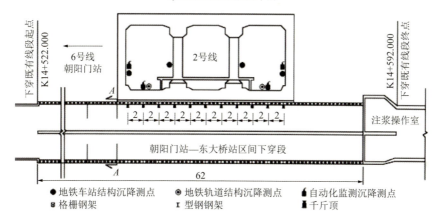

b) 新建地铁区间隧道纵断面

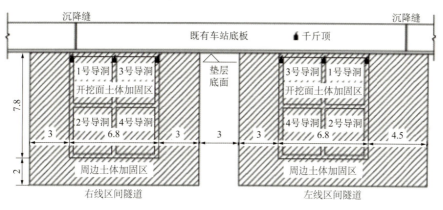

c) 新建地铁区间隧道横断面

图 3-45 地铁 6 号线区间隧道与地铁 2 号线车站相对位置关系图（尺寸单位：m）[24]

隧道施工期间进行多次初期支护背后回填注浆，区间隧道顶板、侧墙及底板注浆管沿纵向和环向布设间距分别为 0.5m、1.0m、1.0m。利用回填注浆管进行动态补偿注浆及时填充因沉降而产生的空隙。二次衬砌浇筑采用跳序施工，环向分两次施工（底板一组，侧墙与顶板一组），纵向每段小于 12m，侧墙与顶板模板体系采用组合钢模和满堂脚手架。

采用有限元差分程序 FLAC^{3D} 建立三维数值模型六面体实体单元模拟下穿过程，如

·125·

图 3-46 所示。模型计算范围为 85m×82.7m×60m，模型顶面（即地表）为自由边界，模型前后左右 4 个边界设置水平约束，模型底部施加竖向约束。双线隧道采用交叉中隔壁法（CRD 法）对称开挖与支护，具体施工步序为：1 号和 2 号导洞前后错开 10m，待 1 号和 2 号导洞封闭成环 25m 后，开挖 3 号和 4 号导洞，3 号和 4 号导洞前后错开 10m，如图 3-47 所示。

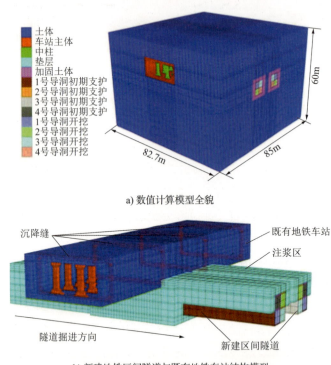

图 3-46 6 号线双线隧道下穿 2 号线车站三维数值模型[24]

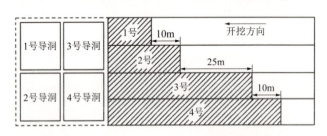

图 3-47 6 号线右线区间隧道开挖步序示意图[24]

隧道开挖势必引起围岩应力释放，开挖后造成土体损失，从安全性角度出发，选择应力释放率为 30%。在自重应力场作用下，采用反向施加应力法控制应力释放率为 30%。在 FLAC^{3D} 程序中，采用零模型（Null 模型）来模拟隧道开挖，初期支护采用实体单元，二次衬砌采用壳单元。新建隧道各施工阶段引起既有地铁车站的断面沉降分布情况如图 3-48 所示。图中"1 号导洞通过"是指新建隧道 1 号导洞掘进通过既有车站，即图 3-45b) 中 *A-A* 断面；"施作二次衬砌"是指拆除内侧洞室中的临时支护结构，并施作二次衬砌。

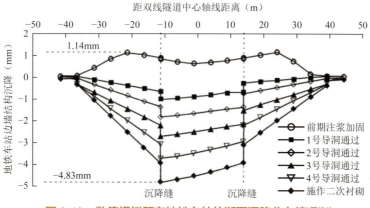

图 3-48 数值模拟既有地铁车站的断面沉降分布情况[24]

由图 3-48 可知，前期注浆加固导致既有地铁车站结构局部发生隆起，最大隆起量为 1.14mm。初期支护背后回填注浆能够有效减小既有地铁车站结构沉降，并具有一定的抬升作用。下穿施工期间既有地铁车站结构沉降呈现出显著的刚体位移特征，沉降缝两侧差异沉降明显，下穿段两沉降缝间的既有地铁车站结构为主要沉降区（槽）。随着施工的推进，沉降槽深度逐渐增大，沉降缝两侧差异沉降亦显著增大，3 号导洞通过后边墙时最大沉降为 2.72mm，已超过 2.50mm。因此，仅采用地层注浆加固方法可能引起既有地铁车站结构变形超出预定范围，必须增加其他控制措施对既有地铁车站结构进行沉降恢复。

假定千斤顶为一个实体单元，隧道开挖后挖除对应千斤顶部位的实体单元。千斤顶顶升力 k 的模拟采用在千斤顶与侧墙竖向型钢钢架和顶部型钢钢架的两个接触面施加均布荷载 q 的方法实现。两者间换算关系为：$q = k/ab$，a 和 b 分别为实体单元的长度和宽度。在进行前期注浆加固和初期支护背后回填注浆的基础上，假定在各导洞施工阶段均采用一致的千斤顶顶升力，算例模拟顶升力 $k = 300\text{kN}$ 时既有地铁车站的断面沉降分布情况，如图 3-49 所示。采用千斤顶顶升措施能够实现既有地铁车站结构变形控制，使两沉降缝间的既有地铁车站结构整体均匀抬升，抬升过程中既有地铁车站结构依然呈现出刚体位移特征。此外，这一措施还极大程度地降低了沉降缝最大不均匀沉降差。

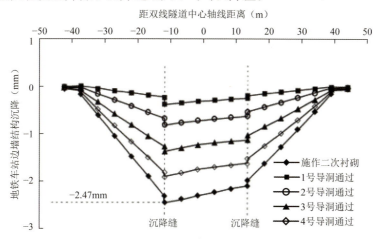

图 3-49 千斤顶顶升力为 300kN 时既有地铁车站的断面沉降分布情况[24]

在既有地铁车站布置的自动化监测设备对区间隧道密贴下穿朝阳门站过程中车站边墙的断面沉降监测如图 3-50 所示。施工前期采取深孔注浆与袖阀管注浆使下穿段既有地铁车站局部发生隆起，边墙最大隆起量为 1.32mm，由于受既有地铁车站结构变形的影响，两条隧道中心轴线处边墙结构隆起仅为 0.77mm，而远离注浆区既有地铁车站的边墙结构变形幅度相对较小。区间隧道采用初期支护背后回填注浆和千斤顶支护的联合措施在导洞施工期间能够有效控制既有地铁车站结构沉降，使既有地铁车站结构变形不超过 2.0mm。施作二次衬砌封闭成环时，由于拆除临时中隔梁和 2 号与 4 号导洞临时仰拱，既有地铁车站边墙最大沉降值为 2.47mm，右侧沉降缝最大不均匀沉降差为 1.97mm，接近变形控制标准。

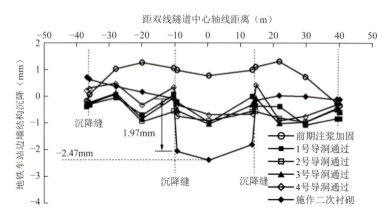

图 3-50　既有地铁车站边墙结构实测沉降分布[24]

前期注浆加固阶段的数值计算结果与实测数据比较吻合，两者的最大隆起值分别为 1.14mm 和 1.32mm。由图 3-49 和图 3-50 可知，施作二次衬砌阶段，两者的最大沉降值均为 2.47mm，验证了数值模拟的可行性，说明地层预注浆加固、初期支护背后注浆回填、千斤顶抬升的联合控制方案有效降低了暗挖法密贴地下穿越过程对既有地铁车站的影响。

3.4　小结

地下穿越工程引起的既有地下结构附加位移计算可采用基于 Peck 曲线的经验法、基于两阶段法的理论法和基于有限元的数值法，具体采用的计算理论汇总如图 3-51 所示。

采用基于 Peck 曲线的经验法时，可根据当地地表沉降槽 Peck 曲线研究成果，通过 Peck 曲线与既有地下结构附加沉降曲线之间的参数换算关系计算附加位移，也可利用地层沉降曲线的研究成果，通过传递矩阵推算既有地下结构附加位移。

采用基于两阶段法的理论法时，首先考虑新建地下结构横断面收敛和掘进过程中的机土相互作用导致的自由场地基附加位移，并将既有地下结构视为单参数、双参数或三参数弹性地基上的连续梁或离散梁，由位移协调过程中的弹性地基梁变形能和地基反力做功构成系统势能，采用最小势能原理计算既有地下结构附加位移。

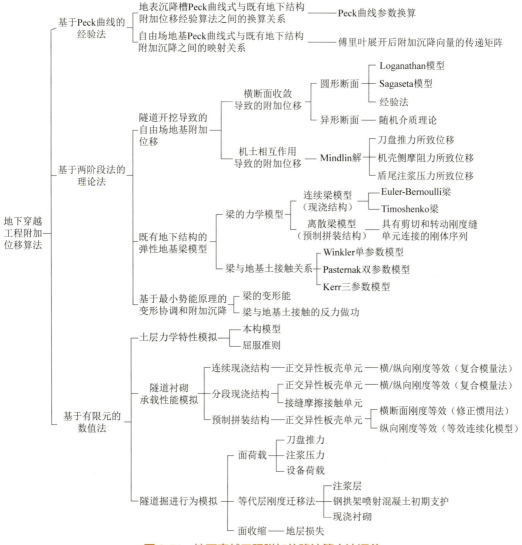

图 3-51　地下穿越工程附加位移计算方法汇总

采用基于有限元的数值法时，在岩土本构模型和屈服准则的基础上，采用面荷载、等待层刚度迁移法和面收缩模拟隧道掘进行为，采用复合模量法、修正惯用法和等效连续化模型对衬砌横向和纵向刚度进行等效，采用正交异性板壳单元简化模拟地下结构衬砌承载性能。

本章参考文献

[1] 金大龙. 盾构隧道群下穿既有地铁运营隧道变形机理及控制研究[D]. 北京: 北京交通大学, 2018.

[2] 孙玉永, 周顺华, 向科, 等. 近距离下穿既有隧道的盾构施工参数研究[J]. 中国铁道科学, 2010, 31(01): 54-58.

[3] 刘国彬, 王卫东. 基坑工程手册[M]. 2版. 北京: 中国建筑工业出版社, 2009.

[4] 盛应平. 轨道交通盾构隧道双线穿越已有建(构)筑物时冻结加固技术应用研究[J]. 隧道与轨道交通, 2019(03): 19-22+59.

[5] 翁敦理, 陈明辉. 深孔注浆技术在地铁暗挖隧道施工中的应用[J]. 现代隧道技术, 2012, 49(02): 137-141.

[6] 李媛. 暗挖隧道下穿既有车站的深孔注浆及保护措施[J]. 都市快轨交通, 2014, 27(05): 76-79+92.

[7] 周顺华. 地铁盾构法隧道下穿工程[M]. 北京: 科学出版社, 2020.

[8] 郑凤先. 隔离桩对地铁深基坑邻近建筑物保护机理研究[J]. 城市轨道交通研究, 2014, 17(03): 42-46.

[9] 朱妍. 复合腔体构件加固盾构法隧道的关键技术研究[J]. 隧道与轨道交通, 2017(03): 14-17+61.

[10] 陈炜, 李会. 深圳地铁叠线盾构隧道施工中支撑台车的应用[J]. 市政技术, 2017, 35(02): 85-88+92.

[11] Peck R B. Deep excavations and tunneling in soft ground[C]//Proceedings of the 7th International Conference of Soil Mechanics and Foundation Engineering, Mexico, 1969.

[12] 刘波, 陶龙光, 丁城刚, 等. 地铁双隧道施工诱发地表沉降预测研究与应用[J]. 中国矿业大学学报, 2006, 35(3): 356-361.

[13] Mair R J, Taylor R N, Bracegirdle A. Subsurface settlement profiles above tunnels in clays[J]. Geotechnique, 1993, 43(2): 315-320.

[14] 韩煊, 刘赪炜, Jamie R S. 隧道下穿既有线的案例分析与沉降分析方法[J]. 土木工程学报, 2012, 45(1): 134-141.

[15] Sagaseta C. Analysis of undrained soil deformation due to ground loss[J]. Geotechnique, 1987, 37(3): 301-320.

[16] Jacobsz S W. The effects of tunneling on piled foundations[D]. Cambridge: University of Cambridge, 2002.

[17] 韩煊, 李宁, Jamie R S. 地铁隧道施工引起地层位移规律的探讨[J]. 岩土力学, 2007, 28(3): 609-613.

[18] 王剑晨, 张顶立, 张成平, 等. 北京地区浅埋暗挖法下穿施工既有隧道变形特点及预测[J]. 岩石力学与工程学报, 2014, 33(5): 947-956.

[19] 王海涛, 金慧, 张景元, 等. 地铁隧道施工引起邻近埋地管道位移计算的传递矩阵法[J]. 铁道学报, 2019, 41(10): 93-98.

[20] 魏纲, 林雄, 金睿, 等. 双线盾构施工时邻近地下管线安全性判别[J]. 岩土力学, 2018, 39(1): 181-190.

[21] 白海卫, 王剑晨, 刘运亮, 等. 既有地下结构受下穿施工影响的力学响应与安全控制研究[J]. 岩土工程学报, 2019, 41(5): 874-884.

[22] 王剑晨, 张顶立, 张成平, 等. 浅埋暗挖隧道近距施工引起的上覆地铁结构变形分析[J]. 岩石力学与工程学报, 2014, 33(1): 90-97.

[23] 张桓, 张子新. 盾构隧道开挖引起既有管线的竖向变形[J]. 同济大学学报(自然科学版), 2013, 41(8): 1172-1178.

[24] 张旭, 张成平, 韩凯航, 等. 隧道下穿既有地铁车站施工结构沉降控制案例研究[J]. 岩土工程学报, 2017, 39(4): 759-766.

[25] 李鹏. 穿越工程对地铁五棵松车站变形影响统计分析与预测[D]. 北京: 北京交通大学, 2010.

[26] 马振超. 北京既有线下穿工程的特点及影响规律研究[D]. 北京: 北京交通大学, 2012.

[27] 徐吉民. 北京地铁军博站下穿施工对既有线影响的研究[D]. 北京: 北方工业大学, 2012.

[28] 沈良帅, 贺少辉. 复杂环境条件上跨下穿同一既有地铁隧道的变形控制分析及施工方案优化[J]. 岩石力学与工程学报, 2008(S1): 2893-2900.

[29] 白海卫. 新建隧道下穿施工对既有隧道纵向变形的影响和工程措施研究[D]. 北京: 北京交通大学, 2008.

[30] Loganathan N, Poulos H G. Analytical prediction for tunneling-induced ground movements in clays[J]. Journal of Geotechnical and Geoenvironmental Engineering, 1998, 124(9): 846-856.

[31] 张治国, 徐晨, 宫剑飞. 隧道开挖对邻近桩基变形及承载能力影响的弹塑性解答[J]. 岩石力学与工程学报, 2017, 36(1): 208-222.

[32] 靳军伟, 杨敏, 邓友生, 等. 砂土中隧道开挖对邻近桩基竖向影响的简化计算方法[J]. 岩土力学, 2015, 36(S1): 241-246.

[33] 刘波, 杨伟红, 张功, 等. 基于隧道不均匀变形的地表沉降随机介质理论预测模型[J]. 岩石力学与工程学报, 2018, 37(8): 1943-1952.

[34] 可文海, 管凌霄, 刘东海, 等. 盾构隧道下穿管道施工引起的管—土相互作用研究[J]. 岩土力学, 2020, 41(1): 221-229.

[35] 张治国, 师敏之, 张成平, 等. 类矩形盾构隧道开挖引起邻近地下管线变形研究[J]. 岩石力学与工程学报, 2019, 38(4): 852-864.

[36] 曾彬, 黄达, 彭念, 等. 单圆和异形盾构隧道施工引起土体位移计算的类随机介质理论方法[J]. 岩石力学与工程学报, 2018, 37(S2): 4356-4366.

[37] Mindlin R D. Force at a point in the interior of a semi-infinite solid[J]. Journal of Applied Physics, 1936, 7(5): 195-202.

[38] 张琼方, 林存刚, 丁智, 等. 盾构近距离下穿引起已建地铁隧道纵向变形理论研究[J]. 岩土力学, 2015, 36(S1): 568-572.

[39] 卢岱岳, 王士民, 何川, 等. 新建盾构隧道近接施工对既有隧道纵向变形影响研究[J]. 铁道学报, 2016, 38(10): 108-116.

[40] 林存刚. 盾构掘进地面隆陷及潮汐作用江底盾构隧道性状研究[D]. 杭州: 浙江大学, 2014.

[41] 张冬梅, 宗翔, 黄宏伟. 盾构隧道掘进引起上方已建隧道的纵向变形研究[J]. 岩土力学, 2014, 35(9): 2659-2666.

[42] 李鹏. 地铁盾构隧道穿跨越施工对既有越江隧道的影响机理及控制指标研究[D]. 上海: 上海交通大学, 2014.

[43] 魏新江, 洪文强, 魏纲, 等. 堆载引起临近地铁隧道的转动与错台变形计算[J]. 岩石力学与工程学报, 2018, 37(5): 1281-1289.

[44] 魏纲, 洪文强, 魏新江, 等. 基坑开挖引起邻近盾构隧道转动与错台变形计算[J]. 岩土工程学报, 2019, 41(7): 1251-1259.

[45] 周顺华, 何超, 肖军华. 环间错台效应下基坑开挖引起临近地铁盾构隧道变形的能量计算法[J]. 中国铁道科学, 2016, 37(3): 53-60.

[46] Attewell P B, Yeates J, Selby A R. Soil movements induced by tunneling and their effects on pipeline sand structures[M]. London: Blackie and Son Ltd, 1986.

[47] Pasternak P L. On a new method of analysis of an elastic foundation by means of two-constants[M]. Moscow: State Architecture & construction Press, 1954.

[48] Kerr A D. A study of a new foundation model[J]. Acta Mechanica, 1965, 1(2): 135-147.

[49] 徐凌. 软土盾构隧道纵向沉降研究[D]. 上海: 同济大学, 2005.

[50] Vesic A S. Bending of beams resting on isotropic elastic solids[J]. Journal of Soil Mechanics and Foundation Engineering, 1961, 87(2): 35-53.

[51] 宗翔. 基坑开挖卸载引起下卧已建隧道的纵向变形研究[J]. 岩土力学, 2016, 37(S2): 571-578.

[52] Kerr A D. Elastic and viscoelastic foundation models[J]. Journal of Applied Mechanics, 1964, 31: 491.

[53] Tanahashi H. Formulas for an infinitely long Bernoulli-Euler beam on the Pasternak model[J]. Journal of the Japanese Geotechnical Society, 2004, 44(5): 109-118.

[54] Morfidis K. Research and development of methods for the modeling of foundation structural elements and soil[D]. Thessaloniki: Aristotle University of Thessaloniki, 2003.

[55] 刘晓强, 梁发云, 张浩, 等. 隧道穿越引起地下管线竖向位移的能量变分分析方法[J]. 岩土力学, 2014, 35(S2): 217-222.

[56] O'Reilly M P, New B M. Settlements above tunnels in the United Kingdom - their magnitude and prediction[C]// Institution of Mining and Metallurgy, London, 1982.

[57] 林志军. 地铁盾构隧道下穿既有高铁隧道施工影响及控制技术研究[D]. 长沙: 中南大学, 2013.

[58] 李磊, 张孟喜, 吴惠明, 等. 近距离多线叠交盾构施工对既有隧道变形的影响研究[J]. 岩土工程学报, 2014, 36(6): 1036-1043.

[59] 赵智涛, 刘军, 王霆, 等. 地铁暗挖施工引起的管线与地层沉降关系研究[J]. 岩土力学, 2015, 36(4): 1159-1166.

[60] 张海彦, 何平, 秦东平, 等. 新建盾构隧道垂直下穿对既有隧道的影响[J]. 中国铁道科学, 2013, 34(2): 66-70.

[61] 汪洋, 何川, 曾东洋, 等. 盾构隧道正交下穿施工对既有隧道影响的模型试验与数值模拟[J]. 铁道学报, 2010, 32(2): 79-85.

[62] 叶飞, 何川, 朱合华, 等. 考虑横向性能的盾构隧道纵向等效刚度分析[J]. 岩土工程学报, 2011, 33(12): 1870-1876.

[63] 杜文, 王永红, 李利, 等. 双层车站密贴下穿既有隧道案例分析及隧道沉降变形特征[J]. 岩土力学, 2019, 40(7): 2765-2773.

[64] Muir W A M. The circular tunnel in elastic ground[J]. Geotechnique, 1975, 25(1): 115-127.

[65] 钟小春, 朱伟, 季亚平, 等. 盾构衬砌管片环弯曲刚度有效率的一种确定方法[J]. 地质与勘探, 2003, 39(S1): 185-189.

[66] 刘建航, 侯学渊. 盾构隧道[M]. 北京: 中国铁道出版社, 1991.

[67] 彭益成, 丁文其, 闫治国, 等. 修正惯用法中弯曲刚度有效率的影响因素分析及计算方法[J]. 岩土工程学报, 2013, 35(S1): 495-500.

[68] 黄大维, 周顺华, 冯青松, 等. 通缝拼装盾构隧道横向刚度有效率计算方法及其影响因素[J]. 中国铁道科学, 2017, 38(3): 47-54.

[69] 黄亮, 梁荣柱, 吴小建, 等. 类矩形盾构隧道纵向抗弯刚度分析[J]. 岩土工程学报, 2019, 41(11): 2094-2102.

[70] 耿萍, 陈枰良, 张景, 等. 轴力和弯矩共同作用下盾构隧道纵向非线性等效抗弯刚度研究[J]. 岩石力学与工程学报, 2017, 36(10): 2522-2534.

[71] 汪小兵. 盾构穿越引起运营隧道沉降的注浆控制研究[J]. 地下空间与工程学报, 2011, 7(05): 1035-1039.

[72] 王如路, 陈颖, 任洁, 等. 微扰动注浆技术在运营隧道病害治理及控制中的应用[J]. 地下工程与隧道, 2013(S1): 64-69.

隧道地下穿越轨道交通
关键技术研究与应用 | 第 4 章

地下穿越工程被动控制加固技术

在地下穿越工程中，必须采取有效的保护措施以控制和降低施工对既有地下结构的负面影响。地下穿越工程主要涉及"新建地下结构—夹持岩土体—既有地下结构"三个对象，分别对应扰动源、传播介质和保护对象，因此，既有地下结构变形控制设计也应从这三个方面考虑。其中，对于降低扰动源对既有地下结构影响的控制措施，可归为变形主动控制，主要通过施工阶段的参数和工艺优化实现；对于传播介质及保护对象对既有地下结构影响的控制措施，属于变形被动控制，主要通过穿越前的预加固和穿越后的后加固设计实现，主要技术路线如图 4-1 所示。本章将针对地下穿越工程的被动控制技术和后加固技术展开详细介绍，针对具体地下穿越工程时，应综合考虑加固后的控制效果、经济性、主流施工水平、施工可行性等因素，因地制宜地确定被动控制加固方案。

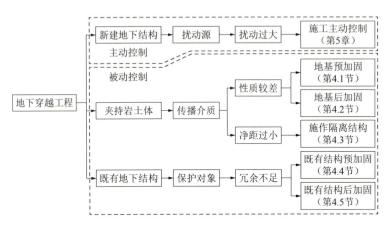

图 4-1　地下穿越工程主要技术路线

4.1　地基预加固

地下穿越工程常用的地基预加固方法主要包括注浆加固、旋喷桩加固、高压旋喷注浆工法桩加固、水泥搅拌桩加固、冻结法加固等。上述方法在新旧结构净距较大时采用较为方便，但净距较小时因盲区较多而较难采用；同时，对埋深较大的加固区采用地面加固施工时常需设置较长的引孔段，钻孔对既有地下结构的影响可能大于地下穿越工程自身的影响，得不偿失；此外，地面加固施工往往需要进行围挡，在密集建成区和交通情况复杂的地段实施起来有一定限制。因此，当不具备地面加固条件时，新建地下结构可以采取加固措施，主要包括小导管注浆、深孔注浆、大管棚等。

4.1.1　袖阀管注浆

（1）加固原理

袖阀管注浆技术是为解决浆液在地层中扩散范围不受控问题而研发的新兴技术，该技术可采用地面注浆或洞内深孔注浆形式，通过钻孔将袖阀管伸入地层，采用分段注浆工艺，使浆液在压力条件下受橡皮帽约束，较均匀地进入预定地层深度范围，以达到浆液在地层中分段可控、均匀扩散的目的。注浆时设置注浆外管，注浆外管每隔一定间距预留出浆口，在出浆口处加设截止阀。注浆时将带封堵装置的注浆内管置入注浆外管内，对需要注浆的部分进行注浆，在土体中产生以钻孔为核心的桩体，且在桩体外围土体裂隙中形成抗剪能力较强的树根网状浆脉复合体。袖阀管注浆的原理、实物以及注浆施工现场如图4-2所示。

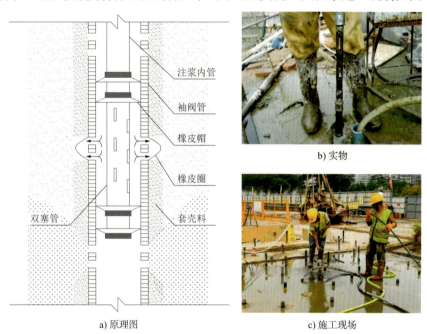

图 4-2 袖阀管注浆加固

（2）技术特性

袖阀管注浆的优点为：①注浆深度大、可注性好；②可分段注浆，从而解决地层吸浆能力不同的问题；③可根据需要进行重复注浆；④注浆过程中不易冒浆和串浆；⑤钻孔、注浆可平行作业，有利于提高工作效率。

袖阀管注浆的工艺参数应根据实际工程情况，参考类似工程经验并结合现场注浆试验确定。施工时，应加强对袖阀管的清洁和养护，避免袖阀管壁注浆孔堵塞而导致注浆困难，避免橡皮帽因老化、破损、脏污等问题失效而导致冒浆。当注浆压力较大，导致橡皮帽密封效果不良时，可尝试采用增加橡皮帽道数、提高橡皮帽材料模量等方式提高其止浆能力。

（3）地面加固案例

常州西直湖港北枢纽六孔输水隧道下穿京沪铁路路基工程[1]采用了袖阀管地面注浆和旋喷桩加固措施，新建隧道外径均为 4.68m，平行布置，并在粉质黏土层中正交下穿京沪铁路路基，隧道水平净距均为 5.62m，埋深均为 11.43m，采用顶管法施工，下穿节点横断面如图 4-3a) 所示。

下穿前，首先距离两侧路基坡脚 4m 处各施作一排直径为 1.1m、深度为 20m 的旋喷桩。旋喷桩强度稳定后，在其外侧按照间距 1.0m、1.5m、1.5m 各打设三排垂直袖阀管，进行次加固区注浆，然后在路基坡脚和外侧 1.5m 处各打设两排垂直袖阀管，并按照间距 1.0m 打设三排斜向袖阀管，进行主加固区注浆，注浆加固深度范围为 6.4～18.5m，下穿节点加固范围纵断面如图 4-3b) 所示。注浆材料为单液水泥浆，水灰比为 0.8～1.0，注浆压力为 0.2～0.4MPa，注浆流量为 10～15L/min，采用分段后退式注浆工艺，每段深度为 0.5m，当注浆压力大于设计值、注浆流量小于 2.5L/min 且保持 5min 后达到终止注浆条件。

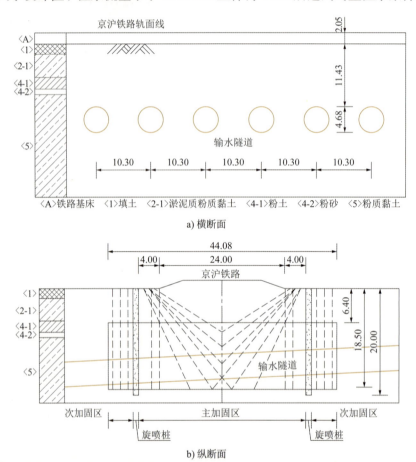

图 4-3　常州西直湖港北枢纽输水隧道下穿京沪铁路路基地面袖阀管注浆加固案例（尺寸单位：m）[1]

加固和穿越期间，既有京沪铁路上的客货列车由速度目标值 160km/h 分别限速至 80km/h 和 60km/h。监测结果表明：京沪铁路路基面沉降为 3～10mm，水平位移为 2～6mm，轨面 10m 弦长最大矢量为 1.63mm，满足《铁路线路修理规则》（铁运〔2006〕146 号）的相关规定。

（4）洞内加固案例

北京地铁 14 号线永定门外站—景泰站区间暗挖隧道下穿永定门外街道办事处大楼[2]，左线隧道轴线与大楼长边平面交角约为 23°，右线隧道与大楼最小平面净距为 2.1m，穿越工程平面如图 4-4a) 所示。大楼为 4 层框架结构，采用底面埋深 2.58m 的条形基础，隧道下穿时拱顶距离大楼基础底面深度约 10.19m，夹持岩土层主要为粉质黏土层和粉细砂层。

为有效控制暗挖地铁隧道下穿过程中大楼的附加沉降，地铁左、右线隧道分别在下穿处附近 70m 和 31m 的范围内采用上半断面洞内袖阀管超前注浆加固，加固圈厚度为开挖轮廓线外扩 2.5m，横断面如图 4-4b) 所示。注浆时采用袖阀管后退式深孔注浆工艺，每段注浆长度为 0.5m，注浆流量为 0~100L/min。当注浆压力达到 1~2MPa、注浆流量不足 1~2L/min 且持续 5min 时停止注浆。注浆浆液采用水泥水玻璃双液浆，水灰比为 0.8~1.0，双液浆体积比为 1:1，水玻璃浓度和模数 n 分别为 30°Bé 和 2.6，注浆时注意控制双液浆混合器至袖阀管口的长度，以避免堵管。每循环施作长度为 12m，开挖长度为 10m 并保留 2m 的下一循环止浆岩盘，止浆岩盘采用双层挂网 $\phi 6.5mm@150mm \times 150mm$ 网片和 200mm 厚 C25 喷射混凝土封闭，加固后，隧道采用两台阶留核心土工法开挖。施工过程中的监测表明，下穿导致的大楼最大沉降量为 8.69mm，变形得到有效控制。

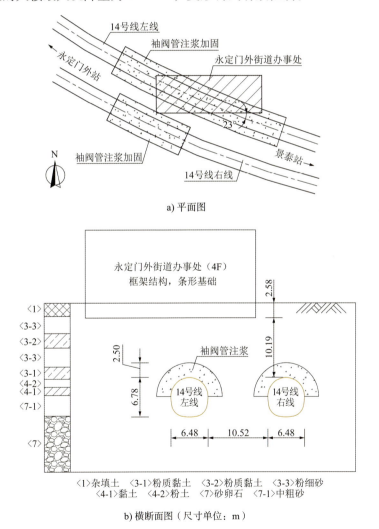

a) 平面图

b) 横断面图（尺寸单位：m）

图 4-4 北京地铁 14 号线下穿永定门外街道办事处大楼洞内袖阀管深孔注浆加固案例[2]

4.1.2 二重管注浆

（1）加固原理

二重管注浆技术是为解决速凝双组分浆液在地层中的灌注施工可行性问题而诞生的新兴技术，该工艺可采用地面注浆或洞内深孔注浆形式，首先采用钻机钻孔，钻机的钻杆直接使用注浆用的二重管，在钻至预定深度后，采用一台双液同步注浆机注浆，浆液分 A 液和 B 液（或 A 液和 C 液），两种浆液分别通过二重管的内管和套管向下灌注，并在二重管端头的浆液混合器充分混合，二重管注浆工艺流程如图 4-5 所示。由于双液浆组分在注入地层前才在二重管端头混合，因此可极大缩短浆液的胶凝时间，无须担心堵管风险，实现浆液在地层中的快速胶凝并形成加固结石体。

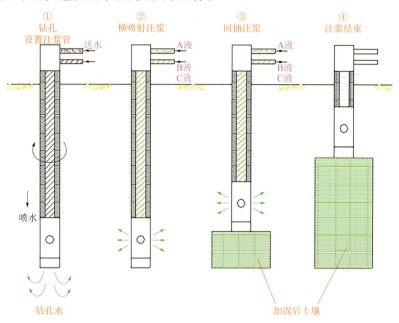

图 4-5 二重管注浆工艺流程图

（2）技术特性

二重管注浆的优点为：①注浆过程中注浆管不回转，不发生浆液溢流现象；②浆液分溶液型（A 液、B 液组成）和悬浊型（A 液、C 液组成），通过调节浆液配比和浆压，控制注浆范围，调节凝结时间，可实现地层的快速加固，有利于缩短工期和保障抢险效果，但需注意速凝早强对后期强度的不利影响；③二重管端头的浆液混合器可使两种浆液完全混合均匀；④可从地面垂直注浆，亦可倾斜注浆，适当增加注浆压力还可水平放射注浆；⑤从钻孔至注浆完毕可连续作业；⑥注浆材料可以是水玻璃、二氧化硅等，材料来源广泛；⑦适用范围广，可用于各种土层。

（3）地面加固案例

南通地铁 2 号线南通站—永大路站区间隧道正交下穿南通站[3,4]工程采用了地面二重管注浆和袖阀管注浆的联合地基加固措施，新建隧道采用盾构法施工，钢筋混凝土管片外径和内径分别为 6.2m 和 5.5m，下穿铁路场站时的埋深为 20.1m，主要敷设于粉砂层和粉砂夹粉土层中，左右线间距 18m。

注浆加固采用二重管和袖阀管联合进行，临时占用场站内部分到发线和站台面进行施工，加固深度为地表以下 5m 至隧道底部以下 3m，沿隧道轴线的加固区长度为场站 1 站台外边线至场站 9 股道外延 6m，沿隧道横向的加固宽度为左右线两侧各外扩 6m，注浆孔点位采用矩形网格布置，网格边长为 1.2m，加固区纵断面如图 4-6 所示。

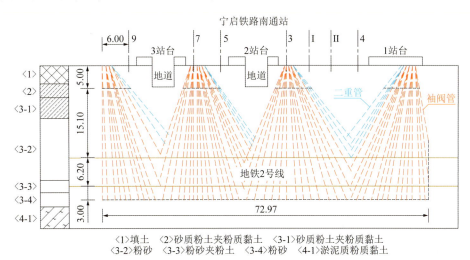

图 4-6 南通地铁 2 号线下穿南通站地面二重管注浆加固案例（尺寸单位：m）[3]

为保证施工安全，加固和穿越期间，南通站内列车限速 60km/h。有限元分析结果显示，加固后下穿导致的路基面最大沉降量由 12.3mm 减小至 7.5mm，满足铁路沉降变形控制要求。

（4）洞内加固案例

北京地铁 6 号线平安里站—北海北站区间暗挖隧道正交下穿 4 号线平安里站—西四站区间盾构隧道[5-6]工程中，下穿工程主要穿越粉质黏土层、粉细砂层和卵石圆砾层，新建暗挖隧道拱顶至既有盾构隧道底部最小净距为 2.61m，夹持岩土层主要为粉质黏土层和卵石圆砾层，平面与横断面线位关系如图 4-7 所示。

为减小新建暗挖隧道下穿既有盾构隧道导致的沉降，新建暗挖隧道上半断面采用超前二重管后退式深孔注浆进行加固，加固圈厚度为暗挖轮廓线外扩 2.0m，加固区长度为下穿段附近的 29.77m。二重管注浆分两次完成，第一次利用施工竖井和横通道向下穿段进行水平钻孔，完成长度为 16m 的注浆加固，第二次为开挖 14m 后在开挖面进行长度为 16m 的注浆加固，注浆压力不超过 1.5MPa，浆液采用硅酸钠、硫酸和水泥浆组成的无收缩双液浆。加固完成后，采用两台阶预留核心土工法开挖和超前小导管注浆辅助支护，小导管环向间距为 500mm，长度为 2.4m。上台阶开挖完成后，设置临时型钢仰拱和锁脚锚杆，锁脚锚杆长度为2.5m。格栅拱架和喷射混凝土组成的初期支护上预埋注浆管,注浆管采用矩形布置,横向和环向间距均为3m,全断面初期支护闭合2m后由下至上地进行壁后注浆回填。

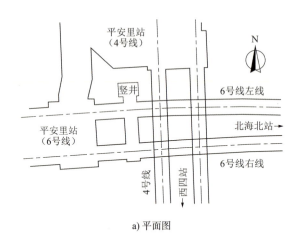

a) 平面图

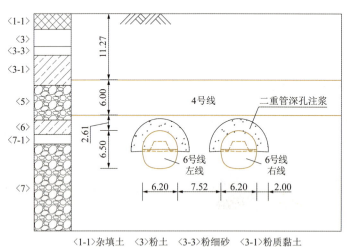

b) 横断面图(尺寸单位:m)

图4-7 北京地铁6号线下穿4号线洞内二重管深孔注浆加固案例[5-6]

6号线左右线暗挖隧道开挖面纵向间距为10~15m,开挖面通过下穿节点30m后,分段拆除临时仰拱并施作二次衬砌。现场监测结果表明,新建6号线暗挖隧道下穿导致既有4号线盾构隧道沉降最大值为6.94mm,未达到隧道沉降控制限制(10mm),保证了既有4号线的运营安全。

4.1.3 旋喷桩

(1)加固原理和技术特性

旋喷桩主要利用高压流体强制性破坏土体形成固结体,能够保证预期加固范围、控制固结体的形状,相邻旋喷桩的搭接效果好,可用于地层加固并作为止水帷幕。喷射压力根据设计旋喷直径和地质情况而定，一般在20MPa左右，图4-8为旋喷桩地基加固示意图。

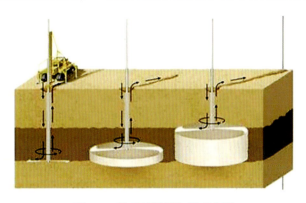

图4-8 旋喷桩地基加固示意图

根据工程需要和机具设备条件，高压喷射注浆法分为单管法、双管法、三管法，如图4-9所示。单管法单独喷射高压水泥浆液一种介质，该工艺在淤泥质软土地基加固中应用较为广泛。双管法同轴复合喷射高压水泥浆液和压缩空气流两种介质，外喷嘴喷射压力为0.7MPa左右的压缩空气流，内喷嘴喷射压力为20MPa左右的高压水泥浆液，高压水泥浆液在其外围的环绕空气流共同作用下，对土体的破坏能力加强，该工艺适用于黏土、粉土、砾石等地层中。三管法同轴复合喷射高压水流、压缩空气流和中压水泥浆液三种介质，在高压泵等高压发生装置产生的40MPa左右高压水流周围，环绕喷射压力为0.7MPa左右的圆筒状压缩空气流，高压水流和压缩空气流同轴喷射冲切土体，形成圈套的空隙，再由泥浆泵注入压力为2～5MPa的水泥浆液，该工艺在除淤泥地层以外的软土地基以及粉土、各类砂土地层中具有普遍适用性。

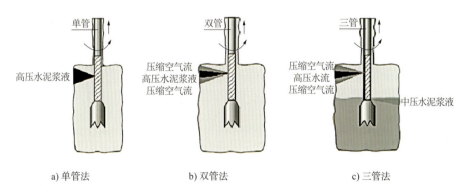

图4-9 旋喷桩三种工法

（2）地面加固案例

佛莞城际广州南站—长隆站新建隧道上跨广州地铁7号线石壁站—谢村站区间隧道工程中，新建隧道与既有隧道的竖向净距为3～4m，夹持岩土层为中风化砂岩和泥质砂岩层。地面加固采用顶部旋喷桩和底部注浆联合加固的形式，平面加固范围为新建隧道外4.0m，加固面积共 1550m²，加固深度的顶部为新建隧道顶部以上不小于 2.0m 处，底部为既有隧道顶；在新建隧道顶部以上位置采用桩径为 800mm、桩间距为 600mm 的双管旋喷桩加固，加固区高度约为 3m。在新建隧道洞身范围及既有隧道顶之间采用注浆加固，注浆孔采用直径为 110mm 的钻孔，梅花形布置，孔间距为 1.7m，浆液扩散半径为 1m，水泥采用 42.5 级以上普通硅酸盐水泥，水灰比为 1∶1，注浆压力为 0.5~1.0MPa。

此外，7 号线在被上跨区域附近预先采用加强管片配筋的方式提高结构冗余，封顶块、邻接块和标准块的配筋量分别由普通管片的 77.7kg、248.7kg 和 277.5kg 增大至 89.5kg、279.2kg 和 333.4kg，配筋量分别提高 15%、12%、20%，穿越节点处线位关系如图 4-10 所示。穿越过程中的监测表明，上跨导致 7 号线既有隧道最大沉降量和水平位移分别为 1.78mm 和 0.69mm，可见地面旋喷桩加固的实施保证了地铁运营安全。

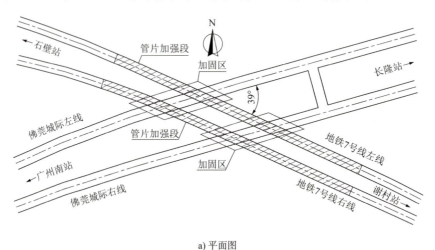

a) 平面图

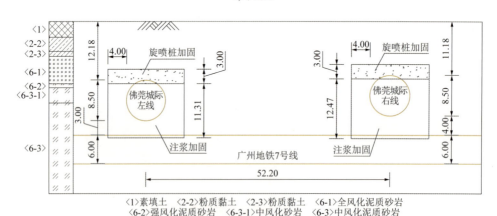

b) 横断面图（尺寸单位：m）

图 4-10 佛莞城际上跨广州地铁 7 号线地面旋喷桩加固案例

（3）洞内加固案例

深圳地铁 2 号线安托山站—侨香站区间暗挖隧道下穿 DN500 次高压燃气管和雨水箱

涵时[7-8]，新建暗挖隧道轴线与燃气管轴线的平面交角为29°～38°，燃气管、雨水箱涵和暗挖隧道分别位于素填土层、粉质黏土层、砾砂层和砾质黏性土层中，竖向最小净距分别为3.41m和3.71m，穿越节点线位关系如图4-11所示。由于燃气管和雨水箱涵均不具备迁改条件且对附加位移较为敏感，燃气泄漏风险较高，需进行加固处理。

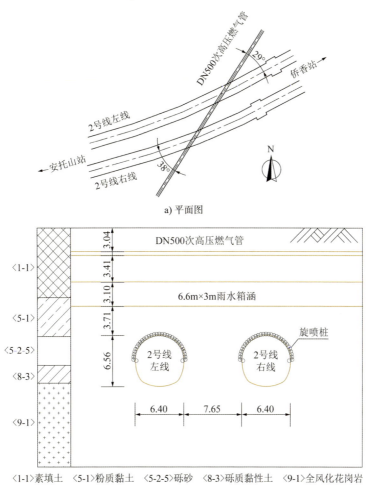

图4-11 深圳地铁2号线下穿高压燃气管和雨水箱涵洞内水平旋喷加固案例[7-8]

综合考虑工期和经济效益后，采用新建暗挖隧道轮廓线上半断面水平旋喷桩帷幕和超前全断面深孔注浆的联合加固方案，并针对燃气管采用地面悬吊的辅助保护措施，总加固长度为63m。水平旋喷桩布设在与拱顶180°范围内，分28m和35m两次施作，桩径和间距分别为500mm和350mm，桩中心位于开挖轮廓线外0.2m处，并在上台阶拱脚处各补设一根水平旋喷桩以提高初期支护承载力，成桩效果如图4-12所示。深孔注浆采用后退式袖阀管注浆工艺，每循环长度为12m，注浆圈厚度为开挖轮廓线外扩3m，止浆墙厚度为2.5m。开挖时采用台阶法施工，拱顶采用长度为4m的ϕ42mm小导管进行超前支护和补充注浆，拱脚采用长度为 3.5m 的 ϕ22mm 砂浆锚杆。现场监测结果表明，新建暗挖隧道下穿过程中的地表最大沉降和燃气管最大沉降分别为 10.5cm 和 8.7cm，沉降槽较为平缓，满足燃气管安全控制要求。

图 4-12　洞内水平旋喷桩加固成桩效果

4.1.4　全方位高压喷射工法

（1）加固原理

全方位高压喷射（Metro Jet System，MJS）工法是在常规旋喷工艺的基础上，采用多孔管和前端装置（图 4-13），使得在成桩过程中实现一边喷射高压水泥浆冲切破坏地层，在钻杆提升和旋转过程中使得水泥和岩土体搅拌混合，另一边通过注浆压力传感器保证注入的水泥浆体积小于地层被破坏后产生的孔隙体积，多余的水泥浆通过排泥管重新排出。与常规旋喷桩相比，MJS 工法在保证成桩半径的同时，还能有效减小对周边环境的扰动和挤土效应，有利于控制邻近既有基坑、隧道、高速铁路路基等结构物的附加位移，因此广泛地应用于地下穿越工程中的地层加固。

a) 多孔管　　　　　　　　b) 前端装置

图 4-13　MJS 多孔管和前端装置[9]

（2）技术特性

MJS工法喷射流初始压力可达40MPa，流量90～130L/min，使用单喷嘴喷射时，每米喷射时间为30～40min，由于喷射流能量大、作用时间长，再加上稳定的同轴高压空气流的保护和对地内压力的调整，成桩最大直径可达2～2.8m。同时，由于直接采用水泥浆液进行喷射，其桩身质量较好、均匀性较高，图4-14为MJS工法桩施工过程与成桩效果。

a) 施工过程　　　　　　　　　　　　b) 开挖检验成桩效果

图4-14　MJS工法施工过程与成桩效果

（3）地面加固案例

杭州地铁5号线滨康路站—博奥路站区间盾构隧道下穿1号线滨康路站—湘湖站区间盾构隧道[10]，两隧道外径均为6.2m，平面交角为58°，竖向净距约3.32m，下穿节点主要位于淤泥质粉质黏土层、淤泥质黏土夹粉土层。下穿前，1号线盾构隧道管片横断面收敛已达27.34mm，部分管片已经开裂，经评估认为下穿节点处1号线盾构隧道结构的冗余度较低，必须先进行加固方可开展5号线盾构隧道的下穿施工。

经过类似地质条件处的MJS工法试验，确定加固方案为沿1号线盾构隧道共设置7排MJS旋喷桩，桩径和桩心距分别为2.8m和2.0m，加固平面范围为下穿节点处外扩6m，加固深度范围为1号线盾构隧道顶至隧道底以下2.7m（距离5号线隧顶约0.5m），加固区平面和纵断面如图4-15所示。为降低加固施工对既有盾构隧道的影响，采用跳桩施工，相邻桩施工间隔不小于3d，且隧道同侧不同排旋喷桩不同时施工，MJS旋喷桩水泥掺量不低于40%。加固体强度达到0.5MPa时，5号线盾构隧道开始下穿，盾构机掘进速度不超过2～3cm/min（6～8环/d）。穿越施工的监测结果表明，MJS加固施工阶段引起的1号线盾构隧道最大沉降、横断面收敛、水平位移分别为2.32mm、1.13mm、0.74mm，下穿施工阶段引起的1号线隧道最大沉降、横断面收敛、水平位移分别为隆起1.91mm、1.91mm、0.8mm，有效控制了下穿施工对既有隧道的不良影响。

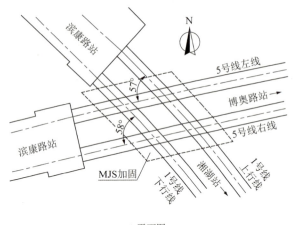

a) 平面图

⟨1⟩填土　⟨3-1⟩黏质粉土　⟨4-1⟩淤泥　⟨4-2⟩淤泥质粉质黏土
⟨6-1⟩淤泥质黏土夹粉土　⟨8-2-1⟩粉质黏土夹粉砂

b) 纵断面图（尺寸单位：m）

图 4-15　杭州地铁 5 号线下穿 1 号线地面 MJS 加固案例[10]

（4）洞内加固案例

长沙地铁 4 号线潇湘镇站—湖南师大站区间盾构隧道下穿 2 号线潇湘镇站—湘江中路站区间盾构隧道[11-12]工程中，两隧道外径均为 6.0m，平面交角约 60°，竖向净距为 2.96~3.22m，下穿节点主要位于中粗砂层中。为保证下穿施工过程中 2 号线盾构隧道结构的安全，利用施工竖井向下穿段拱顶部分施作水平 MJS 旋喷桩进行加固，左右线隧道顶部各 13 根，MJS 旋喷桩采用半圆形剖面，桩径为 1.0m，桩间搭接厚度为 0.4m，桩长为 42m，加固区与 4 号线盾构隧道最小竖向净距约为 2m，平面、横断面和纵断面如图 4-16 所示。加固区采用跳桩法施工，喷射压力不超过 40MPa，水泥浆水灰比为 1∶1，浆液流量约为 85L/min，回抽速度为 15min/m，回转速度为 4r/min，提升步距为 25mm。

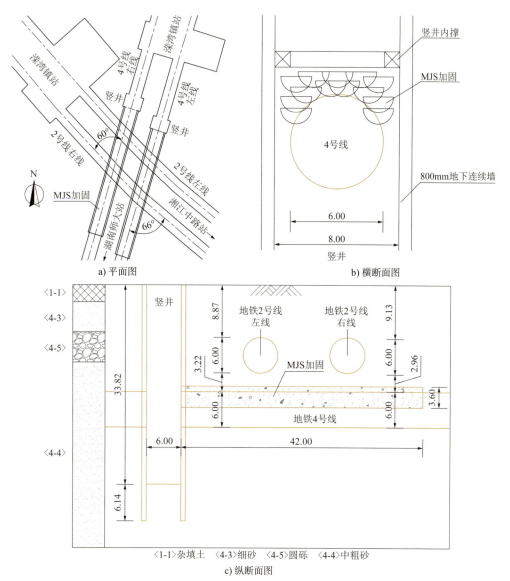

图 4-16 长沙地铁 4 号线下穿 2 号线水平 MJS 加固案例（尺寸单位：m）[11-12]

加固和下穿施工过程的监测结果表明，MJS 旋喷桩施工导致的夹持岩土层超孔隙水压力峰值为 25～40kPa，超孔压主要在喷浆阶段产生，喷浆停止后 24h 超孔压完全消散。MJS 旋喷桩施工导致的 2 号线盾构隧道管片附加应力最大值为 0.8MPa，隧底隆起为 2.61～3.35mm，横断面呈现"横鸭蛋"形收敛趋势，相较传统水平旋喷桩施工，附加位移得到有效控制。下穿施工导致的 2 号线盾构隧道管片附加应力为 0.2～1.0MPa，隧底最大沉降量为 4.33mm，有效地保证了 2 号线的运营安全。

4.1.5 水泥搅拌桩

（1）加固原理

水泥搅拌桩利用水泥作为固化剂，通过特制的搅拌机械和输浆泵，在地基深处将软土和固化剂强制搅拌混合，利用固化剂和软土之间所产生的一系列物理化学反应，使软土硬结成具有整体性、水稳定性和较高地基承载力的复合地基。该工艺具有施工速度快、工期短、不需要地基土固结时间以及施工过程中不产生挤土效应等特点，适用于大面积软土地基处理，施工现场如图 4-17 所示。在此基础上，在搅拌桩中插入型钢以显著提高其侧向抗弯性能，形成型钢水泥土搅拌桩墙（Soil Mixing Wall, SMW）工法，广泛应用于基坑围护结构，项目结束后还可将型钢抽出重复利用，具有较高的经济性和施工便捷性。

图 4-17　水泥搅拌桩施工现场

（2）技术特性

水泥搅拌桩的主要设计参数是水泥掺量和平面布置形式，目前常用的水泥搅拌桩的水泥掺量为 10%～20%，当水泥掺量继续降低时，搅拌桩中水泥分布的均匀性将显著恶化；而当水泥掺量继续增大时，水泥搅拌桩的强度提升不再显著。水泥搅拌桩常用的平面布置形式包括满堂加固和格栅加固，以三轴水泥搅拌桩为例，满堂加固平面如图 4-18a) 所示。当采用最小水泥掺量后地基性能仍远高于要求时，或需减少三轴水泥搅拌桩施工机械作业次数、提高作业效率时，可将平面布置形式简化为图 4-18b) 或图 4-18c) 的格栅加固，可在维持水泥掺量的条件下进一步降低地基的加固效果，或在提高水泥掺量、减少成桩次数的同时保证加固效果，具体格栅尺寸可根据地基加固要求反算得到的水泥掺量和面积置换率确定。

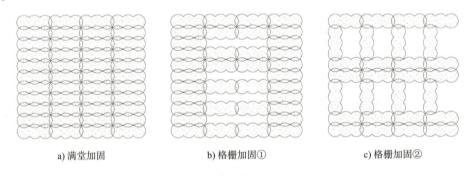

a) 满堂加固　　　　　　　　b) 格栅加固①　　　　　　　　c) 格栅加固②

图 4-18　水泥搅拌桩平面布置形式

此外，当隧道主要面临沉降量过大的问题时，水泥搅拌桩格栅加固应在隧底采用较小的格栅尺寸，以提高隧道基础的承载力和抗变形能力，如图 4-19a) 所示；当隧道主要面临横断面收敛过大的问题时，水泥搅拌桩格栅加固应在拱腰附近采用较小的格栅尺寸，并尽量使得拱腰位于水泥搅拌桩体内部，而非格栅空隙内部，以提高地层对隧道拱腰的约束反力，如图 4-19b) 所示。

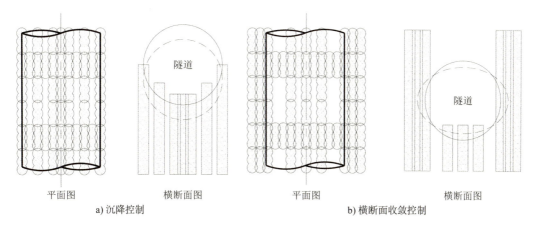

图 4-19 水泥搅拌桩对隧道沉降和横断面的控制措施

水泥搅拌桩地基加固方案设计根据场地土的工程性质和结构特征，结合规范和地区工程经验，确定搅拌桩桩长、水泥掺入比和面积置换率等参数，根据需要可以采取柱状、壁状、格栅状和块状等地基加固形式。同时，应控制好搅拌桩的钻进速度和提升速度，施工时钻进速度不大于 1.50m/min，转速控制在 35～50r/min，搅拌桩提升速度不大于 1.20m/min，转速控制在 50～60r/min。

（3）应用案例

水泥搅拌桩适用于加固各种成因的饱和软黏土，工法灵活、施工周期短，但受其施工作业特点，仅多用于上跨工程的既有地下结构顶部夹持岩土层加固。苏州星港街明挖隧道工程正交上跨 1 号线东方之门站—文化博览中心站区间盾构隧道[13]工程中，上跨段基坑开挖长度和宽度分别为 40.0m 和 18.9m，围护结构采用总加固宽度为 6m 的 ϕ850mm SMW 水泥搅拌桩，型钢隔一插一。为控制星港街隧道基坑开挖导致的地铁 1 号线隧道上浮，在地铁 1 号线隧道两侧设置 ϕ850mm 的 SMW 水泥土搅拌隔离桩，型钢隔一插一。在上跨基坑分块开挖前，基坑底部采用 ϕ850mm@600mm 三轴水泥搅拌桩满堂加固，如图 4-20 所示。

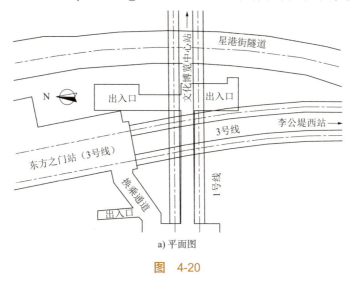

a) 平面图

图 4-20

⟨1-3⟩素填土　⟨3-1⟩黏土　⟨3-2⟩粉质黏土　⟨4-2⟩粉土　⟨5⟩粉质黏土

b) 纵断面图（尺寸单位：m）

图 4-20　苏州星港街隧道上跨 1 号线 SMW 和搅拌桩加固案例[13]

4.1.6　冻结法

（1）加固原理

冻结法利用人工制冷的方法，将低温冷媒送入地层并进行热交换，把开挖轮廓线附近的地层冻结成封闭性好、稳定性好、整体性强的冻结帷幕，以支撑土体自重，并隔绝地下水与开挖空间的联系，常作为暗挖法的地层加固措施。在冻结帷幕的临时保护下进行隧道开挖施工，能够显著降低对周边环境的影响。由于冻结帷幕强度较高，冻结帷幕本身的密封性及其与其他结构物（如混凝土等）的黏结性极好，几乎适用于各种复杂地层，且对施工条件要求较低。冻结法的主要工程对象是含水层，尤其适用于流砂、淤泥等极不稳定地层，加固原理[14]和现场布置如图 4-21 所示。

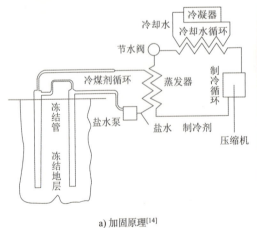

a) 加固原理[14]　　　　b) 施工现场

图 4-21　冻结法加固原理和施工现场

（2）技术特性

在地下穿越工程中运用冻结法加固土层时，可由地面向下打设冻结孔，也可洞内超前加固在隧道周围沿纵向超前钻水平冻结孔，并在冻结孔中安装冻结管，循环注入低温盐水后形成强度高、封闭性好的冻结帷幕，其断面形状应与隧道开挖断面相似，帷幕的有效厚度应根据其受力与变形计算确定。冻结孔向外呈一定偏角放射性钻进，采用较小的冻结孔控制间距将有利于提高冻结帷幕的均匀性。在冻结法施工设计时，需考虑冻结过程中的冻胀和冻结结束后的融沉导致的外挤和内陷影响。冻结法施工时，需注意随时调节压力、温度等状态参数，使机组在设计要求和工艺规程的技术参数条件下运行。此外，针对冻结法施工风险点，应结合现场工程地质条件和国内类似工程施工经验，编制详细的专项施工方案，建立有效的应急预案措施，避免因断电等问题导致的冻结失效。

（3）应用案例

上海地铁18号线国权路站—复旦大学站区间盾构隧道正交下穿10号线国权路站工程中[15]，18号线隧道距离10号线车站底板最小净距为2.21m。由于10号线车站下方存在4道地下连续墙及多根钻孔灌注桩，盾构法施工存在较大困难，因此采用冻结法加固地层、暗挖法施工、盾构空推并拼装管片的方式施工，管片外径为6.2m，暗挖法开挖轮廓线直径为7.3m，冻结法加固圈厚度2.0m，纵断面如图4-22所示。冻结施工时，以地铁18号线车站盾构始发井作为工作面，向下穿段暗挖轮廓线外打设两圈冻结孔，在暗挖轮廓线之内设置十字形分布冻结孔，在暗挖轮廓线及外围四个象限位置设置两圈测温孔，在拱肩外侧布局设置解冻孔，并在暗挖轮廓线内、暗挖轮廓线外拱肩局部和上下行隧道之间设置泄压孔，以减轻冻胀对既有车站的影响，冻结孔布置如图4-23所示。

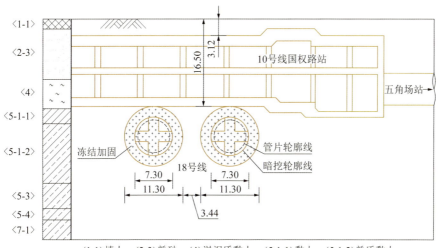

图4-22　上海地铁18号线隧道下穿10号线车站冻结法加固案例（尺寸单位：m）[15]

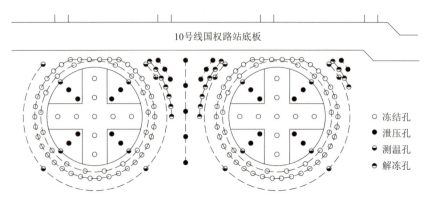

图 4-23 冻结法下穿的布孔方案[15]

4.1.7 小导管注浆

(1) 加固原理

小导管注浆作为一种超前注浆措施，可对拱部开挖轮廓线外一定范围内的土体进行加固，在隧道轮廓线以外形成一定厚度的结构，不仅能够加固注浆范围内的土体，还对隧道周围土体起到支托作用。小导管加固范围由地质情况、新建隧道断面尺寸大小及开挖长度决定，多用于拱顶围岩加固，施工中一般根据地质情况确定使用双排管或单排管。小导管注浆前应进行注浆试验，以确定最佳的注浆参数，并据此进行初步的注浆设计，保证拱顶加固圈的范围和厚度。

(2) 技术特性

小导管注浆加固技术的优点是能配套使用多种注浆材料、施工速度快、施工机械简单、工序交换容易；缺点是注浆加固范围小、注浆效果不均匀，注浆管 2m 长度以外难以有效形成加固范围。因此，对于穿越既有轨道交通工程，小导管注浆一般可作为深孔注浆效果不佳时的辅助措施，尤其在土层中的地下穿越工程中往往仅作为辅助加固措施，但在岩层中的地下穿越工程中常见其单独使用。

(3) 应用案例

北京地铁 10 号线角门西站站台层暗挖结构下穿 4 号线角门西站明挖车站结构，线路平面交角为 88°，最小竖向净距为 0.91m，主要位于卵石圆砾层和卵石层中。新建结构采用中隔壁法施工，分上、中、下三个台阶依次进行，初期支护采用格栅拱架挂网喷射 C25 早强混凝土，厚度为 350mm，各块开挖后采用临时仰拱封闭成环，拱脚采用长度为 2m 的 ϕ32mm 锁脚锚杆固定。超前支护采用袖阀管注浆和超前小导管注浆加固，水泥混凝土无侧限抗压强度要求不低于 1.5~2.5MPa。小导管采用 ϕ32mm 钢花管，长度为 2.5m，纵向和环向间距分别为 1m 和 0.4m，外插角度为 10°~15°，形成注浆圈厚度为开挖轮廓线外扩 0.65m。平面和横断面如图 4-24 所示。

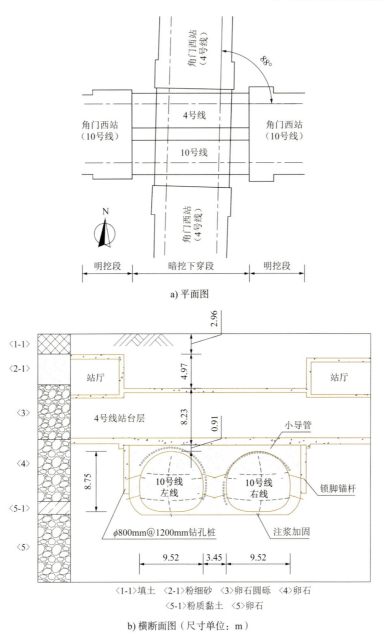

图 4-24 北京地铁 10 号线下穿 4 号线小导管注浆加固案例

4.1.8 分段前进式深孔注浆

深孔注浆主要包括袖阀管深孔注浆、二重管深孔注浆、分段前进式深孔注浆三类形式。其中,袖阀管和二重管深孔注浆的原理和特性与地表预加固相同,但对于沉降敏感性较强的被穿越对象而言,采用这两种注浆工艺时,地表至加固深度之间的引孔长度较大,钻孔自身导致的既有地下结构附加位移较显著,甚至超过地下穿越工程自身的影响而得不偿失。因此,目前常采用分段前进式深孔注浆进行夹持岩土层的加固。

上述三类深孔注浆工艺具有各自的适用范围:袖阀管深孔注浆理论上适合所有的水平注

浆施工，但由于施工成本较高且施工速度较慢，一般仅在特别困难的地层或特别重大风险源注浆加固中采用；二重管深孔注浆只适用于对注浆加固效果要求时间不长的临时性注浆加固，不适用于对沉降要求较高的建（构）筑物穿越注浆加固项目；分段前进式深孔注浆具有一次有效加固长度长、预加固质量可靠、较易控制工作面稳定等特点，适用于富水松散地层，尤其适用于浅埋暗挖超前注浆加固工程，本节将介绍分段前进式深孔注浆的相关内容。

（1）加固原理

分段前进式深孔注浆（又称TGRM工法）是钻、注交替作业的一种注浆方式，每次钻孔注浆分段长度为2~3m，采用孔口管凸缘盘止浆。前进式分段深孔注浆工艺具体过程为：首先采用水平地质钻机成孔，开孔后安装孔口管，在孔口管内分段向前钻注施工。每一循环进尺控制在2~3m，成孔后退出钻杆，安装凸缘盘及注浆管进行注浆，待浆液凝固后拆除凸缘盘，再进行钻孔，如此循环，直到钻进深度达到设计要求，如图4-25所示。

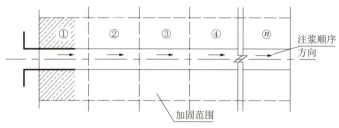

图4-25 分段前进式深孔注浆工艺

（2）技术特性

目前分段前进式深孔注浆是常用的超前深孔注浆工艺，配套研发了TGRM水泥基特种灌浆料（水泥基高强无收缩灌浆料），专用于地下工程注浆加固施工。TGRM浆液与其他浆液相比，具有耐久性、早强性、微膨胀性、抗分散性良好的优势，一方面能够克服双液浆性能不耐久和浆块强度过低的缺点，另一方面解决了普通水泥浆固化收缩引起地表下沉和浆液易扩散难控制等问题[17]。由于TGRM浆液的独特性，该工艺较为适合城市隧道下穿道路、管线及既有建（构）筑物的超前加固施工。

（3）应用案例

在北京南三四环间新建电力暗挖隧道下穿老旧民房工程中[18]，新建隧道尺寸为4.13m×3.68m，埋深为4.53m，主要位于卵石层中。原计划的老旧民房拆迁不能满足工程预算和工期的要求，且老旧民房群均为直接在地表砌筑的砌体结构，结构整体性差且缺少基础，抗沉降能力很差，必须在隧道施工前对稳定性较差的卵石层进行可靠加固。

为保障隧道工期的同时实现隧道施工后永久零沉降的控制目标，要求浆液具有较好的长期稳定性、注浆工艺具有较高的便捷性和较低的成本，该项目决定采用以分段前进式深孔注浆为主、袖阀管深孔注浆为辅的地层加固方案，每段注浆长度为2~3m，加固圈厚度为开挖轮廓线外扩2m，每循环长度为14m，其中止浆岩盘厚度为2m，采用喷射混凝土封闭，如图4-26所示。TGRM浆液水灰比为0.8∶1，浆液初凝时间为10min，30min、2h、

24h 的结石体强度可分别达到 0.3MPa、2MPa、10MPa，暗挖隧道在注浆后立刻进行开挖施工，且浆液硬化过程中的膨胀率为 1%～2%，可有效避免浆液硬化收缩导致的沉降问题，注浆压力为 0.2～0.3MPa。现场监测结果表明，深孔注浆加固和暗挖隧道下穿过程导致的老旧民房最大沉降不超过 3mm，有效避免了下穿工程导致的老旧民房倾斜开裂问题。

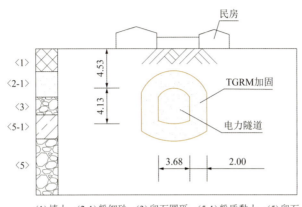

图 4-26　北京电力隧道下穿老旧民房 TGRM 工法加固案例（尺寸单位：m）[18]

4.1.9　管棚和管幕法

（1）加固原理

管棚和管幕实质上是结构及布置形式稍有不同的小导管，其主要适用于开挖区间隧道断面很大或者地表荷载过大的情况，可有效防止新建隧道施工造成的沉降过大甚至塌陷问题。其主要原理是在隧道开挖之前，沿着隧道开挖轮廓线外的设定部位水平铺设钢管，并通过钢管向围岩注浆，对管棚周围的围岩进行加固，使管棚成为隧道后续开挖的防护伞（棚），达到安全施工的目的。当隧道穿越破碎带、松散带、软弱地层或涌水、涌砂等地段时，管棚及其超前注浆对隧道的稳定起到了保护作用。得益于较大的横断面尺寸，管棚和管幕具有较强的抗弯刚度，当其作为隧道顶部和边墙的超前预支护时，可以有效防止掌子面的坍塌及地层过量变位，为隧道开挖提供安全保障。目前，管棚和管幕工法已广泛应用于盾构法和暗挖法地下穿越工程。

（2）暗挖法应用案例

在成都地铁 18 号线西博城站—广州路站区间暗挖隧道正交下穿厦门路隧道工程中[19,20]，18 号线区间隧道非下穿段采用明挖法施工，下穿段采用暗挖法施工。厦门路隧道为明挖框架结构，主线隧道宽度和高度分别为 18.6m 和 7.4m，隧顶埋深约 1.33m，主要位于粉质黏土层和全风化泥岩层中。为满足 18 号线开行快慢行列车的需求，新建隧道内设置 4 条正线，采用类矩形横断面，开挖宽度和高度分别为 28.05m 和 12.39m，开挖面积达到 314m²。暗挖隧道主要位于全风化～微风化泥岩层中，与厦门路隧道的最小竖向净距为 1.71m，夹持岩土层主要为全风化泥岩，因此必须采用可靠的加固措施以减小下穿对既有厦门路隧道的影响。

下穿施工前，利用两侧明挖隧道基坑向下穿段施作超前大管棚，大管棚采用ϕ133mm钢管，环向间距为0.4m。大管棚加固区域总长度为70m，分两部分施作，第一部分由小里程方向明挖基坑向下穿段打设38m，第二部分由大里程方向明挖基坑向下穿段打设38m，采用水钻跟管一次成型工艺，实现管棚精准定位并有效避免塌孔。隧道下穿时，采用CRD法开挖，上下分为两台阶，左右共分5块，先开挖上台阶由左至右5块，再开挖下台阶由左至右5块。每块开挖时，每6榀型钢拱架采用超前小导管进行拱顶加固，小导管采用ϕ32mm钢管，外插角度为15°，环向间距为0.4m，及时施作临时仰拱和中隔墙以成环封闭，下穿节点横断面如图4-27所示。

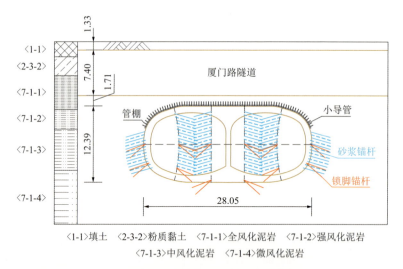

图4-27　成都地铁18号线下穿厦门路隧道暗挖法管棚加固案例（尺寸单位：m）[19-20]

管棚施工和下穿过程的监测表明，既有厦门路隧道的最大沉降为7.09mm，地表最大沉降为10.48mm，暗挖隧道拱顶最大沉降为10.3mm，水平收敛最大值为4.7mm，满足结构变形控制和隧道施工安全标准。

（3）盾构法应用案例

管棚和管幕工法不仅适用于暗挖法隧道，还可作为盾构法或顶管法隧道的超前支护措施。在杭州地铁2号线凤起路站—中河北路站区间盾构隧道下穿1号线凤起路站—武林广场站区间盾构隧道工程中[21]，1号线既有隧道埋深为8.8m，主要位于淤泥质粉质黏土夹粉土层中；2号线新建隧道与其平面交角84°，竖向最小净距为2.47m，主要位于淤泥质粉质黏土和粉质黏土层中，夹持土为淤泥质粉质黏土，平面如图4-28a)所示。

穿越前的调查评估表明，下穿节点处1号线上下行线隧道已分别出现11.03mm和14.87mm的工后沉降，管片未开裂但已出现接缝渗漏水现象，结构冗余度较低。此外，2号线新建隧道盾构机由凤起路站始发后，需穿越磨除原过街通道施工时残留的C35素混凝土地下连续墙，盾构机施工参数具有较大的不确定性，主动扰动程度较强，且夹持岩土层灵敏度高，对既有隧道影响的主动控制较为困难。因此，必须采用可靠的加固措施减小下穿对既有隧道的不良影响，利用凤起路站基坑向下穿节点拱顶范围各打设 22 根总长为 42m 的管棚，管棚采用 φ159mm 钢管，环向间距为 350mm，管棚轴线沿椭圆形布置，距离管片轮廓线距离不小于 0.58~0.61m。此外，通过管棚进行注浆加固，浆液采用水泥浆，水灰比为 1:1，注浆压力为 0.3~0.6MPa，并根据既有隧道位移监测动态调整注浆压力和注浆流量，横断面如图 4-28b) 所示，纵断面如图 4-28c) 所示。

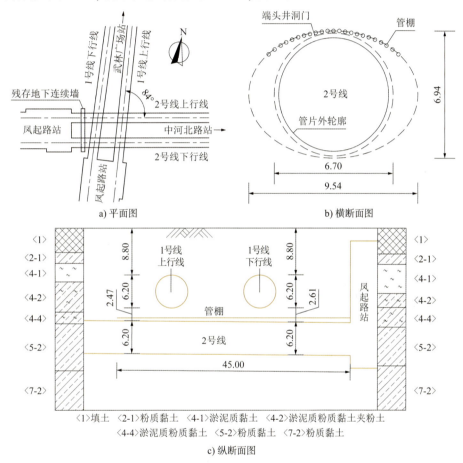

图 4-28　杭州地铁 2 号线下穿 1 号线盾构法管棚法加固案例（尺寸单位：m）[21]

施工期的监测结果表明，管棚施工导致的既有隧道最大沉降为 5.3mm，下穿导致的既有隧道最大隆起量和沉降量分别为 2.4mm 和 1.2mm。经分析认为，管棚施工影响偏大的主要原因是注浆孔数量过少导致的注浆加固抬升效果不明显，不能有效抵消钻孔引起的沉降，但管棚对下穿影响的隔离效果较好，基本保证了 1 号线的运营安全。

4.2　地基后加固

地下穿越工程施工后，既有地下结构横向及纵向变形超出其控制指标时，一般采用地面袖阀管注浆和洞内微扰动注浆对隧道结构周边土体进行加固。为保证注浆加固效果，避免地层受到过大扰动，并降低对隧道结构的影响，应适当提高浆液的早期强度，合理确定注浆位置和注浆范围。在注浆过程中应对隧道结构进行实时监测，根据监测反馈数据合理调整注浆压力、优化浆液配比，并判定注浆的终止与否，避免对既有地下结构的二次损害。

4.2.1 袖阀管注浆

（1）加固原理

袖阀管注浆具有可分段性，能够在注浆区域内任何一个注浆段进行反复注浆，对于淤泥质黏土、粉质黏土等第四系软弱地层具有较好的注浆效果，在上海、深圳、广州等沿海软土地区得到广泛应用。袖阀管注浆法用于隧道变形控制时，一般采用斜向袖阀管注浆深入隧道底部进行隧道抬升，采用垂直袖阀管注浆进行水平纠偏。

（2）技术参数

地面袖阀管注浆后加固的主要技术参数包括注浆材料、压力、流量和注浆量、注浆孔布置方式、注浆顺序。

注浆材料一般采用水泥水玻璃双液浆，水泥水玻璃体积比为 1∶1～3∶1，水泥浆水灰比为 0.8～1.0，水玻璃浓度为 30～40°Bé，模数 n 为 2.8～3.2。垂直袖阀管注浆压力一般控制在 0.3～0.5MPa，斜向袖阀管注浆压力一般控制在 0.5～1.0MPa，为防止既有地下结构二次破坏，宜控制最大注浆压力不大于 1.5MPa。注浆流量与土层性质、透水性、注浆速度等因素有关，一般控制在 20～30L/min。袖阀管注浆量在设计时可按式(4-1)估算。

$$Q = V\lambda \tag{4-1}$$

式中：Q——注浆量（m^3）；

V——加固土体体积（m^3）；

λ——浆液充填率（%），根据上海、天津和江浙地区的经验，劈裂注浆加固土体的浆液充填率一般在 15%～20%。

袖阀管注浆施工时，注浆孔孔距一般为扩散半径的 80%，排距为孔距的 87%，在黏性土层中，孔距可取 1～2m，多排注浆孔应尽量布置成梅花形或正方形平面，隧道每侧横向布置不少于两排斜向袖阀管，两侧对称布置，注浆管与水平面夹角一般控制在 50°～80°。各孔宜自下而上分段注浆，每一注浆段长度控制在 1.5～2.0m。横断面内应自外而内注浆，外侧止浆墙可为内侧注浆提供持力层并控制浆液扩散范围，隧道两侧应对称注浆。纵断面应由沉降最大或曲率最大位置向两边分区进行注浆，为减轻注浆对既有地下结构的挤压作用，可采用跳孔交替注浆。

（3）应用案例

在北京地铁 5 号线崇文门站暗挖隧道下穿 2 号线明挖隧道工程中[22-24]，2 号线车站采用明挖框架结构，左、右线逐渐由双洞单线分离式转变为单洞双线形式，埋深约为 5.47m，主要位于粉质黏土和粉细砂层中，沿线路每 18m 设一道变形缝。5 号线崇文门站采用暗挖法隧道下穿既有隧道，线路平面交角为 83°～91°，马蹄形横断面开挖宽度和高度分别为 25.51m 和 11.45m，与既有隧道的最小竖向净距约为 2.01m，主要位于卵石圆砾、粉质黏土、中粗砂和黏土层中。下穿节点平面和横断面如图 4-29 所示。

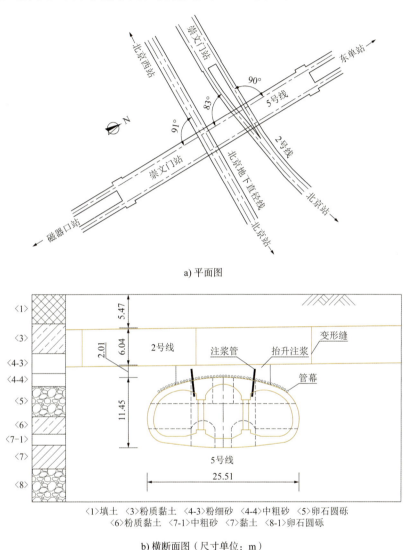

图 4-29 北京地铁 5 号线下穿 2 号线注浆抬升治理案例[22]

原下穿方案采用管幕法进行超前支护、洞柱法开挖，先开挖导洞并施作地梁、钢管柱、顶梁，再开挖中洞，最后开挖侧洞并完成衬砌封闭成环。管幕施工和下穿过程中，既有隧道右线的沉降发展过程如图 4-30 所示，可见管幕施工阶段导致最大沉降为 4.95mm，导洞开挖导致的最大沉降为 17.48mm，导洞内地梁、钢管柱、顶梁施工过程中的既有隧道沉降量仅增大 1.8mm，中洞开挖过程导致的沉降量为 2.46mm，侧洞开挖并完成衬砌封闭成环导致的沉降量为 4.57mm。可见侧洞开挖之前，既有隧道左右线最大沉降量分别为 27.05mm

和 31.26mm，变形缝最大差异沉降分别为 14mm 和 10.4mm，已经超过预警值。同时，现场调研表明，过大的差异沉降已经导致 2 号线的道床与隧道结构之间出现脱空悬吊，最大脱空量为 12.7mm，最大脱空长度为 7m。经过分析，认为该工程管幕施工过程中揭露明挖法隧底回填的杂填土，成分包括朽木和废弃钢材，极大地增加了管幕的顶进难度，最终导致管幕超挖量较大，沉降控制效果不理想；此外，管幕在拱圈端具有良好的支座条件，但内嵌端的支撑能力随开挖过程而逐步下降，导致管幕和上方既有隧道逐渐下沉。综上分析，该项目设计和施工阶段的干扰因素导致穿越过程中既有隧道的沉降已经超限，威胁其正常运营，在开挖侧洞并完成衬砌封闭成环之前，必须先对既有隧道进行变形抬升治理。

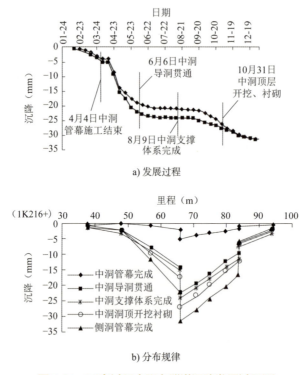

图 4-30 下穿过程中既有隧道沉降发展过程[22]

既有隧道沉降抬升治理过程中，中洞顶梁施工完成后，利用两侧空间对夹持岩土层进行排管注浆，注浆管采用ϕ32mm 钢管，沿 5 号线崇文门站轴线布设两排，注浆管间距为 50cm。浆液采用早凝早强、可灌性好的高强混凝土（HSC）浆液，水灰比为 1:1，凝固时间为 20min，注浆终压为 0.8MPa。注浆过程中，为防止浆液渗漏，先在侧洞与中洞交界处注浆形成两道止浆帷幕，然后对既有隧道边线以外范围（①区）进行注浆并形成止浆墙，最后对既有隧道下方夹持岩土层（②区）进行注浆，此时浆液扩散范围被严格约束，可提供较好的抬升效果，加固纵断面如图 4-31 所示。注浆抬升后，既有隧道的沉降分布如图 4-32 所示，可见隧道最大抬升为 16mm，道床结构最大抬升为 15.8mm，道床与隧道结构脱离量由 12.7mm 减小至 7.0mm，脱离长度由 7m 减小至 5m，取得了较好的治理效果。

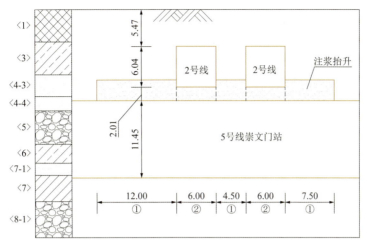

图 4-31 注浆抬升方案纵断面图（尺寸单位：m）[23]

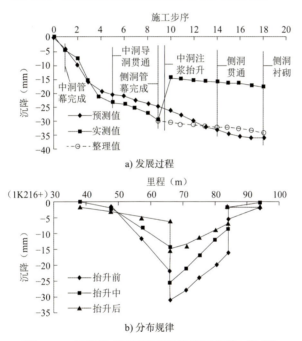

图 4-32 注浆抬升治理前后既有隧道沉降对比[23]

4.2.2 微扰动注浆

微扰动注浆通过在既有隧道洞内壁后注入高强浆液，充分发挥注浆层的约束作用，从而提高既有隧道刚度。该工艺以"均匀、多点、少量、多次"为原则[25]，进行分区分阶段注浆，严格控制单次注浆量和均匀性，减少对周围土体的扰动。根据施工位置不同，微扰动注浆可分为洞内微扰动注浆和地面微扰动注浆，前者主要用于处理纵向变形超限问题，后者则针对横向位移过大问题。

（1）洞内微扰动注浆整治纵向变形

洞内微扰动注浆工艺成功解决了软弱土层和复杂困难条件下运营隧道大范围、大曲率、大幅度、大沉降速率沉降段的治理难题，在上海、广州、宁波、天津、南京等沿海特大城市得到广泛应用。

洞内微扰动注浆整治隧道不均匀沉降的主要原理为[26]：根据隧道沉降预测曲线上各沉降点的沉降指标进行分区、分段治理。如图 4-33 所示，在沉降段隧道纵向均匀布置多个注浆孔进行少量多次注浆，单孔注浆控制单次注浆厚度，当单次注浆体压力消散、浆体初凝后（约 15min），再进行下一次注浆，使两次注浆体沿深度方向搭接起来，直至达到设计注浆深度。确保隧道在注浆抬升和注浆间隔时间内固结沉降的交替作用下渐趋稳定，达到改善和调整隧道纵向曲线的目的。

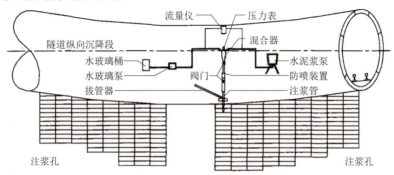

图 4-33　洞内微扰动注浆治理不均匀沉降示意图

洞内微扰动注浆抬升工艺参数主要包括注浆范围、注浆施工参数、注浆孔布置形式、注浆顺序、注浆终止条件和设备类型。注浆范围包括注浆深度和纵向注浆范围，应根据隧道沉降情况和工程地质条件确定，注浆深度原则上需进入承载能力相对较好的土层。注浆施工参数可通过调研上海、广州、宁波、南京、天津等地区的隧道抬升工程案例进行工程类比，部分工程的微扰动注浆技术参数汇总见表 4-1。

洞内微扰动注浆技术参数　　　　表 4-1

项目	具体参数
注浆材料	水泥—水玻璃双液浆，体积比为 1∶1～3∶1，水泥浆水灰比为 0.6～0.8，水玻璃浓度为 35～40°Bé，模数为 2.8～3.2
单次注浆厚度（cm）	20～40
单次注浆量（L）	80～120
注浆流量（L/min）	双液浆：20，水泥浆：14～16，水玻璃：4～6
单次注浆时间（min）	4～10
拔管速率（cm/min）	$v = l/(V/q)$
注浆压力（MPa）	0.1～0.6

注：l 为单次注浆厚度，V 为单次注浆量，q 为注浆流量。

常用的注浆孔布置形式如图 4-34 所示，每环管片宜在隧道底部钢轨外侧对称布置 2 个注浆孔，沉降量较大时可在道床中心线处增设注浆孔。注浆顺序应考虑隧道纵向线型，由沉降最大或曲率最大位置向两边分区进行注浆。在隧道横向结构状态不良时，建议单环管片上遵循"自上而下,先中间后两边,中间加固两边抬升"的注浆顺序。一般采用间隔跳孔施工,间隔宜大于1环管片。

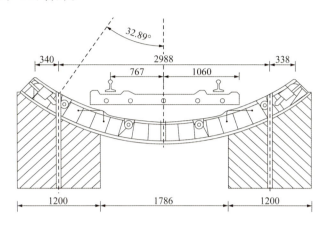

图4-34 注浆孔位布置示意图(尺寸单位:mm)

注浆终止条件由施工参数动态反馈和整治效果双指标控制,在施工参数方面,当达到单孔最大设计注浆压力、设计注浆量或单次抬升量控制值时可终止单孔注浆;在整治效果方面,当单日注浆引起的隧道抬升量超过2mm时应暂停注浆,避免抬升纠偏速度过快导致结构病害进一步发展;当隧道达到抬升预期值,且隧道沉降变形速率小于0.02mm/d并达到稳定时,可结束全部注浆。

洞内微扰动注浆一般要求设备体积小巧、携带方便,适用于狭小空间搬运和施工。注浆设备主要组成部分有:注浆泵、混合器、流量仪、拔管装置、注浆前端装置,如图4-35所示。前端装置布置2排孔径为4mm的梅花形喷浆孔,每排均匀分布4个,注浆前可采用保护套保护喷浆孔,避免其在下管时被泥土堵塞,如图4-36所示。

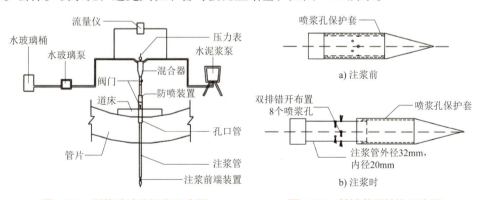

图4-35 微扰动注浆设备示意图　　**图4-36 前端装置结构示意图**

(2)地面微扰动注浆整治横向变形

地面微扰动注浆整治横向变形原理如图4-37所示,通过在隧道两侧实施多排双液微扰动注浆,提高隧道周边土体的物理力学性能、增强土体侧向抗力、改善隧道椭圆度,并使隧道的横向变形在注浆充填挤压的叠加作用下逐渐减小。注浆时,随注浆压力作用及孔隙水压力作用的增大,隧道横向位移会减小。随着时间的推移,注浆引起的周围孔隙水压力消散，土层重新固结，又会导致隧道横向位移增加。因此，应通过精心设计和严格要求施工，保证注浆时横向变形的减小量＞后期孔隙水压力消散和土层重新固结而导致的横向变形的增加量，最终达到减小隧道横向变形的预期目标。

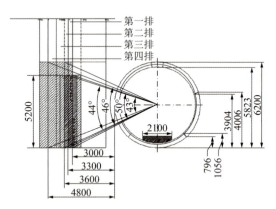

图 4-37 微扰动注浆治理横向变形示意图（尺寸单位：mm）

根据隧道横向变形情况、变形原因、地质条件和运营特点，进行注浆方案设计，主要包括注浆范围、注浆孔布置形式、注浆顺序等，具体注浆技术参数可参考表 4-1。纵向和横向注浆范围根据工程地质条件和隧道横向变形情况确定，注浆深度范围一般为隧顶至隧底。对于注浆孔布置形式，一般可取孔距约为 1.2m、排距约为 1m。对于注浆顺序，同排内按照"做一跳五"施工，相邻孔注浆时间间隔不少于 2d，并根据监测情况及时调整，由收敛变形最大点向两端进行注浆，施工的具体注浆孔位应根据变形监测数据，在施工前确定。

（3）应用案例

宁波地铁 2 号线丽园南路站—云霞路站区间盾构隧道[27]在施工过程中，自第 140 环开始，隧底地层由相对稳定的粉质黏土层转变为灵敏度较高、压缩性较强的淤泥质黏土层，如图 4-38 所示。

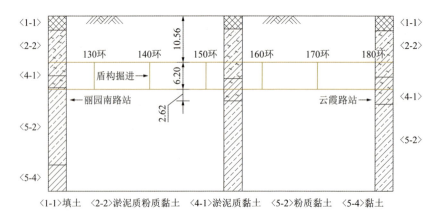

a) 纵断面

图 4-38

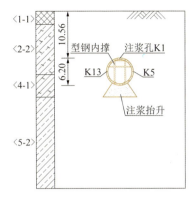

b) 横断面（尺寸单位：m）

图 4-38　宁波地铁 2 号线微扰动注浆抬升案例[27]

盾构机推进过程中逐渐发生沉陷且纠偏效果不明显，隧道实际高程与设计高程之间的误差逐渐增大，至第 170 环时逐渐成功纠偏，但最终在第 170 环附近形成较明显的沉降槽，最大沉降量为 214mm，隧道纵向附加曲率半径过小，存在侵限问题且线路调坡困难，必须进行整体抬升治理。设计高程、实际高程和不同纵向曲率半径修正目标对应的高程分布如图 4-39 所示，将隧道抬升至纵向曲率半径为 3000m、4000m、5000m 时，需要的隧道最大抬升量分别为 4mm、34mm、64mm，最终兼顾抬升效果和施工难度，确认最终的抬升目标为曲率半径为 4000m。

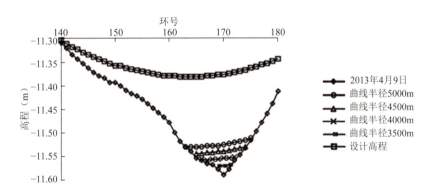

图 4-39　宁波地铁 2 号线微扰动注浆抬升沉降曲线[27]

为了实施第 170 环附近 10 环范围内的隧道抬升，利用隧底管片上的注浆孔 K8~K10 进行下卧淤泥质黏土层的微扰动注浆。浆液采用水泥水玻璃双液浆，水泥与水玻璃浆液的体积比为 1∶3，水泥浆水灰比为 0.6~0.7，水玻璃浓度为 35°Bé，每环注浆时先施工两侧注浆孔 K8 和 K10，再施工隧底注浆孔 K9，如图 4-40 所示。每孔采用多次注浆，每次注浆量为 80L、注浆时间为 4min，采用边注浆边提升注浆管的后退式注浆法。同时，为了避免注浆抬升过程中隧道横断面出现过大的"横鸭蛋"形收敛，在第 170 环附近 10 环范围内每环内部采用型钢支撑，允许内撑轴力为 260kN。

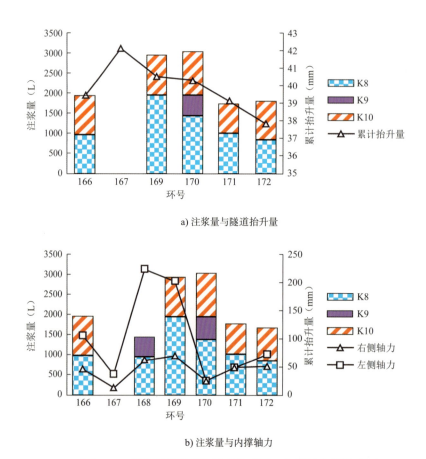

a) 注浆量与隧道抬升量

b) 注浆量与内撑轴力

图 4-40 微扰动注浆量和隧道抬升量、内撑轴力的关系[27]

施工监测结果表明，微扰动注浆抬升过程中，隧道最大抬升量为 42.7mm，内撑轴力最大值为 160.8kN，横断面收敛最大值为 8mm，部分位置的注浆量、隧道抬升量、型钢内撑轴力如图 4-40 所示。在此基础上，隧道又进行了补充微扰动注浆以巩固效果，每次注浆量不超过 27L，管片单次抬升量不超过 2mm，每天累计抬升量不超过 3mm，最终实现隧道最大抬升量为 43.2mm，内撑最大轴力为 236.7kN，横断面收敛最大值为 11mm。

型钢内撑拆除前，鉴于抬升施工导致了较大的型钢内撑内力，且该内力没有消散趋势，为避免拆撑后隧道横断面收敛迅速恶化，在拆撑前进行隧道拱腰外地层的微扰动注浆加固，以提高拱腰两侧地层的抗力，对"横鸭蛋"形横断面收敛进行有效约束。注浆通过管片注浆孔 K6、K12 实施，沿纵向"做一跳二"隔环施工。浆液采用单液水泥浆，水灰比为 1∶1，注浆压力为 0.2～0.3MPa。采用后退式分段注浆，单次注浆量为 50L，单次注浆时间为 4min，单次注浆深度为 20cm，注浆圈厚度为 100cm，注浆压力持续超过 0.3MPa 时达到停止注浆条件。监测结果表明，拱腰两侧地层微扰动注浆加固过程中，隧道沉降、横断面收敛和内撑轴力基本稳定，未产生附加不良影响。

型钢内撑拆除采用间隔拆除法，监测结果表明，间隔拆撑过程中各榀内撑之间出现荷载的重分布，但隧道横断面收敛值基本稳定，待拆撑全部完成后，横断面收敛最大值为16mm，与抬升施工前既有值累计后最大值为24mm，满足盾构隧道横断面变形控制要求，取得了较好的抬升治理效果。

4.3 地基隔断加固

1）加固原理

地基隔断加固是指在新建地下结构与既有地下结构之间设置隔断结构，在隔断结构的保护下进行新建地下结构施工，最终达到控制变形的目的。隔断结构一般采用刚度较大的隔断墙体，可用于隔断法的墙体类型有钻孔灌注桩、树根桩、地下连续墙、水泥搅拌桩等。按照是否连为整体，墙体可分为间断型隔断墙和连续型隔断墙[28]。钻孔灌注桩、树根桩等在纵向上需要间隔一定距离，组成的墙体可以划分为间断型隔断墙；地下连续墙、水泥搅拌桩等本身为连续的整体，或者通过相互咬合连为一体，可以划分为连续型隔断墙。

2）技术特性

影响隔断墙加固效果的主要因素[29]如下：

（1）隔断墙设置位置

相关研究表明隔断墙距离隧道越近，隔断效果越好，在施工条件允许的情况下，隔断墙应尽量靠近隧道设置，隔断墙墙底应深入隧道底部以下一定距离。

（2）隔断墙刚度

为有效控制土层变形，隔断墙必须具备一定刚度，刚度过小则墙后土体变形控制效果不明显，一般采用刚度较大的钢筋混凝土结构形式。但当刚度增加到一定程度后，刚度的增加对桩后土体变形的影响非常小。

（3）隔断墙尺寸

隔断墙长度过短则不能较好地发挥挡土效应，过长则不够经济。同时，提高隔离桩桩径虽然理论上可以有效减小既有地下结构变形，但较大直径隔离桩的施工本身会对桥桩等既有地下结构变形产生较大影响。

综上所述，应综合考虑隔离桩施工影响及其对变形的隔断效果，选择合适隔断墙类型，制定相应的加固方案。目前，相关学者也提出采用刚性桩和柔性桩组合的多阶隔断法（多阶隔断法指在隧道与桩基间设置两排或两排以上的隔断墙）进行变形阻隔，如图4-41所示。

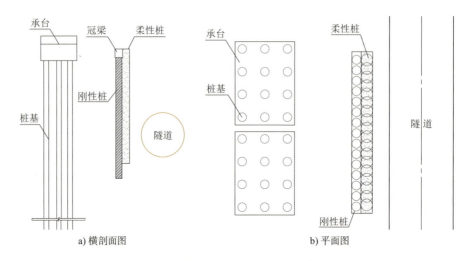

图 4-41 刚性桩和柔性桩组合的多阶隔断法

3）应用案例

地下穿越工程中受空间相对位置关系约束，下穿工况下较少采用地基隔断结构，而侧穿工况下使用较多，尤其是近年来广泛出现的隧道近距离侧穿既有桥梁桩基础工程。济南轨道交通 1 号线王府庄站—大杨站区间盾构隧道和 2 号线王府庄站—腊山南站区间盾构隧道在同一桥跨范围内集中下穿京沪高铁和京沪铁路上下行联络线[30]，其中 1 号线左右线隧道上下叠落，主要在粉质黏土层、黏土层、卵石层中下穿，新建隧道与高铁桥墩最小水平净距为 10.37m；2 号线左右线隧道并行，主要在黄土层、粉质黏土层中下穿，新建隧道与高铁桥墩最小水平净距为 15.37m，平面和横断面如图 4-42 所示。地下水主要包括潜水和承压水，潜水分布于粉质黏土层，承压水分布于细砂层和卵石层，水头高度为 4.4m。

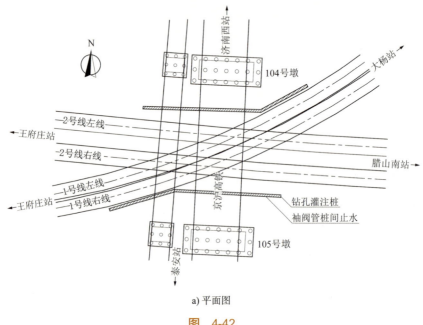

a) 平面图

图 4-42

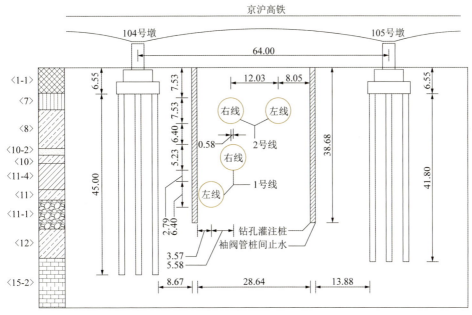

<1-1>杂填土 <7>黄土 <8>粉质黏土 <10-2>细砂 <10>粉质黏土 <11-4>黏土 <11>粉质黏土 <11-1>卵石 <12>粉质黏土 <15-2>中风化石灰岩

b) 横断面图（尺寸单位：m）

图 4-42　济南轨道交通 1 号线、2 号线下穿京沪高铁桥梁隔离桩案例[30]

为保证 4 条新建隧道下穿过程中京沪高铁的正常运营，沿隧道外轮廓线施作钻孔灌注隔离桩，钻孔灌注桩直径和桩心距分别为 800mm 和 1200mm，桩长约 39m，隔离桩之间采用袖阀管注浆形成止水帷幕。下穿施工期间的监测结果表明，京沪高铁 104 号墩和 105 号墩的沉降量分别为 0.2mm 和 0.3mm，满足京沪高铁正常运营保护要求。

4.4　既有地下结构预加固

除采用上述地基预加固及隔断措施外，还可以对既有地下结构进行预加固，以提高既有地下结构的承载能力和抗变形能力，主要的加固措施有芳纶布等柔性材料加固、内张钢环加固、复合腔体加固和支撑台车加固等。

4.4.1　芳纶布等柔性材料加固

芳纶布是一种比强度高、比模量高、热膨胀系数低、耐久性极佳的材料，非常适合应用于潮湿的隧道环境当中，在房屋和桥梁结构的加固中也得到广泛使用。利用芳纶布质地轻柔、仅能承受拉力的特性，将芳纶布粘贴于隧道受拉区域进行加固，可在不显著增加衬砌厚度的同时，显著提高衬砌单向抗弯刚度，避免衬砌内壁开裂或其进一步发展，如图 4-43 所示。柔性材料除芳纶布外还包括碳纤维等，但受成本等因素的限制，其他柔性材料的应用还相对较少。

a) 施工过程　　　　　　　　　　　　b) 施工后效果

图 4-43　芳纶布加固效果

芳纶布等柔性材料加固的主要用途如下：①隧道横向变形较小时可用于加固整环隧道；②隧道顶部纵缝张开量过大时可用于加固顶部纵缝；③管片出现裂缝时可用于加固管片。

芳纶布等柔性材料加固的优点是施工方便、造价低、能够有效限制隧道横向收敛变形和接头变形，但其加固效果受到隧道变形程度的影响，即隧道变形越小，加固效果越好，因此宜尽早加固。此外，芳纶布粘贴层数或厚度对加固效果存在显著影响，一般建议粘贴层数为 2~3 层，继续增加粘贴层数对衬砌性能的提升程度逐渐衰减，不能高效利用其加固能力。

4.4.2　内张钢环加固

内张钢环一般用于隧道结构整体加固，能够有效控制接缝张开和错台，可大幅提高隧道结构的横向抗变形能力，在特殊地质区域也可以用于预防隧道变形。该工艺通过钢圈支护、刚性环氧树脂填充，使钢环与受损管片形成整体共同受力，弥补受损管片的性能损失，进而控制隧道结构的变形。

内张钢环原材料选用预制成型的优质钢板，分牛腿、侧板和顶板 3 个部分，通过机械手进行安装就位，膨胀螺栓临时固定，化学锚栓永久连接，3 个部分之间采取焊接，最后利用刚性环氧树脂进行缝隙填充，使安装钢板与受损管片共同承载受力。当要求进一步提高加固结构的抗弯刚度时，可在平板型钢环的基础上采用带肋钢环，以提高加固效果，但需侵占更多隧道内净空厚度。

内张钢环加固能在确保隧道运营不受影响的前提下，显著提高既有隧道的整体刚度和承载能力，图 4-44 为加固效果。但内张钢环的钢板与混凝土的黏结部位（尤其是封顶块与邻接块附近位置）是加固结构的薄弱部位，黏结失效则加固效果减弱，且该方法造价较高、工期较长、整块钢板质量较大，导致小直径隧道内的施工较为困难。

a) 施工过程　　　　　　　　　　b) 施工后效果

图 4-44　内张钢环加固效果

4.4.3　复合腔体加固

复合腔体由复合材料、钢结构和水泥组合而成[31]，如图 4-45 所示。复合腔体本体的形状与加固面相吻合，以 4 根金属管组合而成，其表面覆盖由树脂及纤维组成的复合材料层，本体内灌注填充物。复合腔体构件上每个腔体设有单独的注浆孔，通过注浆孔向腔体本体内灌注填充物，以增加加固构件的强度。填充物可以是砂浆或高分子发泡物等材料。

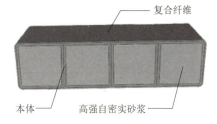

图 4-45　复合腔体构件示意图

复合腔体构件在工厂预制加工，结构轻盈，不需要机械设备就可用锚栓固定在管片上。复合腔体采用结构胶粘贴在变形的管片上，再进行后期注浆，形成叠合作用，从而达到轻便、快速、安全的加固目的，现场加固效果如图 4-46 所示。复合腔体加固可以在空间狭窄、加固时间短等条件下快速加固隧道，并有效提高盾构隧道的极限承载能力和刚度，相较内张刚环加固更加轻便，但叠合结构的黏结面仍是整个结构的薄弱点，占用厚度也更大。

a) 施工过程　　　　　　　　　　b) 施工后效果

图 4-46　复合腔体加固效果

4.4.4　型钢支撑和移动式液压台车加固

为防止在隧道掘进过程中盾构机自身荷载及掘进所产生的动荷载对既有地下结构造成破坏，可在既有地下结构中采用型钢进行内撑，进一步可采用移动式液压台车提高施工效率。台车随盾构机一同移动,能够降低盾构掘进时对既有地下结构的压力传递作用,从而控制既有地下结构的变形。台车设计时应根据盾构机自身重量及长度、岩层特性、隧道净距、盾构机掘进中的推力等,计算出作用在既有地下结构上的荷载,由此确定台车长度和最大顶推力等参数[32]。台车一般由专业厂家在加工厂内制作,确保台车质量满足设计要求,制作完成后运至施工现场进行组装和调试,常用的移动式液压台车如图4-47所示。

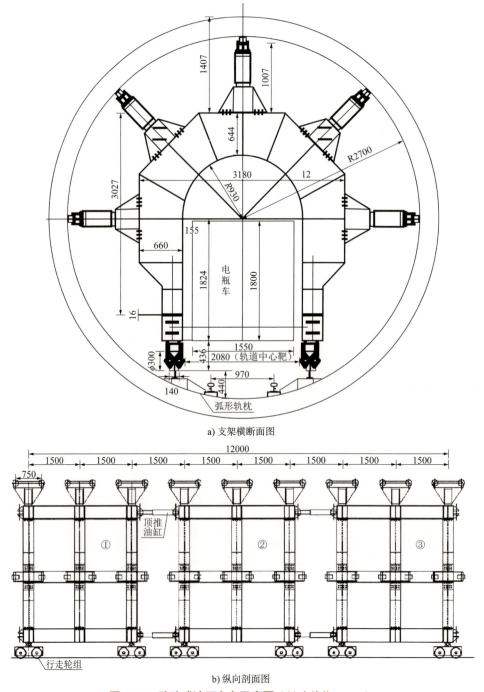

图4-47 移动式液压台车示意图(尺寸单位:mm)

4.5 既有地下结构后加固

根据加固对象不同，后加固可分为既有地下结构加固和地基加固。前者直接对既有地下结构进行加固，提高既有地下结构的承载能力和抗变形能力，主要处理变形裂缝、渗漏水、收敛变形、道床脱空及翻浆冒泥等病害；后者通过加固既有地下结构周边土体间接控制结构变形，主要解决结构纵向和横向位移超限问题。因此，后加固前应调查既有地下结构损伤及变形情况并进行伤损评定，根据病害类型和伤损状态选择经济高效的加固措施。

4.5.1 开裂整治技术

对于一般的结构裂缝，可采用灌注环氧树脂填充的措施进行处理，如图 4-48 所示。对于对结构耐久性和强度影响较大的裂缝，除采用注环氧树脂填充外，还应根据需要对结构进行补强处理。

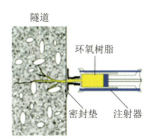

图 4-48 灌注环氧树脂

4.5.2 渗漏水整治技术

针对不同渗漏部位应采取不同的堵漏措施，盾构隧道的相关整治措施可参考表 4-2。此外，结构变形缝处采用的堵漏材料还应满足变形缝受力性能要求并具有较好的抗变形能力。

盾构隧道管片渗漏治理措施 表 4-2

渗漏情况	治理措施
管片拼装缝小范围渗漏	钻孔注浆，嵌缝处理，表面涂刷
管片拼装缝大面积渗漏	管片钻穿，壁后二次注浆
吊装孔、螺栓孔渗漏	孔内污物清理，双快水泥封堵后拧紧堵头；渗漏严重时埋设铝管，压注超细水泥浆后拧紧堵头
联络通道与管片连接处渗漏	壁后注浆（采用超细水泥浆、水玻璃浆、改性环氧树脂化学浆等）
破损管片渗漏	界面涂刷水泥基，植入钢筋网片，环氧砂浆回填

4.5.3 横断面收敛变形整治技术

对于受损较严重、变形较大的管片，需在隧道内部对管片结构进行环向刚度补强处理，以改善隧道的受力性能，控制隧道结构的变形。由于盾构隧道建筑限界的限制，隧道结构环向刚度的加固方法有芳纶布加固、内张钢环加固、复合腔体加固等，具体可参考 4.4.1～4.4.3 节内容，此不赘述。

4.5.4 道床病害整治技术

一般采取注浆加固措施治理道床脱空、离缝及翻浆冒泥等病害，注浆孔一般位于道床中部，遇道床缝时可适当调整位置，并避开道床钢筋，如图 4-49 所示。注浆前应采用高压水枪对道床脱空处的泥沙以及杂物进行冲洗，并清除道床下方积水。注浆材料宜选用流动性好的速硬性无收缩灌浆材料，灌浆可采用以下方式进行：①沿轨枕边开槽，布置注浆孔，孔深至道床与管片脱空缝隙处；②采用高强度快硬水泥进行封孔嵌缝埋管；③对注浆孔进行化学灌浆，注浆过程中应严格控制注浆压力，避免因注浆压力过大导致道床上拱。

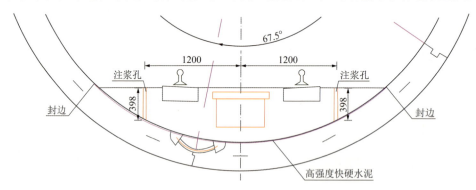

图 4-49　道床注浆加固示意图（尺寸单位：mm）

4.6　小结

被动加固技术是地下穿越工程风险较高、影响较大时最常采用的控制措施，主要内容是在地下穿越之前对新旧结构之间的岩土层进行加固或施作隔离措施，以削弱地下穿越工程的不良影响向既有地下结构的传递；或对既有地下结构进行加固，提高其抵抗附加变形的能力和承载力，避免变形超限和开裂损伤。地下穿越前，岩土层的加固可采用注浆、旋喷桩、搅拌桩等 9 种方法，穿越过程中，还可采用微扰动注浆等 2 种方法进行岩土层的补强。既有地下结构可采用张贴芳纶布等 4 种结构加固方法，并可采用灌注环氧树脂等 4 种修复方法对穿越导致的结构开裂等病害进行修复。

本章参考文献

[1] 金海元. 输水管道群下穿既有铁路软土地基变形控制技术研究[J]. 铁道建筑技术, 2018(11): 111-115.

[2] 刘召臣. 水平袖阀管深孔注浆在地铁穿越风险源中的应用[J]. 山西建筑, 2013, 39(09): 159-161.

[3] 赵星. 盾构隧道下穿宁启铁路(南通站)工程技术方案分析[J]. 现代隧道技术, 2020, 57(S1): 581-587.

[4] 明亮. 盾构下穿南通火车站施工技术研究[J]. 大众标准化, 2022(9): 65-67+70.

[5] 李倩倩, 张顶立, 房倩, 等. 浅埋暗挖法下穿既有盾构隧道的变形特性分析[J]. 岩石力学与工程学报, 2014, 33(S2): 3911-3918.

[6] 袁金秀, 王道远, 李栋. 北京地铁6号线下穿既有4号线区间盾构隧道施工技术[J]. 城市轨道交通研究, 2012, 15(03): 82-85.

[7] 郭伟. 水平旋喷桩施工工艺在深圳地铁施工中的应用[J]. 现代隧道技术, 2012, 49(2): 114-118.

[8] 朱康宁. 浅埋暗挖随到下穿次高压燃气管保护方案[J]. 现代隧道技术, 2012, 49(2): 142-146.

[9] 周朋. MJS工法在砂卵石地层盾构近距离下穿运营地铁隧道的应用[J]. 都市快轨交通, 2018, 31(6): 122-128.

[10] 蒋力, 李强. 全方位高压喷射工法在杭州地铁盾构下穿既有线工程中的应用[J]. 城市轨道交通研究, 2021, 24(8): 192-197.

[11] 张品, 钟志全, 陈仁朋, 等. MJS桩加固对上覆地铁运营隧道影响研究[J]. 地下空间与工程学报, 2019, 15(4): 1164-1171.

[12] 陈仁朋, 张品, 刘湛, 等. MJS水平桩加固在盾构下穿既有隧道中应用研究[J]. 湖南大学学报(自然科学版), 2018, 45(7): 103-110.

[13] 刘建国, 李恒, 童立元, 等. 紧邻地铁隧道的搅拌桩加固施工控制技术试验研究[J]. 城市轨道交通研究, 2019, 22(11): 41-46.

[14] 奚家米, 熊元林, 马新民, 等. 地铁联络通道冻结法施工研究现状[J]. 科学技术与工程, 2020, 20(17): 6720-6728.

[15] 盛应平. 轨道交通盾构隧道双线穿越已有建(构)筑物时冻结加固技术应用研究[J]. 隧道与轨道交通, 2019(3): 19-22+59.

[16] 王东元, 曲慧红, 李文波. 既有线下邻近大断面地铁双隧道暗挖施工对地表形变的影响[J]. 岩石力学与工程学报, 2014, 33(S2): 4075-4085.

[17] 翁敦理, 陈明辉. 深孔注浆技术在地铁暗挖隧道施工中的应用[J]. 现代隧道技术, 2012, 49(2): 137-141.

[18] 彭峰, 孔恒, 于溟. TGRM前进式注浆工艺和袖阀管注浆工艺组合施工技术在电力隧道暗挖法施工穿越老旧民房中的应用[J]. 隧道建设, 2010, 30(S1): 350-354.

[19] 任艳超. 地铁大跨隧道下穿既有城市道路隧道施工风险评估及控制[J]. 建筑结构, 2021, 51(S2): 1741-1747.

[20] 白鹏程. 超浅埋暗挖大跨隧道下穿既有隧道的沉降控制技术[J]. 现代隧道技术, 2020, 57(3): 175-181.

[21] 陈用伟, 朱一凡. 管棚工艺在近距离穿越运营线路的案例分析[J]. 市政技术, 2021, 39(7): 99-103.

[22] 关继发. 新建地铁隧道穿越既有地铁安全风险及其控制技术的研究[D]. 西安: 西安建筑科技大学, 2008.

[23] 张成平, 张顶立, 王梦恕. 大断面隧道施工引起的上覆地铁隧道结构变形分析[J]. 岩土工程学报, 2009, 31(5): 805-810.

[24] 唐智伟, 赵成刚, 张顶立. 地下工程抬升注浆设计方法及其抬升效果预测研究[J]. 土木工程学报, 2007, 40(8): 79-84.

[25] 汪小兵. 盾构穿越引起运营隧道沉降的注浆控制研究[J]. 地下空间与工程学报, 2011, 7(5): 1035-1039.

[26] 王如路, 陈颖, 任洁, 等. 微扰动注浆技术在运营隧道病害治理及控制中的应用[C]//中国土木工程学会. 中国土木工程学会隧道及地下工程分会防水排水专业委员会第十六届学术交流会论文集, 上海: 《隧道与地下工程》编辑部, 2013: 64-69+112.

[27] 朱瑶宏, 夏汉庸, 胡志飞. 软土地层盾构隧道结构整体抬升实践[J]. 岩土力学, 2016, 37(S2): 543-551.

[28] 周顺华. 地铁盾构法隧道下穿工程[M]. 北京: 科学出版社, 2017.

[29] 郑凤先. 隔离桩对地铁深基坑邻近建筑物保护机理研究[J]. 城市轨道交通研究, 2014, 17(3): 42-46.

[30] 吴镇, 张秀山, 王磊. 小半径曲线叠落盾构隧道下穿京沪高铁隔离桩设置参数研究[J]. 铁道标准设计, 2020, 64(9): 88-94.

[31] 朱妍. 复合腔体构件加固盾构法隧道的关键技术研究[J]. 隧道与轨道交通, 2017(3): 14-17+61.

[32] 陈炜, 李会. 深圳地铁叠线盾构隧道施工中支撑台车的应用[J]. 市政技术, 2017, 35(2): 85-88+92.

隧道地下穿越轨道交通
关键技术研究与应用 | 第 5 章

地下穿越工程
主动控制施工技术

本章基于广州地区典型地质条件，分别针对盾构法和矿山法两类穿越工法，介绍地下穿越工程主动控制施工技术。对盾构掘进施工常见难题、盾构设备选型与配置等进行调查分析，并以佛莞城际 FGZH-1 标上跨广州地铁 7 号线隧道工程案例为背景，讨论盾构掘进穿越工程全过程控制要点及应急对策。同时，调研分析广州地区矿山法穿越工程的常见难题，结合矿山法工艺流程，介绍矿山法隧道穿越施工的主要风险点和关键控制要点。

5.1 广州地区盾构隧道穿越施工

5.1.1 常见难题

广州地区的地质条件以复合地层为主，复合地层为在开挖断面范围内或开挖延伸方向上，由两种或两种以上不同地层组成，且不同地层的物理力学性质、工程水文地质特征相差较为悬殊的组合地层。盾构隧道在复合地层中掘进施工面临较多难题需解决，本节主要介绍较为常见的四个难题。

1）刀盘结泥饼

泥饼是盾构机刀盘切削下来的细小岩土颗粒、碎屑在土仓内重新聚集而成的半固结和固结状的块状体。泥饼的存在加重了盾构机刀盘和刀具的负荷，常常使掘进参数出现突变，使施工效率大大降低[1]。预防刀盘结泥饼的主要措施有[6]：

（1）有针对性地向密封土仓和刀盘面板适量加注高质量的泡沫、聚合物或膨润土，以改善土体性能。在施工过程中，应及时观察所排渣土的情况，分析渣土的黏性和含砂粒比例的情况，及时添加适量的土体改良剂（泡沫、聚合物、膨润土），进行土体改良，以减小土体黏度和黏着力。

（2）在地层相对自稳时，设定的出土压力不宜超过主动土压力，宜采用欠土压平衡模式掘进。

（3）当地层稳定性差，但隔气性较好时，宜采用辅助气压作业，掘进也宜采用欠土压平衡模式掘进。

（4）采用冷却措施，避免密封土仓高温高热。

（5）避免在密封土仓饱满加压状态下长期停机。盾构隧道施工要求"连续、快速、稳定"，长时间的停机会导致土仓内土压逐步升高、流动性减弱、刀盘面板及刀具结泥饼的可能性增加。

2）刀具非正常磨损

在掘进施工中，当地质条件发生变化时，为保证盾构施工安全和加快施工进度，必须对刀具进行检查。当刀刃磨损超限、刀圈断裂或脱落、挡圈断裂或脱落、偏磨时，就需对刀具进行更换。刀具保护应做到以下几点[6]：

(1) 刀具偏磨的主要原因是推进力太大，部分刀具所受压力过大，致使刀具不能正常转动而出现偏磨，应注意根据不同地层选择合适的推力；此外，刀具被渣土裹死，也会使刀具停转而出现偏磨，应注意做好渣土改良。

(2) 在地层情况良好、渣土正常时出现掘进速度异常下降的情况，可能是刀具被渣土裹死或刀盘前结成泥饼，导致刀具不能正常工作，致使掘进速度下降。出现这种情况时，应及时开仓检查。

(3) 刀圈崩裂主要是因为刀盘的振动、刀具的撞击、刀具的贯入度过大等。盾构机在比较破碎的硬岩地层中掘进时，刀盘的振动比较大，刀具经常受到撞击，刀盘前响声大，有可能发生刀圈崩裂。这种情况下，应该勤检查、及时更换刀具。

3) 螺旋输送机喷涌

螺旋输送机发生喷涌现象时，大量的高压水泥浆从螺旋输送机出口喷射而出，严重污染盾体及隧道内的施工环境，以致不得不停机处理。更有甚者，大量喷涌会造成密封土仓的突然卸压而引起地面的严重沉降。

造成喷涌的根本原因是密闭土仓螺旋输送机出口处形成了补给充足并有一定压力的水源，因此防治喷涌的主要方法就是"治水"，防治措施主要包括：

(1) 在富水的松散地层中，加入适量的添加剂。如果施工环境允许，可通过加气压的方式将地下水逼出密封仓，从而改善渣土的和易性。

(2) 在自稳性好的地层中止水，如果管片同步注浆不充分，则应该通过管片进行双液浆注浆，以尽快封堵隧道背后的汇水通道。

(3) 在黏性土中应预先避免刀盘结泥饼，才能防止螺旋输送机喷涌。

4) 开仓换刀

刀具是消耗品，盾构隧道掘进中换刀工作的关键并不在换刀本身，而是换刀环境的可实施性。根据换刀环境的不同，换刀措施有以下几种[6]：

(1) 在自然围岩条件下直接开仓换刀。可在围岩自稳能力好且地下水涌出少的条件下直接进行开仓换刀，并且需在实施换刀过程中密切监测围岩的稳定性。

(2) 在地层预加固条件下换刀。

(3) 在压缩空气条件下换刀。带压换刀作为一种应急的办法，不宜作为常用备选方案，在隧道覆土较薄或地层松散、破碎时带压换刀时，容易跑气失压。另外，带压换刀还存在开仓条件差、时间短、效率低、成本高的缺点。

5.1.2 设备选型

1) 复合式盾构机选型原则

复合式盾构机应根据工程性质、地质特点、周边环境沉降控制要求、施工场地状况和施工成本等因素，"量体裁衣"地进行盾构机设计选型。在广州地区，土压平衡盾构机和泥水平衡盾构机均有采用，以土压平衡盾构机为多，在软弱地层、穿越珠江水系的复合地层中可考虑优先采用泥水平衡盾构机。

关于复合式盾构机选型，经典选型理论是考虑地质情况（地层的渗透系数、岩土颗粒含量），另外还需考虑社会环境影响、施工成本及施工场地等因素[2]。

（1）地质情况

地层的渗透系数大于 $10^{-5}\sim10^{-4}$ m/s 时，宜选用复合式泥水平衡盾构机；反之，宜选用复合式土压平衡盾构机。当地层以各种级配富水的砂层、砂砾层为主时，宜选用复合式泥水平衡盾构机。

当岩土粉粒和黏粒（粉黏粒以 0.075mm 为界）的总量达到 30%～40%以上时，通常会选用土压平衡盾构机。对于改良后的土体（如添加泡沫、高分子材料等），其扩大了复合式土压平衡盾构机的适应地层范围，使得复合式土压平衡盾构机在沙层中施工成为可能。

（2）社会环境影响

盾构隧道施工势必对地层产生扰动，对周边环境会产生一定影响。当隧道沿线邻近的建（构）筑物对地层沉降敏感时，比如隧道沿线有大量天然基础或摩擦桩的建（构）筑物时，应选择复合式泥水平衡盾构机。当隧道断面存在长距离的上软下硬复合地层、长距离砂层，或隧道过富水的破碎带时，为防喷涌，宜选用复合式泥水平衡盾构机。当隧道过贫水的破碎带、断裂带时，可选用复合式土压平衡盾构机。一些特殊的地层，如岩溶发育区、花岗岩球状风化地层等，应结合地层情况具体分析。

（3）施工成本

目前部分承建商具有一定数量的闲置盾构机，但盾构机类型较单一，如部分承建商的盾构机以土压为主，部分承建商自有的盾构机以泥水为主时，承建商在中标后盾构机选型时，往往优先考虑物尽其用，将现有的旧盾构机用于施工。

（4）施工场地

泥水平衡盾构机需要配备占地面积较大的泥浆循环处理设备，因此需要的始发施工场地相对较大，当场地严重不足时，也会成为盾构机选型的制约因素。

2）穿越工程盾构设备适应性配置要点

对于穿越既有地下结构等重大风险源的施工，盾构机的适应性配置除了考虑隧道线型、水文地质条件、地层变形控制标准外，为确保既有地下结构和新建结构的双重安全，尚需在以下五个方面对盾构机进行强化配置。

（1）综合注浆系统

将同步注浆泵改用液压柱塞泵，采用6路注浆通道，可以提高同步注浆速度，提升管片背后空隙的填充效率，减少盾构机推进过程中对地层的额外扰动。同时，柱塞泵非常易于拆解与清洗，堵管率与故障率也明显低于挤压泵。

连接桥处可增加一台小型液压双液注浆泵作为双液/二次补强注浆专用设备，该设备具有小巧便利、注浆高效、维修率极低的优点。跟踪注浆若采用同步注浆系统，操作时需将双液同步注浆系统的管路通过三通连接至管片上，但这种方式工序繁琐、管路众多、效率低下且容易造成堵管。增加小型双液浆泵后，双液/二次补强注浆将成为一套独立的系统，可与同步注浆工序无缝衔接，甚至与同步注浆同时实施，进一步发挥跟踪注浆对沉降控制的作用，如图5-1所示。

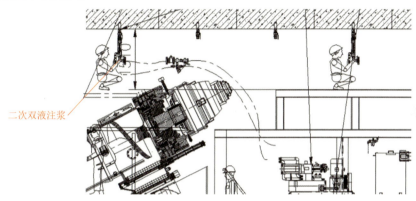

图 5-1　小型液压双液注浆泵二次注浆模式示意图

（2）超前探测系统

盾周可设计12个外插角为6°的超前注浆孔，其中上部6个、下部6个，前盾隔板设有8个水平超前注浆孔，在地面不方便注浆加固时，以便对开挖面前方进行超前地质加固，确保建（构）筑物安全。

（3）渣土改良系统

为避免盾构机推进过程中出现渣土滞留、土仓堵塞和结泥饼等情况，盾构机应配备功能完备的渣土改良系统。

盾构机上可配置8路单管单泵单喷口泡沫注入系统，通过刀盘正前方的泡沫注入口，喷射泡沫到开挖面上，对进仓土体进行预改良。泡沫系统的注入率可达到30%，能够大大减小刀盘在黏土、粉土、粉砂等地层中的扭矩，提高土体流动性，减少刀盘和螺旋输送机磨损。泡沫注入口设有止回阀，并在中心旋转接头后部留有液压快速接头，当发生堵塞时可连接液压系统，向刀盘注入口加注最大压力为21MPa的液压油进行疏通，如图5-2所示。

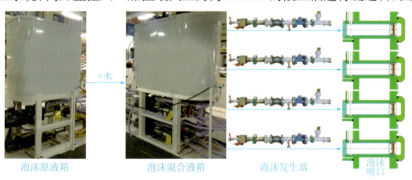

图 5-2　泡沫注入系统图

膨润土系统可通过变频器来控制3台膨润土泵动作，其速度可调。同时，在操作室安装触摸屏，可实时监控输入到土仓的流量。在不用膨润土时，该装置可以作为加水系统向土仓加水，水量可控。盾构机在砂层掘进时，经常可能会出现推力较大的情况，特别是边刀磨损后，为此可利用该系统在盾构壳体外注入膨润土进行润滑，较大程度地减少盾壳的摩阻力，如图5-3所示。

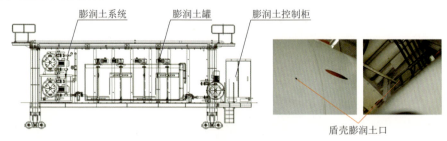

图5-3 膨润土系统图

（4）螺旋输送机防喷涌系统

螺旋输送机的形状一般有轴式和带式两种，并多采用止水、防喷涌性能好的轴式螺旋输送机。螺旋输送机应设计有前后闸门，且前后闸门均能根据需要随时关闭。为预防和控制突发性涌水、涌砂，螺旋输送机闸门液压系统中应设有蓄能应急装置，在突然断电、液压泵停止工作的情况下，可以启动蓄能应急装置立即关闭闸门。在第一道闸门前预留保压泵接口，在发生喷涌时迅速关闭闸门，打开接口凸缘接保压泵排渣。

（5）盾尾密封系统

结合以往的施工经验教训，盾构机采用4道钢丝刷＋1道止浆板，可更好地控制盾尾渗漏情况。在盾尾密封的前、后腔各设有6处盾尾密封油脂加注点。前部第一道盾尾刷采用可拆装式安装，其他盾尾刷安装采用二氧化碳保护焊接，在焊接的过程中须加强质量控制，严防漏焊、少焊等情况，确保盾尾密封的有效性。

5.1.3 过程控制

1）穿越前准备

（1）可行性论证与控制指标确定

第一步，穿越方案分析论证。盾构穿越施工前应根据穿越工程的穿越类型（下穿、上跨、上下夹穿及进出洞穿越等类型）、地质特点（土层、岩层、复合地层等）、周边环境等因素，形成专项施工方案，并开展可行性论证，通过理论分析、案例对比、专家咨询等方法，论证采用盾构法穿越的可行性，充分掌握穿越工点的主要风险点，并针对各个风险点从设备选型、辅助措施、指标优化、现场管理等方面提出有针对性的控制措施[3]，尽可能降低盾构穿越施工的风险。

第二步，制定被穿越对象的保护指标。被穿越对象的变形控制指标及盾构施工地层损失控制指标是整个穿越过程的控制依据。在盾构穿越前，需要综合考虑地质条件、被穿越对象的结构特性、当前状态评估及既有线列车运行等因素，从变形绝对值、变形速率（如日增量）、结构曲率、轨道高差、轨向偏差等方面提出相应的控制指标。

第三步，设置试验段。在正式穿越之前需在适当位置设置试验段，模拟穿越工点的施工工况，通过地表及深层隆沉监测的动态反馈，优化盾构穿越的关键掘进参数，包括推力、扭矩、土仓压力、刀盘转速和掘进速度等，为实际穿越过程的参数控制提供参考。试验段位置的选择至关重要，须选择地层条件、隧道埋深与穿越段相近的区域，且具备提供足够多的试验次数的条件，以便充分调整掘进参数。作为试验段反馈控制的依据，土体深层隆沉测点可沿掘进轴线以 3～6 环为间距布设，并选择若干横断面布置横向监测点；试验段掘进需根据测点与盾构机的空间位置，分阶段分析各参数对测点隆沉变形的关系，并结合已制定的控制指标，得出并优化掘进参数的参考范围。

（2）对地层进行预加固

在佛莞城际 FGZH-1 标上跨广州地铁 7 号线隧道工程(以下简称"7 号线隧道")中[9-10]，施工前，对佛莞城际新建隧道洞身范围与 7 号线隧道中间所夹强风化～中风化泥质砂岩地层采取地面注浆加固保护，对佛莞城际隧道洞身及周边范围的全风化泥质砂岩地层采取地面旋喷加固，加固区平面布置图见图 5-4。

土体加固包括旋喷桩加固和注浆加固两部分，旋喷桩加固范围是佛莞城际隧道顶部以上约 3m，注浆加固深度范围是佛莞城际隧道顶部至 7 号线隧道顶部，加固平面范围是佛莞城际隧道边线外扩 4m。注浆采用 ϕ110mm 钻孔，孔口采用 3m 长 ϕ108mm 无缝钢管作为孔口管，孔底采用 ϕ91mm 钻孔，注浆浆液采用水泥浆，浆液扩散半径为 1m，水泥采用 42.5 级以上的普通硅酸盐水泥，水灰比为 1:1，注浆压力为 0.5～1.0MPa。

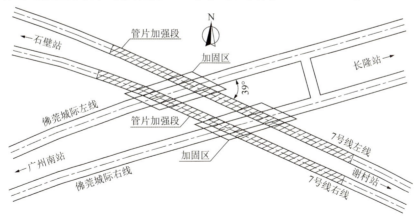

图 5-4 佛莞城际上跨 7 号线隧道加固区平面布置图[9-10]

注浆效果检查在大范围注浆开始前应进行实验，可先行挑选 3 个典型地质条件的区域进行实验性注浆，每个区域先注相邻的 10 个孔，在每个注浆加固区域内各抽取一个芯进行检测，要求注浆加固后土体 28d 无侧限抗压强度大于 1MPa，达到该效果后可进行大范围注浆，否则需报请设计、监理和业主单位调整注浆参数。

（3）划分穿越施工阶段

佛莞城际 FGZH-1 标上跨 7 号线隧道工程分成三个阶段：盾构上跨前阶段（右线 2711～2730 环，左线 2748～2767 环）、盾构上跨阶段（右线 2730～2746 环，左线 2767～2783 环）、盾构上跨后阶段（右线 2746~2766 环，左线 2767~2787 环），见图 5-5，针对不同阶段的施工特点，应该采取相应的施工控制措施。

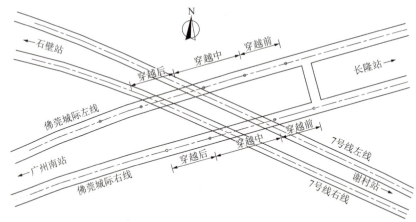

图 5-5　佛莞城际盾构隧道上跨 7 号线隧道阶段划分平面示意图[9-10]

（4）盾构设备停机检修

距离穿越 7 号线隧道前 30m 时，盾构机应停止掘进，对所有设备进行彻底的检查和维修，特别是土压传感器、液压系统、刀具、注浆系统、测量自动导向系统等，以确保盾构机以良好的状态顺利穿越。

①土压传感器与通信系统检查：清理土压传感器，检查传感器的连线，确保土压力在面板显示正确；检查隧道与地面数据传输系统，检查线路并调试可用。

②刀具的检查及更换：选择适当的开仓地点，开仓检查刀盘和更换刀具，确保盾构机在到达 7 号线隧道前，满足更换标准的刀具已全部更换，可根据实际需要配置部分重型刀圈。

③同步注浆系统、泡沫系统维修：对盾构同步注浆管路进行清理，保证 4 根注浆管均畅通可用，并对台车砂浆罐进行清理；对注浆泵进行检查维修，保证 2 台泵均可用；对泡沫发泡管路进行清通，特别是进入刀盘前的发泡管路，检查泡沫发生器发泡效果，对发泡系统进行调试，确保正常可用。

④测量自动导向系统检查：采用人工复测的方式复核测量自动导向系统数据。当人工复测与导向系统数据不符时，需再次进行人工复测；若人工复测数据无误，则需要对导向系统进行校核准确，以确保导向系统能正确地指引盾构机掘进。

⑤盾尾油脂、主轴承密封脂（HBW）和极压抗磨润滑脂（EP2）注入系统检查：为确保盾尾注浆时不漏浆、少漏浆和确保 HBW 计数正常，对油脂注入系统进行检查维修，检查油脂泵泵头、油脂密封，保证油脂管路畅通无阻塞以及油脂质量正常，检查气动球阀开关和雾化油，清洗 HBW 分配阀和检查计数传感器确保正常工作。

⑥隧道内排水排污系统检查：为防止隧道掘进时发生喷涌影响掘进，或循环水管路意外漏水等问题导致盾尾积水过大，需清理污水箱积泥和检查盾尾隔膜泵确保正常工作，并准备盾尾抽污水螺杆泵且提前接好管路，对隧道内污水抽排系统进行全面的清理检查。

⑦后配套检查、盾构机维修：盾构机能实现连续、顺利穿越，后配套的正常运转起到了重要的作用，后配套检查、维修的项目包括电瓶车车头、电瓶车电瓶、皮带输送机、门式起重机、砂浆拌合站。检查上述项目是否能正常运转、是否存在隐患，并及时排除隐患，对需要更换的配件及时更换，以确保正常使用。

（5）开展隧道自动化监测

对既有运营隧道结构进行实时监测，了解结构的受力状态和变形状态，掌握隧道结构的稳定状态，确保工程质量及既有隧道结构安全，使地铁运营过程处于受控状态。同时，为穿越施工提供信息化支撑，以指导施工单位修改和完善施工方案，对可能引发的安全问题提前预警，规避风险，确保地铁线路的安全运营。

地铁隧道结构变形自动监测采用全自动测量机器人全天候、全边角无人值守观测，系统能够自动进行数据处理，计算得到隧道结构的水平位移、竖向位移、相对收敛。自动监测对象及项目要求详见第 6 章。

（6）成立现场指挥部

施工单位应成立地下穿越工程施工现场指挥部，根据作业时间、人员安排，制定施工作业流程图，层层分解，落实到人，实行动态管理，有序可控。同时，排定值班表，保证盾构穿越施工期间指挥部均安排人员 24h 值班，结合工作内容做好内外分工，各司其职。

现场指挥部会议室内应存放盾构机穿越既有隧道的平纵面图纸、地质勘查报告、盾构机与隧道实时的位置关系、各相关单位紧急联系方式、各相关人员的值班表等。指挥部应实行信息化指挥，接通隧道内盾构机掘进参数同步画面、盾构机内视频传输画面、既有地铁隧道内自动化监测系统数据显示画面等。

（7）与运营单位建立沟通配合

穿越既有运营地铁存在一定的施工风险，对于有可能发生的紧急事件，从技术管理和组织上应采取充足对策，并制定相应的应急方案。

施工单位应全力协调联系，正常情况下每 2h 将盾构机掘进情况及监测情况上报地铁运营单位一次，非正常情况下 30min 上报地铁运营单位一次，与地铁运营单位密切配合，使盾构施工对既有地铁的干扰减少到最低程度，保证运营安全。

2）穿越施工过程控制

（1）盾构机保持均匀连续作业

盾构机在穿越交会区过程中，应保持匀速、连续、均衡施工。在掘进过程中，各关键岗位（盾构司机、管片拼装工、电瓶车司机、门式起重机司机、维保工）选用有丰富施工经验的人员，定岗定人。在施工过程中加强对机械设备的维修保养，尽量保证盾构机不因机械故障而停机，保证盾构机连续掘进。盾构机掘进速度应严格按照技术交底进行，严禁擅自改变，确保盾构机匀速向前掘进，减少对土体扰动。另外，施工期间做好掘进、拼装等各工序的衔接以及盾构队作业班的交接工作，尽量减少非工作时间。

(2) 掘进参数设定

按既有地铁隧道沉降控制标准的50%对因穿越导致的地面沉降进行控制，参考试验段模拟穿越情况设定合理的盾构掘进参数，结合地表布设监测点和在既有地铁隧道内自动监测系统反馈的监测数据，及时调整施工参数，做到信息化施工。佛莞城际FGZH-1标上跨7号线隧道工程初步拟定掘进参数见表5-1。

掘进参数选定表　　　　　　　　　　　　　　表5-1

项目	土仓压力（bar）	刀盘转速（r/min）	掘进速度（mm/min）	最大推力（kN）	最大刀盘扭矩（kN·m）	同步注浆压力（bar）	同步注浆量（m³）
掘进参数	≤1.2	1.2~1.6	20~45	26000	5000	2.0~4.0	10~12

注：1bar=0.1MPa。

(3) 出土量控制

盾构机掘进过程中，应始终保证土仓压力与作业面水土压力的动态平衡，同时利用螺旋输送机进行与推进量相应的出土作业，始终维持开挖土量与出土量的平衡，以保持正面土体稳定。渣土的控制可通过盾构机自带的出渣称重控制器来调节，其工作原理图如图5-6所示。

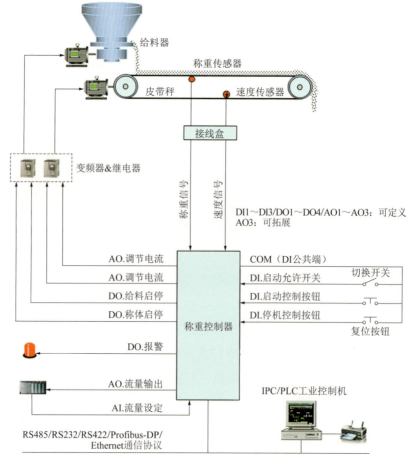

图5-6　出渣称重控制器工作原理图

（4）盾构姿态控制

严格控制盾构机的纠偏量。在掘进过程中严格控制盾构机的姿态，最大限度地减少每次纠偏的幅度，使其不超过盾构直径的0.3%（即25mm）。然后根据每环的测量结果和管片四周间隙情况，对盾构机下一环的推进提供精确依据，及时调整各区千斤顶的伸长量。

盾构机操作人员严格执行指令、谨慎操作，对初始出现的小偏差及时纠正，尽量避免盾构机走"蛇"形，并控制每次的纠偏量在2mm以内，以减少对地层的扰动，并为管片拼装创造良好的条件。

（5）同步注浆控制

同步注浆采用盾尾壁后注浆方式，注浆要做到"掘进注浆同步，不注浆不掘进"，通过控制同步注浆压力和注浆量双重标准来确定注浆质量，具体注浆参数可通过试验段地面沉降情况进行调节。

同步注浆要求压入口的压力高出该点静止水土压力0.1~0.2MPa，做到尽量填补而不是劈裂。注浆压力过大时，管片外的土层将会被砂浆扰动，易造成较大的后期地层沉降及隧道本身的沉降，并易造成既有地铁隧道变形和击穿盾尾刷；注浆压力过小时，砂浆填充速度过慢，填充不充足也会使地表变形增大，易造成既有地铁隧道管片上浮。根据盾构施工经验，考虑地层中渗透系数，取较高系数，实际注浆量取值为理论量的1.5~1.8倍。

（6）二次注浆控制

为避免既有地铁隧道产生后期上浮，在交会区及交会区前后10m范围内进行洞内二次注浆，充填管片背后的空腔。从脱出盾尾第3~5环管片开始，每环管片在顶部注浆孔打孔注双液浆，确保既有地铁运营不受影响。

双液浆凝结时间控制在60s范围内，以利于浆液扩散和施工操作，减少堵管情况的发生。水玻璃双液浆注浆压力宜为0.2~0.5MPa，注浆压力过大，易引起管片错台和既有地铁隧道变形。注浆量通过施工经验和现场监测结果来确定，注浆过程中要根据既有地铁隧道内自动测量系统的数据反馈，实时调整注浆参数。

3）穿越后跟踪工作

在穿越过程中，进行同步注浆的同时，管片脱出盾尾后进行二次注浆，并采用地质雷达对穿越洞身进行扫描，对壁后有空洞区域及时进行补充注浆，且注浆压力不大于0.5MPa，确保盾构机穿越前、中、后区段注浆饱满，既有地铁运营不受穿越施工影响。盾尾脱离既有地铁隧道后，对既有地铁隧道变形进行跟踪监测直至数据稳定收敛。若出现问题，应及时进行补注浆等工作。

5.1.4 应急预案

1）地面沉降应急预案

为确保穿越时运营地铁的绝对安全，除了采取洞内掘进沉降有效控制措施外，地面控制措施也是必不可少的,实现在发生较大沉降时,可及时采取应急措施进行处理。在施工监测的过程中,既有地铁隧道及周边地表沉降一旦接近预警值,施工单位须立即会同业主、监理、设计及地铁运营等相关单位根据监测情况制订有效措施[4]。

(1)地面应急措施

施工过程中一旦发现沉降超过控制值,为确保安全,施工单位应及时通知业主、监理、设计、地勘等相关单位和专家勘察施工现场并研究对策,采取有效加固措施防止沉降继续增加。同时,密切监测运营地铁隧道沉降情况,如有继续扩大的趋势,则立即通知地铁运营单位采取相应措施。

(2)洞内应急措施

立即停止盾构掘进,并保持土仓压力,有效控制既有地铁隧道继续沉降,在沉降尚未控制、沉降原因尚未分析清楚、沉降控制措施尚未到位的条件下,严禁继续掘进。

2)掘进过程喷涌应急预案

(1)盾构机采用土压平衡模式掘进。

(2)加入高浓度膨润土,改善土体的和易性,使土体中的颗粒和泥浆成为一个整体。

(3)立即关闭螺旋输送机的后门,适当向前掘进,在土压仓内建立平衡。

(4)通过刀盘的转动,将土压仓内的土体搅拌均匀,然后将螺旋输送机的后门慢慢打开,开门度为20%~30%,边掘进边出土,始终保持土仓内压力稳定。

(5)掘进过程中向土仓内注入泡沫剂、膨润土等外加剂提高渣土的流动性和止水性。

3)结泥饼应急预案

掘进过程中,盾构机应严格按照设定的参数掘进,注入适量的泡沫剂和高分子外加剂进行渣土改良,当土仓固结泥饼时,应采用以下处理措施:

(1)注入发泡剂,改变土仓内渣土流动性。

(2)注入分散剂,以达到分散泥饼效果。

(3)适当调整螺旋输送机转速,以便排出泥饼。

(4)泥饼处理过程中应加强洞内注浆,防止地面沉降。

4)盾构机长时间停机应急预案

为保持停机期间的地层稳定和盾构机设备的正常运转,宜采取以下措施:

(1)盾构机停机前,施工单位依据具体的停机时间制定详细的停机方案与计划,安排监测组和盾构队组织专人负责停机期间的工作。

(2)做好停机前最后一环的掘进工作,调节停机时的土仓压力比设定压力略大 20~30kPa。

(3)根据同步浆液的初凝时间,在停机 5~7h 后再掘进 10~20mm。掘进过程不进行注浆和出土，防止浆液凝固盾尾封刷。

（4）如果停机时间较长，通过中盾和前盾的膨润土加入系统，在盾体周围注满泥浆，保持地层稳定。

（5）加强对盾构机土仓压力的监视和调整，根据地层情况确定土仓压力警戒值，当土仓压力低于警戒值时，通过膨润土系统加入泥浆来保持土仓压力。

5）盾尾漏浆应急预案

当盾尾漏砂、漏泥时，应立即在盾尾漏砂、漏泥处塞海绵条并加注盾尾油脂，效果不明显时，可辅以双快水泥进行堵漏，或向盾尾后一环管片漏浆片处加注聚氨酯，之后在漏浆处盾尾间隙处加注环氧树脂。

5.2 广州地区矿山法隧道穿越施工

5.2.1 常见难题

与前述盾构隧道穿越施工相似，广州地区矿山法隧道穿越施工同样存在诸多难题，需要采取合理的施工控制方法降低穿越施工的风险[5]。本节以广州地铁18号线大断面矿山法隧道下穿7号线隧道为工程背景，介绍广州地区矿山法隧道穿越施工的主要难点、过程控制和应急预案。

18号线左、右线隧道分别下穿7号线某区间盾构段和明挖段，穿越节点的横断面和平面图分别见图5-7和图5-8。其中，左线隧道采用双侧壁导坑法施工，隧道毛洞跨度为15.6m，高度为13.8m，初期支护厚度为350mm；右线隧道采用CRD法施工，断面跨度为11.82m，高度为11m，支护结构由预加固（无收缩双液全断面注浆加固）、超前支护（双层大管棚+超前小导管）、初期支护（格栅钢架）、二次衬砌（模筑混凝土）组成。

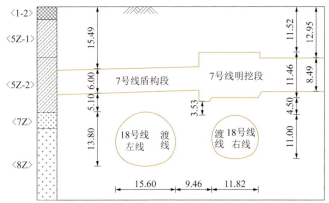

〈1-2〉素填土　〈5Z-1〉砂质黏土　〈5Z-2〉砂质黏土　〈7Z〉强风化花岗岩　〈8Z〉中风化花岗岩

图5-7　广州地铁18号线隧道下穿7号线隧道横断面图（尺寸单位：m）

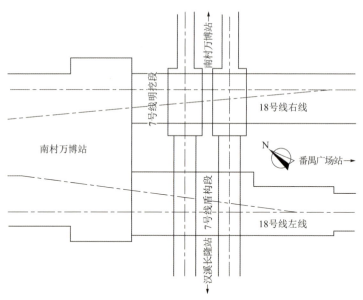

图 5-8　广州地铁 18 号线隧道下穿 7 号线隧道平面图

总结起来，矿山法隧道下穿施工的主要难点包括以下三个方面。

1）变形扰动过大、掌子面失稳崩塌

广州地区地质条件复杂多变，给矿山法隧道穿越施工带来较大的困难和挑战。当穿越工点处出现风化残积层、强风化～全风化岩层等地层时，掌子面易发生遇水崩塌失稳等问题，稳定性控制是这类地层中决定穿越施工成败的关键控制要素。以本工程为例，穿越段残积层主要为砂质黏性土，土质的均匀性差，同时，该类岩石的全风化、强风化和残积层在天然状态下具有较好的力学性质，但遇水会崩解，强度急剧降低。当动水压力过大时，在渗透力的作用下容易产生管涌、流土等渗透变形现象，导致地面上塌陷、管线破损等。因此，采用矿山法隧道在相对软弱的地层中穿越时，需要严格遵循"管超前、严注浆、短开挖、强支护、快封闭、勤测量"的基本工艺流程。

在隧道开挖方向上，若遇到围岩等级发生突变，对开挖方式和辅助措施的转换带来较大挑战，如遇坚硬岩石，则可导致暗挖隧道开挖施工难度增大。因此，需要通过加密补勘、超前地质预报等手段获取前方地层的变化信息，并根据围岩等级及时优化调整超前支护措施、分台阶开挖设计、开挖进尺等，以尽可能降低因地层突变产生的穿越施工风险。

2）突涌水

穿越工点如遇基岩裂隙发育和承压富水地层等不良地质条件，矿山法隧道施工时容易发生突涌水，处理不当极易引发地层塌陷、人员伤亡等灾难性后果。在此类地层中施工时，需要进行超前预处理，可通过地表深层注浆等填充堵塞地层内的渗流通道，降低地层的渗透性和透水量；在矿山法隧道施工过程中需综合采用"堵"（注浆技术）、"排"（排水降压技术）结合的方式防止突涌水发生。但当地下水量大、补给范围广、地下水超排的环境影响显著时，则需要主要通过"堵"的方式来治理突涌水灾害。

3）爆破振动超限

如遇强度较高的微风化~未风化岩层，人工破岩较为困难，需要采用爆破施工，但爆破会对周边环境产生动力冲击扰动，特别是当被穿越对象对振动扰动敏感性强（如各类精密实验室、文物保护建筑等）时，需要注意严格控制炸药用量，采用预裂爆破、光面爆破等微爆手段降低对周边环境的扰动。同时，对被穿越对象进行爆破振动响应的实时监测，反馈并优化爆破方案，进一步降低爆破对被穿越对象的动力冲击扰动。

5.2.2 过程控制

为了降低矿山法隧道施工对被穿越对象的影响，常用的措施主要为被穿越对象主动加固、加强超前支护、开挖方式优化、增加预加固、增强初期支护强度、加快初期支护成环及初期支护背后注浆工序等。

1）穿越前准备

（1）方案分析论证

施工单位需要根据具体穿越工点的地质条件、被穿越对象的特点，编制矿山法隧道穿越施工专项方案，并经过专家论证，制定详细的施工技术参数和变形保护指标，作为实际施工的指导依据。

（2）施工场地准备

按照施工场地平面布置方案，清理地上、地下障碍物，做好施工场地"三通一平"和场地硬化。合理规划布置施工场地，保证所有施工机械安全就位并做好材料运输和渣土外运工作。材料提前计划、采购并及时进场。做好地下管线和其他不明管线的探测和保护工作，避免施工中损坏。

（3）穿越前预加固

矿山法隧道穿越的加固方案分为主动加固和被动加固两类。其中，主动加固是指在穿越施工前对既有地下结构采用的一系列加固措施，包括桩梁托换、注浆加固、树根桩注浆、锚固等方法，需要根据对象属性和周围地层条件选取合适的加固方法。被动加固是指在穿越工程中从在建隧道的洞内通过注浆等方式对被穿越对象进行地层加固。对于基岩裂隙发育、含承压水的穿越工点，需采用地面深孔注浆等手段，填充和堵塞地层中的裂隙，降低注浆地层的渗透系数，控制开挖过程中的渗水量；同时，通过注浆加固，提高开挖面和围岩稳定性。

对于地铁隧道的地下穿越工程，穿越前可通过既有隧道地铁道床结构对隧道基底进行预注浆加固，提高既有隧道抵抗竖向变形的能力；通过地面对既有隧道区间外侧预加固，限制既有线的横向位移；通过地面对既有隧道中间地层进行袖阀管跟踪注浆，主动控制既有隧道的横向位移；通过水平方向（相邻地铁基坑）对既有隧道与新建隧道间地层进行水平跟踪注浆加固，以主动控制既有隧道的竖向位移。同样地，矿山法隧道穿越高风险管线工点时，在管线进入新建隧道可能的施工影响范围前，可通过地面对管线底部进行浅层预注浆，改善地层性能，提高岩土的抗变形能力，进而限制施工过程中管线的竖向位移。

以广州地铁 18 号线隧道下穿 7 号线隧道为例，矿山法隧道下穿节点处综合采用地面隔离注浆加固及洞内无收缩双液（WSS）水平注浆加固的方法，对地铁区间断面外侧和既有隧道下方进行土体改良；为保证管棚施工过程中水土流失问题及开洞门时破除围护结构的安全问题，管棚施工前预先对前面的土体进行加固处理。18 号线左线隧道结合地面隔离注浆工艺，对掌子面及外侧 7m 范围采用袖阀管注浆加固形成帷幕；18 号线右线隧道结合坑内水平注浆工艺，对掌子面及外侧 7m 范围采用 WSS 注浆加固形成帷幕。

（4）其他穿越前准备

被穿越对象自动化监测、成立指挥部、与运营单位及时沟通等方面的准备工作可参照前述盾构隧道穿越施工过程控制。

2）穿越施工过程控制

（1）超前地质探测

对于地质信息不明、被穿越对象敏感的高风险穿越节点，需要开展专项补勘，必要时采用长、中、短相结合的多种物探技术，对穿越节点的地质条件进行综合超前预报，同时通过开挖面打设超前探测孔，探明前方地质条件，并根据超前探测得到的地质信息及时调整施工方案，采用有效的控制措施，避免发生突涌水、塌陷等灾害。

以本工程为例，根据 CRD 法、双侧壁导坑法实际情况，在马头门破除或每一个洞室开挖前，于破除或开挖轮廓线范围内打设 1~3 个检查孔，探明前方不良地质条件（软弱夹层、破碎带或风化槽）及地层加固效果，对地层破碎、渗水量较大的区域及时封闭掌子面并启动洞内补充注浆。

（2）加固洞内地层

本工程在暗挖下穿段采用 WSS 注浆加固方法对地层进行预加固，在车站基坑内完成第一个加固循环施工，针对隧道上半部进行地层加固，下半部根据地质情况确定是否需要进行加固；剩余的加固循环在洞内实施。注浆孔开孔的直径不小于 110mm，钻孔和注浆顺序由外向内，同一圈孔间隔施工。钻进过程中若遇孔壁坍塌、卡钻等情况，须停止钻进，进行扫孔后再行钻进。注浆结束标准为各孔段注浆压力达到设计终压（一般高出静水压力 1~2MPa），并应稳定 10min，且进浆速度小于初始进浆速度的 1/4；注浆完成后，在开挖轮廓线范围内打设 3~5 个检查孔取岩芯检测；检查孔布置在岩石破碎坍塌严重或注浆效果较差的部位；岩芯土体的无侧限抗压强度不小于 0.8MPa，加固体的渗透系数小于 10^{-6}cm/s，则可认为达到注浆效果，否则应进行补充注浆；注浆达到效果后方可进行开挖。注浆检查孔在注浆效果检查完成后及时采用 M10 水泥砂浆进行全孔封堵。

（3）加强超前支护

根据被穿越对象的保护要求，适当提高矿山法隧道超前支护强度，可采用大管棚与小导管组合的超前支护方式,有效隔断因爆破开挖产生的应力释放和地层扰动效应;对于仅采用超前小导管注浆加固的工点,应在穿越段适当缩小超前小导管和钢架间距,以增强超前加固和预支护强度。

广州地铁 18 号线右线超前支护采用φ108mm×6mm 双层自进式大管棚+超前小导管,大管棚外插角为 0~3°,内/外环向间距为 0.3mm/0.325mm,布置在拱顶150°范围,内环距拱顶开挖轮廓线距离为 2.07m,外环距拱顶开挖轮廓线距离为 2.47m,总共 125 根,内环为 54 根,外环为 71 根,单根长度为 47m;左线超前支护采用双层φ159mm×8mm 大管棚,内/外环向间距为 0.35m/0.37m,布置在拱顶 130°范围,总共 103 根,单根长度为 47m。

为确保开挖后隧道顶部土体的稳定性和变形的可控性,并及时封闭开挖面,掌子面开挖完成后,需要及时在掌子面上喷射混凝土封闭(如喷射 50mm 的 C20 混凝土),临时封堵裂隙水和保障开挖面的稳定,防止因开挖面暴露时间过长失稳;如果发生围岩渗漏水较大的问题,则需采用水泥—水玻璃双液快浆控制和减少地下水流失。此外,隧道尽可能采用人工开挖,严格控制开挖进尺,尽早封闭断面,及时形成封闭结构,且临时仰拱需在初期支护达到强度、全断面封闭成环后拆除。

(4)信息化施工

根据被穿越对象的结构特性、现状评估和保护要求,制定合理的自动化监测方案,包括结构隆沉变形(速率)、隧道收敛、爆破加速度等;以变形监测数据为动态调控注浆等参数的依据,以建筑物加速度或速度等动力响应作为开挖面爆破的控制依据,实现矿山法隧道穿越施工的信息化精准动态控制。

以本工程为例,除常规的地表隆沉、管线监测、洞内收敛等监测项目外,为了提高矿山法隧道穿越施工的安全性,增加了土体分层沉降自动化监测、地下水位自动化监测(图 5-9)、静力水准监测等自动化监测内容,并在下穿阶段提高监测频率至 0.5~2h/次,通过自动化监测分析平台(图 5-10)实时展示和分析数据。

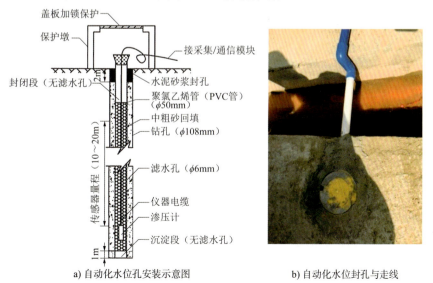

a) 自动化水位孔安装示意图　　b) 自动化水位封孔与走线

图 5-9 地下水位自动化监测

图 5-10　自动化监测分析平台

3）穿越后跟踪工作

穿越工点的初期支护施作完毕后，为加固初期支护背后因开挖而受扰动的围岩，填充喷射混凝土可能有的空隙，最大限度地减少围岩松动和地表沉降及结构渗水可能，需在初期结构封闭成环 3d 后即进行初期支护背后回填注浆。当注浆长时间达不到控制压力的目标值时，可适当采取提高浆液浓度或间歇注浆的方式，以达到拱背注浆的质量要求。在穿越施工完成后，仍需持续关注被穿越对象的监测数据，根据数据及时采取相应的措施保证被穿越对象的安全和新建隧道的稳定。

5.3　应急预案

1）隧道塌方应急预案

当发生一般塌方［塌方高度小于 80cm 且掌子面前方 10m 范围内的上部无管线及建（构）筑物］时，工区副经理应立即向项目经理部及驻地监理汇报，项目经理应立即到达现场，会同现场副经理采取应急措施，防止事态进一步扩大。总工程师应会同监理人员进行原因分析，确定处理方案。

当发生重大塌方［塌方高度大于 80cm 且掌子面有渗水现象，或塌方影响到周围地下管线及建（构）筑物的安全］或冒顶时，工区副经理应立即向项目经理部及驻地监理汇报，并派人对塌方段上方道路进行交通疏散，严禁车辆、行人从塌方地段上方通过；项目经理应立即到达现场，会同工区副经理采取应急措施，防止事态进一步扩大。项目经理部在接到报告后应立即向总监办、总承包部、分部、业主、交通管理部门等报告，并会同总承包部、监理、业主和设计等单位进行原因分析，提出处理方案。塌方涉及地下管线、建（构）筑物时，应立即向相关产权单位报告，相关产权单位在接到事故报告后，应尽快组织专业抢修队伍到达出事现场进行原因分析，共同组织抢修。在塌方处理的全过程中，抢险人员要随时观察塌方情况，防止塌方伤人。项目经理必须确保通信信息畅通，并对处理情况、围岩变化情况、人员及机械设备状况等及时上报。通过总承包部及时调配在当地的机械设备、人员、物资等，在抢险有困难或需要救援时，及时向总承包部、兄弟单位、交通部门、城管、业主及政府部门等单位请求救助。

2）隧道涌水、涌砂应急预案

在隧道开挖过程中，支护应紧跟开挖进度，严禁开挖面出现裸露时间过长的情况发生。对于完成的支护面，应随时观察是否有裂纹、变形等，每天对测设的监控量测数据及时进行分析，正确指导施工。做好地质超前预报，在开挖工作面钻探测孔，孔深为5m，一旦发现沙层，提前做好防控。开挖过程中加强对地表沉降及地下水位的监测，测量数据应及时分析比较，便于随时掌握地表沉降和地下水位的发展态势，并以此来指导施工。异常沉降一般都是伴随着突然涌水或局部长期大量渗水出现的，局部的长期大量渗水可通过堵漏、注浆截水、防水砂浆封闭等措施处理；开挖掌子面始终存有钢筋网、钢格栅、注浆设备、喷射机等抢险物资，一旦出现开挖掌子面或隧道上方涌砂、涌水时，可立即采取以下措施：

（1）隧道内其他掌子面立即停止作业，所有人员立即撤至洞外等待命令。

（2）采用水泥将涌水、涌砂口部封堵。

（3）立即对掌子面挂网、喷射混凝土，当出水较大时应集中引排水，及时架设工字钢、方木等，对坍体进行封堵和反压并挂网，喷射混凝土进行加固，喷射厚度根据现场实际情况确定。

（4）在封堵墙位置打设超前大管棚，并通过大管棚钢管中水泥—水玻璃双液浆加固前方周围土体。

5.4 小结

主动控制技术是在地下穿越施工过程中通过优化工艺和参数，进一步减小地下穿越工程不良影响的控制措施。对采用盾构机进行地下穿越的工程而言，应根据地质条件合理进行盾构选型和确定开口率等参数，提前进行渣土改良试验，预防结泥饼、喷涌和断刀等工程风险，并在施工过程中开展动态监测跟踪，及时调整施工参数。对采用矿山法或浅埋暗挖法隧道进行地下穿越的工程而言，应时刻关注裸露围岩的变形和稳定性控制，加强地质预判和超前支护，严格按照"管超前、严注浆、短开挖、强支护、快封闭、勤量测"的十八字方针施工。

本章参考文献

[1] 竺维彬，鞠世健. 盾构施工泥饼(次生岩块)的成因及对策[J]. 地下工程与隧道，2003(02): 25-29+48.

[2] 李俊伟，李丽琴，吕培印. 复合地层条件下盾构选型的风险分析[J]. 地下空间与工程

学报, 2007(S1): 1241-1244+1260.

[3] 廖少明, 杨俊龙, 奚程磊, 等. 盾构近距离穿越施工的工作面土压力研究[J]. 岩土力学, 2005(11): 36-39.

[4] 张良辉. 广州复合地层中盾构施工技术难点及应对措施[J]. 施工技术, 2005(06): 21-23.

[5] 方飞龙. 矿山法隧道穿越既有地铁线路施工技术解析[J]. 城市建设理论研究(电子版), 2018(15): 118-119.

[6] 竺维彬, 鞠世健, 王晖, 等. 复合地层中的盾构施工技术(新版)[M]. 北京: 中国建筑工业出版社, 2020.

隧道地下穿越轨道交通
关键技术研究与应用 | 第6章

地下穿越工程
动态监控量测方法

隧道穿越轨道交通工程时，除了监测新建隧道全过程施工外，还应监测周围土体和既有轨道交通结构等周边环境，掌握隧道掘进施工对周围岩土体、建（构）筑物的影响，动态定量判断新建隧道对既有轨道交通结构等周围建（构）筑物的影响，及时提出有针对性的建议与措施，确保既有轨道交通结构在穿越工程扰动下的安全性。本章针对地下穿越工程监测内容及相关技术展开介绍。

6.1 监测内容及要求

6.1.1 监测项目

对于新建隧道，监测项目根据盾构法、明挖法和盖挖法、暗挖法等不同施工工法的特点制定[1,9]，可参考表6-1～表6-3。

新建盾构隧道监测项目　　表 6-1

监测类型	监测项目	监测仪器
结构变形	管片结构竖向位移	水准仪
	管片结构水平位移	全站仪
	管片结构净空收敛	收敛计、红外激光测距仪、全站仪
	管片结构应力	应变片、光纤传感器
结构外力	隧道外侧水土压力	压力盒、频率仪
	隧道外侧水压力	孔隙水压力计、频率仪
地层沉降	地表沉降	水准仪

新建明挖和盖挖隧道监测项目　　表 6-2

监测类型	监测项目	监测仪器
结构变形	支护桩（墙）、边坡顶部竖向位移	水准仪
	支护桩（墙）、边坡顶部水平位移	全站仪
	支护桩（墙）体水平位移	测斜管
	立柱结构竖向位移	全站仪
	立柱结构水平位移	全站仪
	竖井井壁支护结构净空收敛	收敛计、全站仪、红外激光测距仪
	支撑轴力	钢筋测力计、混凝土应变计
	锚杆拉力	锚索测力计
	土钉拉力	测力计、钢筋测力计
地层沉降	地表沉降	水准仪

新建暗挖隧道监测项目 表 6-3

监测类型	监测项目	监测仪器
地层沉降	初期支护结构拱顶沉降	水准仪
	初期支护结构底板竖向位移	静力水准仪、全站仪
	初期支护结构净空收敛	收敛计、全站仪、红外激光测距仪
	中柱结构竖向位移	全站仪

与此同时，还需要对影响范围内的既有轨道交通结构进行监测，参考《城市轨道交通结构安全保护技术规范》（CJJ/T 202—2013）[2]、《穿越城市轨道交通设施检测评估及监测技术规范》（DB11/T 915—2012）[3]中相关规定，根据地下穿越工程影响等级开展监测工作，具体监测项目可依据表 6-4 执行。结构受力情况可基于变形等监测数据进行反算，以评价结构的安全状态。当既有轨道交通工程采用高架桥梁时，参考《建筑与桥梁结构监测技术规范》（GB 50982—2014）[4]进行监测。

地下穿越既有轨道交通工程监测项目 表 6-4

项目分类	监测项目		评估等级		
	项目名称		一级	二级	三级
结构	渗漏量检测		●	●	●
	混凝土裂缝检测		●	●	●
	变形缝调查		●	●	●
	高架结构支座检测		●	●	●
	结构周边状况检测			●	●
	混凝土强度检测				●
	碳化深度检测				●
	钢筋锈蚀检测				●
	混凝土保护层厚度检测				●
限界	建筑限界调查				●
轨道	轨道几何形位调查（含静态轨距、静态水平）		●	●	●
	钢轨及零部件调查		●	●	●
	道床裂缝调查		●	●	●
	道床、结构剥离调查				●
线路	线路平、纵断面调查		●	●	●

针对地下穿越既有轨道交通工程的监测，应采用仪器监测与巡视检查相结合的方法，实现多种观测方法互为补充，相互验证结构状态。在既有轨道交通运营期间，宜采用仪器测量，避免对运营产生干扰。运营停止期间，宜采用仪器测量与巡视检查相结合的方法，仪器测量可以取得定量的数据，进行定量分析；以目测为主的巡视检查可以起到定性、补充的作用，特别是仪器测量不到的区域，避免片面地分析和处理问题。

6.1.2 监测控制与预警限值

通常采用监测比值 δ（δ = 监测项目测量值/结构安全控制指标值）反映穿越掘进施工过程结构的安全状态，实现对既有轨道交通结构动态影响程度的评估。根据 δ 值大小划分预警等级，并提出相应等级的应对措施，见表 6-5。

监测预警等级划分及应对管理措施　　　　表 6-5

偏离系数等级	数值范围	结构可能出现的状态	应对管理措施
一级	$\delta < 0.6$	结构状态完好	正常进行外部作业
二级	$0.6 \leqslant \delta < 0.8$	结构安全性能损伤轻微	监测报警，并采取加密监测点或提高监测频率等措施
三级	$0.8 \leqslant \delta < 1.0$	结构安全性能产生一定损伤	应暂停外部作业，进行施工过程安全评估工作
四级	$\delta \geqslant 1.0$	结构安全性能损伤严重或较大	立即启动安全应急预案

注：1. 当监测数据变化速率值连续 3d 超过 2mm/d 时，监测预警等级应评定为三级。
　　2. 当监测数据接近既有轨道交通结构安全控制指标值的 60%时，应提高监测频率；在发现隧道监测点位移或沉降较大时，应扩大监测范围，增加监测断面及断面上的监测点数量。

6.1.3 监测点布设及监测频率要求

新建隧道监测点的布设和监测频率应根据施工工法、工程监测等级、地质条件及监测方法的要求综合确定，并满足反映监测对象实际状态、位移和内力安全状态的要求，同时能够及时、系统地获取施工工况及监测对象的动态变化。根据不同施工工法，具体测点布设和监测频率可参考《城市轨道交通工程监测技术规范》（GB 50911—2013）[5]，在遇到监测数据变化速率较大等异常情况时，应提高监测频率。

既有轨道交通结构监测点应设置在监测对象变形和内力的关键特征点上，监测点的布置应符合表 6-6 规定，曲线段监测断面应加密布置。具体监测方式应根据监测对象的现场情况进行选取。变形监测基准点、工作基点的布设，应以《工程测量标准》（GB 50026—2020）[6]及《城市轨道交通工程监测技术规范》（GB 50911—2013）[5]为准。

既有轨道交通结构监测点布设　　　　表 6-6

监测项目	监测点布置位置	监测点布置间距	监测仪器	仪器精度
竖向位移	地下结构的底板、拱顶、侧墙，地面及高架结构的底层柱、桥面、桥墩	每 3～20m 设置一个断面	水准仪、静力水准仪、全站仪	水准仪：0.3mm/km；全站仪：1″，1mm + 2ppm
水平位移	地下结构的底板、拱顶、侧墙，地面及高架结构的桥面、结构顶部、桥墩	每 3～20m 设置一个断面	全站仪	1″，1mm + 2ppm
相对收敛	地下结构每监测断面布置不少于两条测线	每 3～20m 设置一个断面	全站仪、收敛计	全站仪：1″，1mm + 2ppm；收敛计：0.1mm
变形缝张开量、裂缝	地下结构裂缝位置、结构变形缝两侧	缝的两侧均匀布置	裂缝计、游标卡尺、全站仪	裂缝计、游标卡尺：0.1mm；全站仪：1″，1mm + 2ppm

续上表

监测项目	监测点布置位置	监测点布置间距	监测仪器	仪器精度
隧道断面尺寸	既有轨道交通结构	按变形断面或在重点位置布设	全站仪	1″，1mm + 2ppm
道床与轨道变位	道床的纵、横断面上，两条轨道上	每 3~20m 设置一个断面	水准仪、静力水准仪、全站仪、道尺	道尺：≤+0.3mm
爆破振动速度	结构薄弱部位、靠近爆破位置	结构薄弱部位或结构与爆破点之间	速度传感器	1.0%F·S

既有轨道交通结构监测频率应保证反映监测对象所测项目的重要变化过程及其发生时刻，表 6-7 和表 6-8 分别是静力水准监测和全站仪监测的频率要求。隧道地下穿越工程自动化监测频率示意如图 6-1 所示。当监测数据接近轨道交通结构安全控制指标值的预警值时，应采取实时监测、扩大监测范围、增加监测项目、加密监测点和提高检测频率；当发现既有轨道交通结构有异常情况或外部作业有危险事故征兆时，也应采用实时监测。实时监测工作在外部作业完成且监测数据趋于稳定后结束。

水准监测频率要求 表 6-7

施工工况	频率	施工工况	频率
紧前	1次/d	穿越后	6次/d
穿越前	3次/d	紧后	2次/d
穿越中	1次/h	持续监测期	1次/d

全站仪监测频率要求 表 6-8

施工工况	频率	施工工况	频率
紧前	1次/d	穿越后	4次/d
穿越前	2次/d	紧后	2次/d
穿越中	1次/h	持续监测期	1次/d

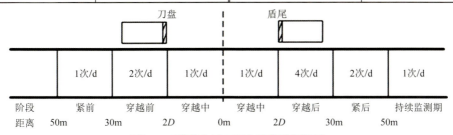

图 6-1 隧道穿越工程自动化监测频率

注：1. D 为隧道洞径；
2. 紧前、穿越前、穿越中（$2D$~0）阶段监测起始时间是以刀盘进入开始计算，穿越中（0~$2D$）、穿越后、紧后阶段结束时间是以盾尾离开开始计算。

外部作业实施前，取至少 3 次连续测量的稳定值平均数作为监测项目初始值。既有轨道交通结构监测周期应从初始值测定开始，至穿越施工完成且变形、位移等监测数据趋于稳定后结束。

6.1.4 地下穿越工程专项检查

既有轨道交通结构应在地下穿越工程开工前和结束后分别进行专项检查，专项检查项目可参考表6-9执行。既有轨道交通结构专项检查应由专业人员采用专门技术和设备，并辅以现场测试和实验室测试手段进行详细检测和综合分析。检查技术和方法应符合《建筑结构检测技术标准》（GB/T 50344—2019）[7]的要求。

既有轨道交通结构专项检查内容 表6-9

对象	内容
混凝土裂缝	裂缝的位置、类型、长度、宽度、深度和错开量大小
	裂缝分布
	裂缝性质：张拉、剪切、挤压
剥离掉块	剥落剥离的里程位置和断面位置
	剥落剥离的范围和深度
	掉块的里程位置和断面位置
	掉块的形状、面积、纵向长度、环向长度、深度
净空限界	隧道全断面收敛
	结构及设备特征点平面坐标及高程
	实测限界与隧道建筑物限界、车辆限界、设备限界对比
渗漏水	渗漏水里程位置和断面位置：施工缝、变形缝、管片接缝、管片接头、衬砌拱部、拱腰、边墙等
	渗漏水类型：浸渍、滴水、淌水、涌水
	测量渗漏水流量
	检查渗漏水中是否混有泥沙，并测定砂土流出量
道床、轨道	检查道床脱空、剥离、裂缝等病害
	测量轨道几何形态（含静态轨距、静态水平）
周围土体	隧道上方地表开裂长度、深度、宽度、走向
	隧道上方地表沉降范围、深度
	周边地表水、地下水水位变化
	隧道周边堆载、卸载情况

6.2 结构内力监测方法

既有轨道交通结构的内力监测可采用应力计、收敛计、自动测量机器人、光纤光栅传感器等监测仪器。其中，自动测量机器人、光纤光栅传感器可通过反演分析方法计算出监测期间的结构变形，详情参照6.3节。

6.2.1 应力计

应力计或应变计可安装在结构内部或表面量测结构应力，通常混凝土构件采用钢筋应力计、混凝土应变计、光纤传感器等进行监测,钢构件采用轴力计或应变计等进行监测。

(1)测量原理

以钢筋计为例,根据钢筋与混凝土的变形协调原理,由钢筋计的拉力和压力计算构件的内力。钢筋计测得钢筋受力的计算见式(6-1),根据钢筋计的拉力或压力可进一步计算构件内力,支撑轴力和弯矩的计算分别见式(6-2)和式(6-3),地下连续墙的弯矩计算见式(6-4)。需要说明的是,上述公式进行内力换算时,结构浇筑初期应计入混凝土龄期对弹性模量的影响,在温度变化幅度较大的季节,还需注意温差对监测结果的影响。

$$N = K(f_i^2 - f_0^2) \tag{6-1}$$

$$P_c = \frac{E_c}{E_g} \overline{p}_g \left(\frac{A}{A_g} - 1\right) \tag{6-2}$$

$$M = \frac{1}{2}(p_1 - p_2)\left(n + \frac{bhE_c}{6E_g A_g}\right)h \tag{6-3}$$

$$M = \frac{1000h}{t}\left(1 + \frac{tE_c}{6E_g A_g}h\right)\frac{(\overline{p}_1 - \overline{p}_2)}{2} \tag{6-4}$$

以上式中:N——某一施工阶段时钢筋受力(kN);

K——钢筋计受拉时的灵敏度系数(kN/Hz²);

f_i——某一施工阶段时钢筋计的频率(Hz);

f_0——钢筋计初始频率(Hz);

E_c、E_g——分别是混凝土和钢筋的弹性模量(MPa);

$\overline{p}_g$——钢筋拉压力平均值(kN);

A、A_g——分别是支撑截面面积和钢筋截面面积(m²);

$\overline{p}_1$、$\overline{p}_2$——分别是混凝土结构两对边受力主筋实测拉压力平均值(N);

n——钢筋计所在层的钢筋受力主筋总根数;

t——受力主筋间距(m);

b——支撑宽度(m);

h——支撑高度或地下连续墙厚度(m)。

(2)设备安装方法

钢弦式钢筋计安装时,钢筋计与结构主筋进行轴心对焊连接,即钢筋计与受力主筋串联。由于主钢筋一般沿混凝土结构截面局部布置,所以钢筋计应上下对称或左右对称布置,对称安装在支撑的中上部位和中下部位,与支撑主筋对焊。在绑扎钢筋笼之前,将支护桩外侧一根主筋截断,然后用对焊机把钢筋计焊在原部位,代替截取的一部分。在焊接过程中,注意对钢筋计降温,尽量使钢筋计的导线引出口朝钢笼内侧,记下钢筋计编号。下钢筋笼时，含有钢筋计的主筋与基坑壁垂直，并将引出的导线保护好。

6.2.2 应变计

（1）测量原理

振弦式应变计可埋设于混凝土内，混凝土结构的变形将通过仪器端块引起钢弦变形，使钢弦发生应力变化，从而改变钢弦的振动频率，应变计测量时利用电磁线圈激拨钢弦并量测其振动频率，频率信号经电缆传输至频率读数装置或数据采集系统，再经换算即可得到混凝土的应变变化量。同时，应变计中的热敏电阻可同步测出埋设点的温度值。埋设在混凝土结构内的应变计受变形和温度耦合作用，应变的计算公式为：

$$\varepsilon = k \times (F - F_0) + b \times (t - t_0) \tag{6-5}$$

式中：ε——被测混凝土的应变量（10^{-6}）；

k——应变计的最小读数（$10^{-6}/\mathrm{kHz}^2$）；

F、F_0——分别为实时测量的应变计频率模数与应变计的基准数（kHz^2），$F = f^2/1000$，f 为应变计钢丝的自振频率（Hz）；

t、t_0——分别为埋设点温度和初始温度（℃）；

b——应变计的温度修正系数（10/℃）。

（2）设备安装方法

应变计可以埋设在混凝土结构内部，或安装在结构物表面，根据施工条件的不同，应变计通常有绑扎埋设、预制埋设、基岩中埋设和条石中埋设四种安装方式。绑扎埋设是在钢筋混凝土浇筑前将应变计绑在钢筋构架上，绑扎在钢筋上时需加垫块，绑在两根钢筋之间则应用细钢筋支撑，同时，绑扎安装时应确保应变计的方向。预制埋设是在预制块内浇筑与现场配合比相同的混凝土，并用小振捣棒或人工捣实，制备后养护至设计龄期后将预制块表面凿毛，运至现场，实现应变计（组）在预制块内的精确定位。基岩中埋设的应变计可采用钻孔或凿槽方式，埋设时应将槽坑或孔内清洗干净，排除积水，埋设时应采用膨胀水泥砂浆（或微缩水泥砂浆）回填。当需要监测浆砌石结构中的应力应变时，可在条石中埋设应变计（组）。对于条石中埋设，由于条石尺寸有限，一般采用小规格应变计，其安装埋设方法与基岩中埋设类似，仪器置于孔内中心位置，孔内回填微缩水泥砂浆。

6.3 结构变形监测方法

既有轨道交通结构的结构变形监测可采用净空收敛计、红外测距仪、静力水准仪、全自动测量机器人、光纤光栅传感器和轨检小车等监测仪器。其中，全自动测量机器人由于其精度高、实时、动态等优点，适宜在工程中推广应用。

6.3.1 净空收敛计

（1）组成与原理

净空收敛计一般由挂钩、钢尺、加力装置、读数窗、伸缩连接杆等组成，如图 6-2 所示。挂钩的作用是将收敛计悬挂于测点环上；测尺将常用的钢尺固定于收敛计的支撑架上，并在尺上每 20mm 或 25mm 的距离上设置定位孔，定位孔可将钢尺固定在伸缩连接杆上；加力装置用于设置钢尺的标准拉力，根据仪器的不同，可以采用螺旋或加力摇臂，加力后伸缩连杆可前后运动使钢尺受力。钢尺读数、千分尺读数之和即为测距。收敛计的测量主要是通过连接在一端的收敛计进行，保持尺长恒定的条件下对测尺施加固定的拉力测量，同时测出量测时温度，对既定环境中的测量值进行温度修正，最终从读数窗中获得量测值。

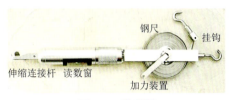

图 6-2　收敛计

（2）设备安装方法

圆形隧道通常以径向收敛作为结构变形的控制标准，马蹄形隧道的拱脚、墙中部位是对受力和变位的最敏感节点，净空收敛计布设时应考虑周围岩土体的工程条件、隧道跨度和施工方法。监测点埋设时应与隧道侧壁固定牢固，不能有任何松动。安装后应进行监测点与测尺接触点的符合性检查，并应进行 3 次独立观测，且 3 次独立观测的较差应小于标称精度的 2 倍。

（3）数据处理方法

收敛值是指某一时刻的测量值与上一时刻测量值间的变化量，若设 T_1 时刻的观测值为 L_1，T_2 时刻的观测值为 L_2，则收敛值 $\Delta L_1 = L_1 - L_2$，其值说明了隧道内侧墙间距因受力的影响而产生的水平方向位移变化的大小，侧墙向内位移时取"＋"号，侧墙向外位移时取"－"号。收敛速度是指两个不同测量时刻间，内墙之间距离变化量变化的快慢，收敛速度 $V(t) = \Delta L_i / \Delta T$，其中 $\Delta T = T_2 - T_1$，$\Delta L_i = \Delta L_1 - \Delta L_2$。该公式表明从时刻 T_1 至时刻 T_2，收敛值在该时间间隔 ΔT 内，单位时间内的变化平均量，以此考察收敛值在每一施工时段内的变化速度。机械式或半自动电测收敛计还应加入温度修正值，收敛位移实测值可由式(6-6)计算：

$$L' = L_n[1 - a(t_0 - t_n)] \tag{6-6}$$

式中：L'——温度修正后的钢尺实际长度（m）；

L_n——第 n 次观测时钢尺的长度读数（m）；

a——钢尺线膨胀系数（1/℃），一般取为 1.26×10^{-6}/℃；

t_0——首次观测时的环境温度（℃）；

t_n——第 n 次观测时的环境温度（℃）。

6.3.2 红外测距仪

（1）管径收敛监测原理

隧道管径收敛自动化测量系统由激光测距仪、数据采集及传输装置、计算机监控管理系统组成。数据采集装置放置在测距仪附近，对所接入的仪器按照监控主机的命令或预先设定的时间自动进行控制、测量，并暂存于数据采集装置中，根据监控主机的命令向主机传送所测数据，测量技术人员可对存储的数据进行处理和分析。

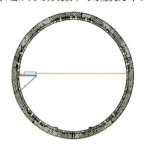

图 6-3 自动化管径收敛观测点埋设示意图

（2）设备安装方法

在隧道管片中间位置，水平安置激光测距仪、配套的无线数据采集器模块及直流 12V 电源，并确保激光测距仪测程内无遮挡物，且激光光斑位于中隔墙上，最后调整激光测距仪测线方向，尽量使激光测距仪测线方向与环片圆心方向一致，如图 6-3 所示。

（3）数据处理方法

自动化监测期间加强系统维护，定期采用人工测量值验证自动化管径收敛值，变形量为正表示拉伸、为负表示收缩，两测回值在误差范围内时取均值。自动化管径收敛日常测量的数据与人工检测收敛数据定期进行比对，发现异常时应及时修复自动化测量系统。根据收敛测量中各观测点的本次变化量及累计变化量，绘制观测点累计变化曲线图，观测值及变化量均取位至 0.1mm。

6.3.3 静力水准仪

既有轨道交通隧道结构中，在区间隧道增加布置静力水准仪自动监测，通过测量各监测点之间相对高程变化，计算得到隧道结构的竖向位移。一般每隔 10m 布设一个监测点，隧道内部静力水准仪布置如图 6-4 所示。

静力水准测量依据连通管原理，用电容传感器测量每个测点容器内液面的相对变化，再通过计算求得各点相对于基点的相对沉降量，如图 6-5 所示。

图 6-4 静力水准仪布置

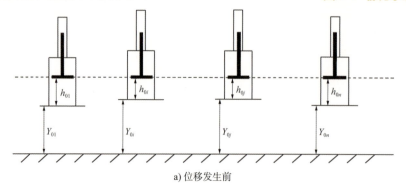

a) 位移发生前

图 6-5

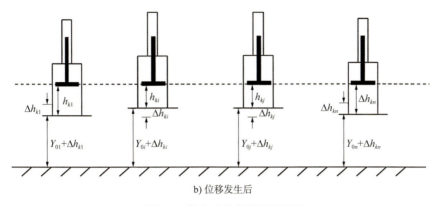

b) 位移发生后

图 6-5 静力水准仪测量原理图

假设共有 n 个观测点，各个观测点之间已用连通管连通。安装完毕后，初始状态时各测点的安装高程分别为 $Y_{01}, \cdots, Y_{0i}, \cdots, Y_{0j}, \cdots, Y_{0n}$，各测点的液面高度分别为 $h_{01}, \cdots, h_{0i}, \cdots, h_{0j}, \cdots, h_{0n}$，如图 6-5a) 所示，高程与液面高度之间的关系见式(6-7)。当发生不均匀沉陷后，设各测点安装高程相对于基准参考高程面 ∇H_0 的变化量为 $\Delta h_{k1}, \cdots, \Delta h_{ki}, \cdots, \Delta h_{kj}, \cdots \Delta h_{kn}$（$k$ 为测次代号，$k=1,2,3\cdots$），各测点容器内液面相对于安装高程的距离为 $h_{k1}, \cdots, h_{ki}, \cdots, h_{kj}, \cdots, h_{kn}$，如图 6-5b) 所示，则高程与液面高度之间的关系式变为式(6-8)，k 次测量 i 点相对于基准点 1 的相对沉陷量 H_{i1} 为式(6-9)。

$$Y_{01} + h_{01} = \cdots = Y_{0i} + h_{0i} = \cdots = Y_{0n} + h_{0n} \tag{6-7}$$

$$(Y_{01} + \Delta h_{k1}) + h_{k1} = \cdots = (Y_{0i} + \Delta h_{ki}) + h_{ki} = \cdots = (Y_{0n} + \Delta h_{kn}) + h_{kn} \tag{6-8}$$

$$H_{i1} = \Delta h_{k1} - \Delta h_{ki} \tag{6-9}$$

根据式(6-7)和式(6-8)，分别可推导得到式(6-10)和式(6-11)，式(6-11)代入式(6-10)得式(6-12)。通过电容传感器测得任意时刻各测点容器内液面相对于该点安装高程的距离 h_{ki}（含 h_{k1} 及首次的 h_{0i}），则可求得该时刻各点相对于基准点 1 的相对高程差。如把任意点 g（$1, \cdots, i, \cdots, j, \cdots, n$）作为相对基准点，将 f 测次作为参考测次，则按式(6-13)同样可求出任意测点相对 g 测点（以 f 测次为基准值）的相对高程差 H_{ig}。

$$(Y_{0i} - Y_{01}) = h_{01} - h_{0i} \tag{6-10}$$

$$\Delta h_{k1} - \Delta h_{ki} = (Y_{0i} + h_{ki}) - (Y_{01} + h_{k1}) = (Y_{0i} - Y_{01}) + (h_{ki} - h_{k1}) \tag{6-11}$$

$$H_{i1} = (h_{ki} - h_{k1}) - (h_{0i} - h_{01}) \tag{6-12}$$

$$H_{ig} = (h_{fi} - h_{fg}) - (h_{0i} - h_{0g}) \tag{6-13}$$

连通管结构示意图如图 6-6 所示，电容式静力水准仪由主体容器、连通管、电容传感器等部分组成。通过测出各连通管的电容比变化，即不同时间的液面高度值，可计算出不同时刻的相对差异沉降值，进而确定各点沉降值。

6.3.4 全自动测量机器人

全自动测量机器人可用于隧道结构变形自动监测，通过监测系统对全边角观测数据进行处理，获得隧道结构水平位移、竖向位移和相对收敛数据。由于全自动测量机器人使用方便，设备性能优良，具有测距精度高、观测智能化高、测回观测速度快的优势，故常用于轨道交通既有隧道监测。

1）主要组成和测量原理

全自动测量机器人是在全站仪的基础上集成可跟踪寻找目标的传感器及步进电机，从而实现目标自动识别、自动照准、自动测角与测距、自动记录等功能。其在光线不充分、空间狭长等不良隧道观测条件下，具有良好的适应性。全自动测量机器人自动监测的应用平台主要分为测点部分、基准部分、测站部分及控制中心，系统现场如图 6-7 所示。

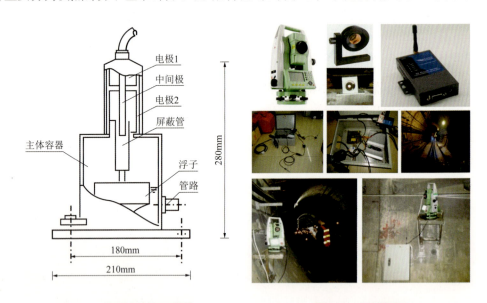

图 6-6　连通管结构示意图　　　　图 6-7　系统现场

（1）测点部分

测点部分主要由一系列布设在受施工影响范围内的小棱镜组成，用于直接反映隧道结构体及周围岩层的几何变形，主要涉及监测断面设计和断面监测点安装两部分。监测断面依据规范要求设计为不等间距布置，在每个穿越投影交叉区域隔环布置监测断面，往远处可适当拉大间距，但最大不超过 10m。每个监测断面布设 5 个监测点：隧道顶部布设 1 个、隧道两侧各布设 1 个、隧道底部布设 2 个，测点具体位置根据现场通视情况做细微调整，如图 6-8 所示。当测得盾构管片裂缝宽度大于 0.2mm 时，需对该断面进行收敛监测，原断面已布设监测点时沿用原监测点，原断面无监测点时应增设监测点。顶部及拱腰两侧的监测点通常是用冲击钻在隧道主体结构上钻孔，打入不锈钢膨胀螺栓用以安装小棱镜。

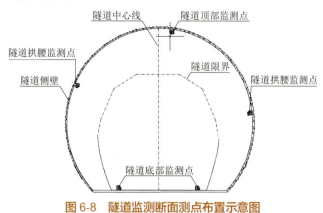

图 6-8 隧道监测断面测点布置示意图

（2）基准部分

基准部分是由控制点组成的基准网，用于检核测站的稳定性，并对测站的位置变化做出修正，以便进一步求解监测点的坐标及变形量。基准点按照规范在左右线分别布设，主要分布在离施工段较远、受施工影响较小的稳定区域，每个组内的基准点相邻间距约为10m。基准点在整个监测过程中都必须保持良好的稳定性且不被破坏，基准点在隧道顶部和拱腰处安装方法与监测点相同。

（3）测站部分

测站部分是整个系统的数据采集和无线通信终端，由全自动全站仪、工控机、数据通信设备、电缆、仪器支架以及其他附件组成，主要涉及测站设计、安装和调试三部分，如图 6-9 所示。测站应布设于左右线隧道内视觉效果较好处，其中监测设备安装在隧道侧腰位置。测站部分拟安装仪器支护，用于摆放仪器和通信设备，同时配备防护设施，保证仪器的安全。

图 6-9 测站现场安装

测站安装在隧道侧腰处，按一定尺寸和分布钻孔，打入不锈钢膨胀螺栓，然后进行支护安装。测站安装后，对自动监测系统进行初次学习与调试，调试时需要新建项目、连接仪器以及新建基准点和监测点、断面管理等，具体操作流程如图 6-10 所示，系统在启动自动监测后可实现学习结果的自动保存与更新。

（4）控制中心

控制中心是数据收发的控制终端，由服务器、微机、通信设备、监测软件等组成。控制中心既派发指令控制仪器进行数据采集，又接收数据并对数据进行计算和分析以及生成变形曲线等。用户通过客户端以管理员或不同权限的其他用户身份登录后，实现对数据的管理以及查看、报表和手簿的自动生成等操作。控制中心通过无线通信的方式与隧道里的监测设备及通信终端进行交互，发送测量指令及接收数据等。

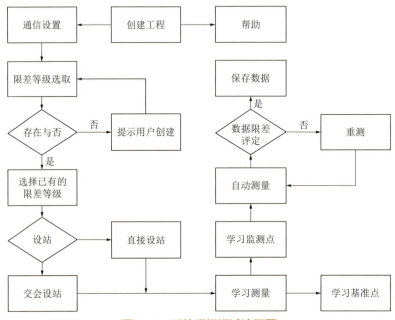

图 6-10　系统现场调试流程图

2）测量步骤及观测方法

全自动测量机器人通常采用自由设站和极坐标测量原理进行观测，以测量各点的三维坐标。具体测量步骤如下：首先，在洞口设置两个基准点，用常规测量方法测定三维坐标；其次，在隧道横断面上布置若干测点，在测点上贴上反射片；然后，在基准点上安置好反射镜，选择适当位置安置全站仪，用方向观测法测量基准点和监测点之间的水平角、高差、平距；最后，当测量到一定距离后，在某一断面上设两个基准点，用以向后传递三维坐标。目前，自动测量模块采用的测量方法是方向观测法，如图 6-11 所示，依次观测盘左零方向 A、盘左其他方向 B 至 D、盘左归零方向 A、盘右归零方向 A、盘右其他方向 D 至 B、盘右起始方向 A。

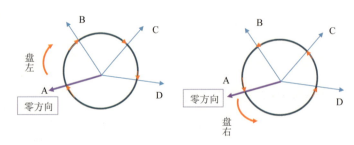

图 6-11　方向观测法

学习测量完成之后，全自动测量机器人对每个点依次进行单点观测，自动定位并照准目标进行测量，如图 6-12 所示。

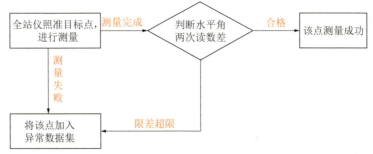

图 6-12　单点观测

其次，对一个断面中多个点按方向观测法进行多个测回的测量及断面各测回测量，完成后判断各项限差是否符合要求，并进行存储或补测，如图 6-13、图 6-14 所示。

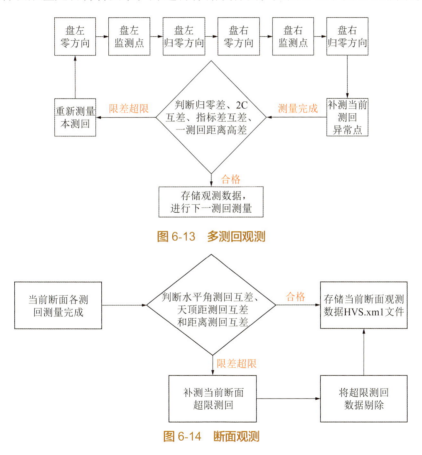

图 6-13　多测回观测

图 6-14　断面观测

6.3.5　光纤光栅传感器（FBG）

随着光学解调技术的不断发展，应用于结构变形测量的光纤光栅传感技术逐渐成熟。现阶段针对隧道结构变形特点，可采用光纤光栅传感器监测隧道结构纵向、环向及管片接缝变形情况及发展规律。由于光纤光栅传感器监测具有长距离、传感和数据传输一体化及相对其他自动化监测技术成本低廉的优势，在轨道交通长期运营监测中逐渐被采用[8,12,13]。

（1）光纤光栅监测原理

光纤是利用光学原理，通过对光信号的传输和感知，从而确定结构变形的技术手段。一方面，光纤可以作为感知介质，当外界信号参量改变时，会引起光物理信号（如强度、波长、频率等）随之变化，通过分析光栅中心波长的变化和介质传递系数，可以得到盾构管片的受力和变形情况。另一方面，光纤也可作为传输介质，通过散射将光信号传输到终端设备，利用光纤解调技术获取相应的参量。光纤光栅中心波长识别采用光纤光栅智能解调仪，解调仪内部宽带光源发出的光，经过光纤光栅反射，再通过传输光纤返回到解调仪内部探测器，从而实现对隧道的安全监测，如图 6-15 所示。

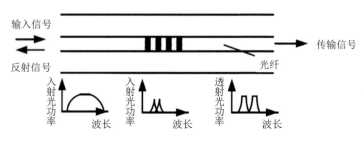

图 6-15　光纤光栅传感器监测原理图[17]

（2）光纤设备安装方法

感测光缆采用固定安装，确保线路在周围存在较大振动的条件下，不发生脱落坠线等情况。针对隧道结构特点，分布式光缆固定方法大体分为全面布设或定点布设。全面布设方式在结构体表面直接使用或开槽后使用环氧树脂等黏结剂，将传感光纤完全粘贴在被测结构表面或者植入到结构内部，此方法可以监测被测结构的整体变形状态。对于某些特殊情况，如无法植入或无法在结构体表面开槽，可以采用定点布设方式安装固定感测光缆。当被测对象沿光纤轴向发生拉伸或收缩，两个定点之间的光纤也会受力，产生相应的变形。光纤的应变量反映了两个固定点间的平均变形，通过对固定距离积分即可得到两个固定点之间的位移变化。

以环向变形监测为例，如图 6-16 所示，在隧道内选取典型的监测断面，将分布式感测光缆沿管片环向走向布设，通过监测环向每一块管片及接缝变形量，推算断面形态变化。

（3）数据处理与信息反馈方法

既有轨道交通运营维护时可通过光纤光栅解调仪获取数据，了解不同光缆频率变化与应变转换系数，在扣除光纤的初始应变后，将光纤的应变数据转化为隧道结构的应变。通过考虑应变数据的变化，获得隧道结构的相对变形。数据基本处理分析过程包括数据的空间定位、减基准值、温度补偿以及过滤降噪，处理好的数据可以较好地反映隧道结构应变分布情况。通过提取隧道结构纵向以及环向的应变信息，进行结构变形异常分析，采用合理的位移计算和插值方法，生成隧道内部位移场，结合应变场分析，参考现场工况和工程信息对隧道结构进行健康诊断和评价。

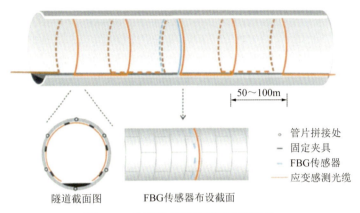

图 6-16　环向收敛光缆铺设示意图[6]

6.3.6　轨检小车

轨道结构在长期运营条件下，将不可避免地产生轨道几何形位变化及平顺性降低等缺陷。目前，应用较广的轨道结构监测设备为轨检小车。轨检小车全称为轨道几何状态检测仪，如图 6-17 所示。轨检小车作为一种高度集成化和智能化的测量仪器，能极大程度地减少轨道结构检查的人力投入，显著提升检修效率，缩短轨道结构检修时间及维修周期。

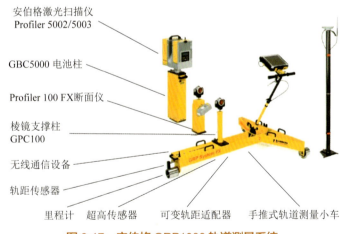

图 6-17　安伯格 GRP1000 轨道测量系统

轨检小车的检测范围涵盖轨道结构区域的多种构件，包括钢轨、扣件、道床等，并能针对轨向、轨距、三角坑及高低不平顺问题进行检测，测量内容及精度见表 6-10。

仪器测量内容及精度　　　　　　　　　　表 6-10

测量内容	测量精度
轨距测量（静态）	±0.3mm
超高测量（倾斜）（静态、1435mm 轨距）	±0.5mm

续上表

测量内容	测量精度
断面测量单点精度（相对于轨道轴线，5m距离）	±3mm
测量范围（自然表面）	0.3～30m
典型测距精度	±1.5mm
典型测角精度	±7mgon/22″/0.1mrad
激光点直径（10m）	6mm
激光束散度	0.16mrad×0.6mrad

轨检小车可通过检测轨道中间坐标、轨面高程、轨距、水平超高和轨向等指标，对轨道工程质量进行有效反馈。由于其相对传统测量方法具有高度自动化的优势，简化了测量流程，提高了测量精度，保证了轨道平顺性，故在轨道交通新线施工、检查铺设精度及日常检修时应用广泛。

6.4 结构表观病害监测方法

轨道交通结构表观病害可采用裂缝宽度监测仪、电荷耦合器件（CCD）高清摄像和三维激光扫描等监测手段监测。其中，三维激光扫描利用激光测距，记录被测物体表面大量的密集点的三维坐标、反射率和纹理等信息，可快速复建出被测目标的三维模型及其线、面、体等各种图件数据，工程应用前景较广[11]。

6.4.1 裂缝监测仪

轨道交通工程既有隧道出现裂缝是结构已产生显著变形的标志。为及时了解既有隧道结构的安全状况，需对其表面所出现的裂缝及其发展趋势进行监测，以防其扩展至一定程度后对隧道整体产生危害。裂缝监测内容应包含裂缝长度、宽度、深度、位置、走向，必要时补充监测裂缝深度。其中，裂缝长度的量测采用直接量测法，多采用人工量测手段，利用钢尺紧贴裂缝来测量其长度，通过多次测量对比可得裂缝长度变化量，量测精度不宜低于1.0mm。裂缝宽度监测包括绝对宽度和相对宽度的监测，绝对宽度测量主要采用裂缝宽度监测仪和游标卡尺，图6-18为KON-FK（B）裂缝宽度监测仪；也可在裂缝两侧贴埋标志，长期监测宜镶嵌或埋入墙面金属标志，采用千分尺或游标卡尺等直接量测；或采用裂缝计、千分表及摄影量测等方法监测裂缝宽度变化，量测精度不宜低于0.1mm。裂缝深度量测宜采用超声波法、凿出法等方法，量测精度不宜低于1.0mm。穿越隧道施工前应记录轨道交通既有隧道已有裂缝的分布位置和数量，并对监测裂缝进行统一编号。

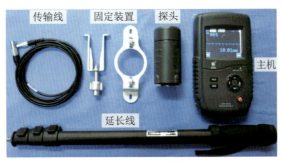

图 6-18 裂缝宽度监测仪

裂缝宽度监测仪采用人工现场测试，首先将探头数据线的大头端与探头连接，另一端与监测仪连接，按下监测仪的红色电源按钮开启监测仪。随后将探头的两个凸起（裂缝宽度标志线）紧贴裂缝，确保标志线与裂缝走向重合，查看监测仪界面的裂缝图像，待裂缝基本与刻度线垂直、裂缝宽度数据稳定后保存裂缝图像和宽度数据。监测过程中应特别注意探头紧贴待测裂缝，以保证测出的裂缝宽度数据正确。

6.4.2 CCD 高清摄像

采用线阵 CCD 高清摄像探测隧道衬砌可以得到隧道结构影像图，通过对图像的处理和识别，达到对表观病害（包括裂缝及渗漏水）的监测目的。

（1）组成及原理

CCD 高清摄像监测系统主要分为图像采集、图像处理两个部分，图像采集由线阵 CCD 相机、数据传输系统、线性光源、工业计算机、高速数据存储系统和供电系统等组成。通过复杂可编程逻辑器件（CPLD）的控制信号，控制 CCD 相机的拍摄时序，并将 CCD 相机所拍摄的图像数据传输至存储模块。设备安装时需要考虑如防止相机的抖动、相机的自稳定、相机的调试及标定等问题。相机能够明显观察到管片的环号和其他标记信息，图 6-19 为 CCD 高清摄像监测系统现场采集信息。

a) MTI-100 系统　　　　b) 沿线布设视觉传感器

图 6-19 CCD 高清摄像监测系统现场采集信息[16]

（2）图像处理和病害识别方法

图像在形成、传输或变换的过程中，由于受多种因素的影响，图像往往与原始景物之间或图像与原始图像之间存在某种差异,这种差异称为降质或退化。在对图像进行分析前,必须对这些降质的图像进行处理,包括对图像提取分割、图像病害识别提取、图像病害信息分析和形成检测结果,如图 6-20 所示。图像处理由数字信号处理(DSP)模块完成,该模块可以处理静态图像数据,利用数字图像处理算法对 CCD 相机所拍摄的图像进行平滑、锐化等抗噪处理,并进行阈值分割、腐蚀膨胀、边界提取、边界识别等图像后处理,识别出目标图像,最后进行圆心拟合,计算圆心的位置并比较不同时刻计算出的圆心位置,得出圆心位置偏移量,从而实现隧道变形量的精确测量。

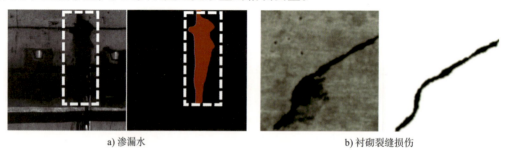

a) 渗漏水　　　　　　　　　　　　　b) 衬砌裂缝损伤

图 6-20　损伤识别

总体来说,CCD 高清摄像监测系统采用非接触、实时在线的方式,基于计算机网络实现多传感器数据融合,可以全面获取结构体信息。该技术具有实时、动态、高精度、成本低且过程可重复的特点,能提高监测精度和时空上整体监测分析的能力。

6.4.3　三维激光扫描仪

三维激光扫描仪能够检测隧道衬砌渗水、裂缝、错台、掉块等病害以及病害发生的空间部位,可有效测量轨道几何尺寸和周围环境,并对轨道几何尺寸及限界进行完整的动态测量,经人工智能化软件分析后,可提供高精度的二维(2D)、三维(3D)图像、图表及文字信息[14,15]。以 MS100 移动扫描系统为例,通过一次快速扫描测量,可以得到隧道的各个参数,帮助工程人员初步统计裂缝的数量和位置、判读漏水情况等,进而快速掌握隧道状态并建立详细的隧道健康档案,扫描作业现场如图 6-21 所示。

图 6-21　MS100 移动扫描系统扫描作业现场

1）常用扫描模式

GRP5000 三维激光扫描仪具有连续扫描、间隔记录和面快照三种现场数据扫描模式，每个单独的横断面是一段距离上的最小断面。在连续扫描模式下，保存是连续的，一旦记录开始，用户就要推着三维激光扫描仪以一定的速度沿轨道前进，如图 6-22a) 所示。在间隔记录模式下，需先设置好参考里程、间隔距离和带宽等相关参数，然后推动轨检小车以一定的速度沿着轨道前进，如图 6-22b) 所示。当某个单独的目标需要测量时，可采用面快照方式，在这种模式下，用户推动轨检小车到某一位置，测量单个断面，如图 6-22c) 所示。

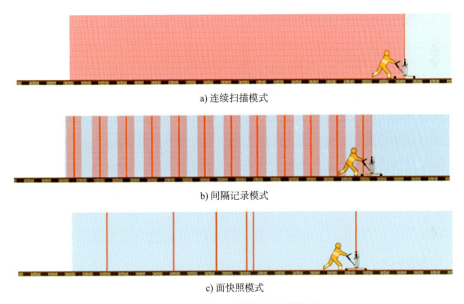

a) 连续扫描模式

b) 间隔记录模式

c) 面快照模式

图 6-22 常用三维激光扫描模式

2）数据处理与信息反馈方法

当扫描仪在轨道上移动时，高速旋转的三维激光扫描仪发射的激光以螺旋线的形式对隧道表面进行全断面扫描，通过分析发射和接收到的激光信号（强度和相位差），可以获得隧道衬砌内表面影像以及隧道衬砌表面各点距轨道中心线的距离，进行表面病害检测、限界检测、隧道变形测量及椭圆度、横径收敛值、错台量分析。现阶段采用三维激光扫描仪进行现状调查主要针对以下三种情况：

（1）隧道限界、三维点云成果及轨道周边全息成像

采用不同的扫描模式对隧道任意位置的限界进行高精度测量，根据不同区段采用不同限界进行连续测量，如地铁车站采用车辆限界、地铁区间隧道采用设备限界，并在现场测量过程中进行实时显示。当扫描仪提取某一里程处的隧道断面时，与车辆限界或设备限界进行比对，自动生成相对于轨道当前位置的限界分析图；同时，在测量过程中对轨道周边进行激光全息扫描并成像，如图 6-23a) 所示，生成三维点云及全息影像用以判断轨道周边设备状况，如图 6-23b) 所示。

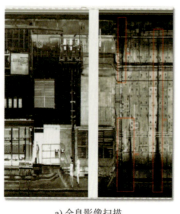 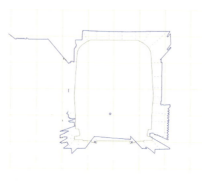

a) 全息影像扫描　　　　　　　　　　b) 限界扫描结果

图 6-23　隧道限界三维扫描成果

（2）隧道衬砌表面病害

隧道衬砌表面病害包括裂缝、掉块、渗水、错台及椭圆度等，高速扫描系统可以对衬砌表面进行详细的检测及记录。每次测量的数据不仅包含三维坐标信息，还包括颜色信息，同时还有隧道衬砌表面反色率的信息，这样全面的信息能真实再现隧道衬砌表面的画面，提供丰富视觉信息。扫描及处理并沿隧道拱顶展开后，便可得到数字化灰度图。该灰度图可分辨接触网等设备以及宽度 0.3mm 以上的裂缝等病害，并确定衬砌表面宽度大于 1mm 的裂缝及掉块、渗水的位置、总体数量、平面分布。图 6-24 为现场病害判别，可以清晰地看到漏水和裂缝的存在。

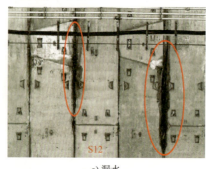 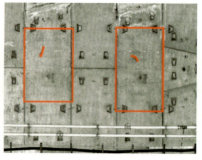

a) 漏水　　　　　　　　　　　　　b) 裂缝

图 6-24　漏水和裂缝病害识别

（3）轨道几何参数测量

轨道几何参数测量包含绝对几何参数和相对几何参数测量两部分，前者指轨道实测中线坐标、轨面高程及其与设计坐标和高程的偏差，后者指轨距、水平（超高）及其偏差和变化率、轨向和高低偏差及长短波不平顺等。

3）三维激光扫描监测的适用性

与传统人工检测相比，三维激光扫描具备自动化程度高、检测精度高、功能全面和速度快等多方面优势。仪器可搭载于检测车上，只需让检测车在隧道内通行即可完成整个检测过程；同时，所有检测数据均可实时电子化储存，图片能更加客观地反映病害情况，且一次扫描即获取包括裂缝、漏水、掉块及整个隧道断面尺寸等相关参数。

6.5 岩土体监测方法

6.5.1 磁性分层沉降仪

隧道施工土体分层沉降主要采用磁性分层沉降仪开展监测，仪器由测量探头、沉降管和沉降磁环组成。测量探头连接在带刻度的侧尺上，沉降管通常为硬质PVC（聚氯乙烯），沉降磁环带有三叉簧片，仪器整体如图6-25所示。

图6-25 磁性分层沉降仪

磁性分层沉降仪探测头内安装电磁振荡线圈，当振荡线圈接近磁环时，由于磁环中产生涡流损耗，吸收了振荡电路的大量磁场能量，从而使振荡器的振荡减弱，直至停止振荡。此时放大器无输出，触发器翻转，执行器触发音响工作，根据音响发生确定沉降磁环位置。

磁环分层沉降标应在区段隧道掘进前至少1周前埋设，预定位置钻孔，成孔倾斜度不大于1°，在沉降管上分层沉降标的设计位置布置磁环和定位环后逐节放入钻孔，安装到位后应与土层密贴牢靠。观测时先取下护盖，测定管口高程后，将侧头沿沉降管缓缓地放入管底，打开电源侧头自下而上进行测量。当接近磁环时，指示器发出信号，此时应减小上拉速度，在信号消失的瞬间，停止上拉，记录侧头到管口的距离。直到测完所有磁环，每个测点应平行测定两次，读数差应不大于2mm。换算距离与管口高程，得到各磁环高程，各磁环相邻两次高程之差即为测点的沉降量。

6.5.2 测斜仪

在地下穿越工程中，深层水平位移监测对象主要包括深层土体以及支护桩（墙）等水平位移等，目前常用测斜仪进行倾斜监测。测斜仪由测斜管、装有重力式测斜传感元件的测斜探头、测读仪和绝缘电缆组成。测斜探头包含倾角传感器，上下两端配有两对滚轮，上端通过绝缘电缆与测读仪连接。

测斜管内有两对互成90°的导向滑槽，量测的一对滑槽必须垂直于变化方向。把测斜仪的一组导向轮沿测斜管导向滑槽放入管中，一直滑到管底，然后向上拉标有刻度的导线，每隔500mm或1000mm的间距读数一次，测定测斜仪与垂直线之间的倾角关系，即可得到测斜管所在不同位置处的倾角或水平位移。

观测时，通过移动带导轮的测斜探头沿导槽滑动，将测斜管分成n个测段，每个测段长

L_i，L_i 为量测点的分段长度，即为拉线间距。由于测斜仪能反映出测管与重力线之间的倾角，因而能测出测斜仪所在位置测管在土体作用下的倾斜度 θ_i，换算成该位置测斜仪上下导轮间（或分段长度）的位置偏差 d_i，在某一深度位置上所测得的两对导轮之间的倾角，通过计算可得到这一区段的变化，某一深度的水平位移可通过区段位移累计计算得到。测斜仪原理如图 6-26 所示，区段水平位移计算公式见式(6-14)，某一深度的水平变位值可通过区段变位累计得出。设初次测量的变位结果为 $d_i^{(0)}$，则在进行第 j 次测量时，所得的某一深度上相对前一次测量时的位移值 Δd_i 见式(6-15)。自下而上累加可知各点处的水平位置，即相对初次测量时总的位移值 d 计算公式见式(6-16)。

$$d_i = L_i \sin \theta_i \tag{6-14}$$

$$\Delta d_i = d_i^j - d_i^{(j-1)} \tag{6-15}$$

$$d = d_i^j - d_i^{(j-1)} \tag{6-16}$$

式中：d_i——测斜仪上下导轮间（或分段长度）的位置偏差（mm）；

d_i^j——第 j 次测量时测斜仪上下导轮间（或分段长度）的位置偏差（mm）。

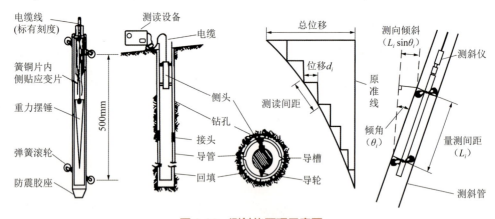

图 6-26 测斜仪原理示意图

6.5.3 电测水位计

水位监测仪器常采用电测水位计，仪器由探头、电缆盘和接收仪组成，如图 6-27 所示。仪器的探头沿水位管下放，当碰到水时，接收器触发蜂鸣器，以此确定水位高度，进一步可计算水位变化情况，绘制地下水位变化曲线图。

地下水位观测井通常用钻机钻孔到要求深度，然后在孔底埋入滤水塑料套管。套管与孔壁间用干净细砂填实并用清水冲洗孔底，以防泥浆堵塞测孔，保证水路通畅，同时测管高出地面约 200mm，上面加盖防止雨水进入。

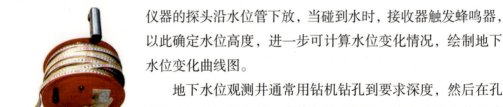

图 6-27 电测水位计

水位管埋设深度和透水头部位依据地质资料和工程需要确定，一般埋深为 10~20m，透水部位放在水位管以下。水位管可采用 PVC 管，在水位管透水头部位钻眼，外包铝网或塑料滤网。埋设时，用地质钻机钻孔，孔壁应保持稳定，孔深应于基坑底以下 1～2m，钻孔完成后安装塑料透水管，安装完毕后，回填细砂至透水头以上 1m，再用膨润土泥丸封孔至孔口。埋设完毕后，应进行 24h 降水试验，检验成孔质量。

6.5.4 土压力计

土压力是穿越地下工程施工监测的一项重要内容，通常采用埋入式土压力计直接测定。土压力计通过监测隧道支护桩（墙）外侧土压力，判断支护结构状态。目前主流的土压力计主要是钢弦式土压力计和电阻应变式土压力计两种，钢弦式土压力计如图 6-28 所示。

图 6-28 钢弦式土压力计

穿越地下工程应选择构造合理的土压力计，土压力计的受压板直径与板中心变形量之比应较大，以减小应力集中的影响。测试量程可根据预测的压力变化幅度确定，上限可取设计压力的 2 倍，精度不宜低于 0.5%F·S，分辨率不宜低于 0.2%F·S。

土压力计应在地下穿越工程监测区段施工前至少 1 周前埋设，并采集得到稳定的初始值。埋设前应对土压力计进行稳定性、密封性监测和压力、温度标定。紧贴支护结构或管片外壁埋设仪器，同时确保受力面与监测的压力方向垂直。如采用钻孔法埋设时，回填应均匀密实，且回填材料与周围岩土体一致。

6.5.5 孔隙水压力计

隧道工程的掘进施工必然导致孔隙水体积变化及各土层中孔隙水压力分布的调整，孔隙水压力的变化是土层运动的前兆。开展孔隙水压力监测，从而明确周围土体扰动范围和程度，确保地下穿越工程安全稳定施工。

（1）测量原理

土体中的土压力与孔隙水压力作用于接触面上，经过透水石后只有孔隙水压力能够作用在薄板弹性元件上，弹性元件或应变片的变形引起钢弦所受张力发生变化，进一步导致钢弦自振频率改变，通过测量频率值计算得到孔隙水压力值，计算公式为：

$$U = k(f_i^2 - f_0^2) \tag{6-17}$$

式中：U——土的孔隙水压力（kPa）；

k——标定系数（kPa/Hz^2）；

f_i——测量频率（Hz）；

f_0——初始频率（Hz）。

（2）埋设及监测方法

孔隙水压力计的埋设可采用钻孔埋设法、压入埋设法、填埋法等。在同一测孔中埋设多个孔隙水压力计时，宜采用钻孔埋设法；在黏性土层中埋设单个孔隙水压力计时，宜采用布设反滤材料的压入埋设法；在填方工程中埋设时，宜采用填埋法。

埋设前，应将孔隙水压力计在清水中浸泡饱和，并排除透水石中的气泡。埋设时，传感器导线留出大于设计深度的长度，导线中间不宜有接头。当孔内埋设多个孔隙水压力计监测不同含水层渗透压时，应做好相邻孔隙水压力计的隔水措施。埋设后，记录探头编号、位置并测读初始读数。最终孔隙水压力根据实测数据，由式(6-17)计算得到。

6.6　小结

动态监控量测是地下穿越工程动态评估和穿越后评估的重要手段，应在穿越前根据三等级现状评估结果、五等级风险评估结果和控制要求确定观测指标、四个预警等级和相对应的限值，根据预测分析确定的不良影响时空分布特点，疏密得宜地合理布设监测点位置，并制定勤缓有度的监测频率方案。结构内力可采用应力计等 2 种手段进行监测，结构变形可采用收敛仪等 6 种手段开展不同指标的监测，结构开裂等病害可采用三维激光扫描等 3 种高度自动化方法进行检测，岩土体可采用分层沉降仪等 5 种手段进行观测。

本章参考文献

[1] 广东省住房和城乡建设厅. 城市轨道交通既有结构保护技术规范: DBJ/T 15-120—2017[S]. 北京: 中国城市出版社, 2017.

[2] 中华人民共和国住房和城乡建设部. 城市轨道交通结构安全保护技术规范: CJJ/T 202—2013[S]. 北京: 中国建筑工业出版社, 2013.

[3] 北京市质量技术监督局. 穿越城市轨道交通设施检测评估及监测技术规范: DB11/T 915—2012[S]. 北京: 中国铁道出版社, 2012.

[4] 中华人民共和国住房和城乡建设部. 建筑与桥梁结构监测技术规范: GB 50982—2014[S]. 北京: 中国建筑工业出版社, 2014.

[5] 中华人民共和国住房和城乡建设部. 城市轨道交通工程监测技术规范: GB 50911—2013[S]. 北京: 中国建筑工业出版社, 2013.

[6] 中华人民共和国住房和城乡建设部. 工程测量标准: GB 50026—2020[S]. 北京: 中国计划出版社, 2020.

[7] 中华人民共和国住房和城乡建设部. 国家市场监督管理总局. 建筑结构检测技术标准: GB/T 50344—2019[S]. 北京: 中国建筑工业出版社, 2019.

[8] 张驰. 苏州地铁盾构隧道结构变形分布式光纤监测技术研究[D]. 南京: 南京大学, 2015.

[9] 广东省住房和城乡建设厅. 城市轨道交通既有结构保护监测技术标准: DBJ/T 15-231—2021[S]. 北京: 中国城市出版社, 2021.

[10] 胡群芳, 黄宏伟. 盾构下穿越已运营隧道施工监测与技术分析[J]. 岩土工程学报, 2006(1): 42-47.

[11] 杨玲芝, 方恩权. 轨道交通隧道结构病害检测技术综述与发展趋势[J]. 都市快轨交通, 2017, 30(1): 20-25+76.

[12] 沈圣, 吴智深, 杨才千, 等. 基于分布式光纤应变传感技术的盾构隧道横截面收敛变形监测方法[J]. 土木工程学报, 2013, 46(9): 104-116.

[13] 侯公羽, 李子祥, 胡涛, 等. 基于分布式光纤应变传感技术的隧道沉降监测研究[J]. 岩土力学, 2020, 41(9): 3148-3158.

[14] 杜荣武, 翁顺, 曾铁梅, 等. 基于移动三维激光扫描的地铁隧道结构监测方法[J]. 土木工程与管理学报, 2020, 37(1): 139-145.

[15] 张丽, 丛晓明, 赵生良. 移动三维激光扫描技术在隧道结构监测中应用[J]. 测绘通报, 2020(8): 153-156.

[16] 薛亚东, 李宜城. 基于深度学习的盾构隧道衬砌病害识别方法[J]. 湖南大学学报(自然科学版), 2018, 45(03): 100-109.

[17] 魏纲, 苏勤卫, 邢建见, 等. 基于光纤光栅技术的海底沉管隧道管段应变研究[J]. 岩土力学, 2015, 36(S2): 499-506.

[18] Dunniclif J. Geotechnical instrumentation for monitoring field performance[M]. New York: John Wiley & Sons, 1993.

隧道地下穿越轨道交通
关键技术研究与应用 | 第 7 章

地下穿越工程
典型案例分析

本章汇总了广州、深圳、佛山等地区 8 个地下穿越工程案例，包含 3 个上跨工程与 5 个下穿工程，主要涉及盾构隧道穿越盾构隧道、盾构隧道穿越明挖隧道、盾构隧道穿越矿山法隧道、矿山法隧道穿越矿山法隧道等类型。针对各工程案例的具体特征，从地下穿越工程概况、周边环境调查、既有地下结构现状评估、地下穿越工程影响预评估、控制设计与计算及监控量测等方面展开详细介绍。通过梳理各地下穿越工程中评估、设计、施工、监测等关键步骤的实施过程与适用条件，总结实现地下穿越工程的成功经验，以期为类似工程的方案设计、施工提供指导和借鉴。

7.1 佛莞城际盾构隧道上跨广州地铁 7 号线石谢区间盾构隧道

7.1.1 工程概况

佛莞城际西起广州南站，途经广州长隆、官桥、莲花山后穿越狮子洋隧道进入东莞，向东与穗深城际于望洪站接轨。佛莞城际正线全长 36.7km，设计速度为 200km/h，途将设置广州长隆、番禺大道、官桥、广州莲花山及麻涌 5 个车站，拟开工段为广州南站—望洪站，含隧道两座。其中，上跨广州地铁 7 号线的隧道采用双洞单线方案，隧道外径为 8.5m，内径为 7.7m，壁厚为 0.4m。

7 号线石壁站—谢村站区间（石谢区间）线路为地下线，该线以石壁站为起点，向东北方向前行约 50m 后穿越屏山涌，再经过多个鱼塘后逐渐转为东南方向，并大致沿谢石公路前行约 900m，再沿新建的汉溪大道向西前行，止于谢村站。线路全长约 1686.6m，沿线地势起伏变化不大，绝对高程为 4～9m，地表主要为鱼塘、厂房及道路等。7 号线石谢区间隧道采用盾构法施工，隧道外径为 6.0m，内径为 5.4m，壁厚为 0.3m。

在穿越工点，佛莞城际隧道位于强风化和中风化泥质砂岩内，7 号线隧道全断面位于中风化泥质砂岩内。穿越段残积层可视为与上部第四系之间的相对隔水层，地层富水量贫乏，地下水对工程不利影响较小。相关岩土层物理力学参数值见表 7-1。

各岩土层物理力学参数 表 7-1

岩土名称	重度（kN/m³）	天然含水率（%）	孔隙比	变形模量（MPa）	直接快剪		固结快剪	
					黏聚力（kPa）	内摩擦角（°）	黏聚力（kPa）	内摩擦角（°）
〈1〉素填土	19.1	30.0	0.848	3	12	8.5		
〈2-1B〉淤泥质土	15.5	48.6	1.275	3	16.2	11.4	0.979	2.55
〈3-1〉粉细砂	18.0			12	0	26.0		
〈4N-2〉粉质黏土	19.5	22.9	0.669	8	24.7	14.0	28.0	18.0

续上表

岩土名称	重度（kN/m³）	天然含水率（%）	孔隙比	变形模量（MPa）	直接快剪 黏聚力（kPa）	直接快剪 内摩擦角（°）	固结快剪 黏聚力（kPa）	固结快剪 内摩擦角（°）
〈6〉全风化粉砂岩	20.1	19.8	0.607	40	33	20	35	21
〈6Z〉全风化混合花岗岩	18.9	23.8	0.763	45	26.0	25.4	28	21.0
〈7〉强风化粉砂岩	20.5	19.0	0.595	90	36	22	40	23
〈7Z〉强风化混合花岗岩	19.4	20.9	0.673	100	35.0	24.5	40.0	26.7
〈8〉中风化粉砂岩	26.9			200				

在佛莞城际隧道与7号线石谢区间隧道交会处（DK0+400处），上跨的佛莞城际隧道与下部的7号线隧道斜交，夹角约为41°。佛莞城际隧道的线间距为29～34m，7号线隧道的线间距为16～24m，两者最小净距约14m，平面关系详见图7-1。

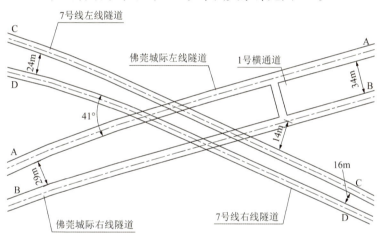

图7-1　佛莞城际隧道与7号线石谢区间隧道平面关系图

以各隧道为中心生成剖面，佛莞城际左、右线隧道与7号线石谢区间隧道剖面关系分别见图7-2和图7-3。

7号线左、右线石谢区间隧道与佛莞城际隧道的剖面关系分别见图7-4和图7-5。

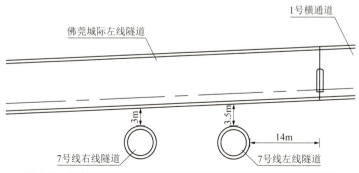

图7-2　佛莞城际左线隧道与7号线石谢区间隧道剖面关系图

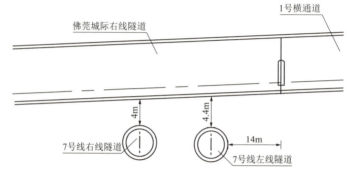

图 7-3 佛莞城际右线隧道与 7 号线石谢区间隧道剖面关系图

图 7-4 7 号线石谢区间左线隧道与佛莞城际隧道剖面关系图

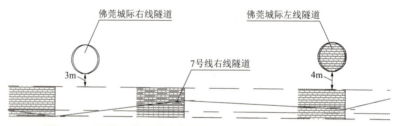

图 7-5 7 号线石谢区间右线隧道与佛莞城际隧道剖面关系图

在佛莞城际隧道与 7 号线石谢区间隧道交叠区域，7 号线隧道覆土厚度为 24.0～24.4m，佛莞城际隧道覆土厚度为 11.5～12.5m，两者净距为 3.0～4.4m。

7.1.2 调查评估

1）周边环境调查

在地下穿越工程开始前，对周边环境状况开展调查。相关图纸文件及现场勘踏结果表明，穿越工点周边无敏感建（构）筑物，工程场地现场如图 7-6 所示。

图 7-6 工程现场

2）既有地铁隧道结构现状评估

（1）地铁隧道现状调查

充分掌握既有地铁隧道结构的健康状态，为分析新建佛莞城际隧道施工过程及运营期间对既有隧道的影响提供依据。在掘进施工前，对 7 号线石谢区间既有隧道与新建佛莞城际隧道交叠处的管片现状进行调查，详见图 7-7~图 7-9 和表 7-2。调查结果表明，既有隧道结构整体健康状态基本良好，未见明显渗漏水、开裂、剥离、掉块及错台现象，局部区域存在管片掉块与裂缝，已完成修补工作，并在明显病害处（如裂缝及崩角）增加监测点，用于加密监测。

图 7-7　7 号线石谢区间左线隧道 ZDK5+162 处　　图 7-8　7 号线石谢区间左线隧道 ZDK5+172 处　　图 7-9　7 号线石谢区间左线隧道 ZDK5+242 处

地铁隧道病害信息　　　　　　　　　表 7-2

位置	里程	对应环号	病害描述
7 号线石谢区间左线隧道	约 ZDK5+162	385	掉块，已修补
	约 ZDK5+172	389	裂缝，已修补
	约 ZDK5+242	440	崩角，已修补

（2）初始应力分析

根据场地的初始岩土层分布及物理力学参数，模拟 7 号线石谢区间隧道盾构施工的过程，计算 7 号线石谢区间隧道施工完成后的初始应力状态，为模拟佛莞城际隧道施工对 7 号线石谢区间隧道结构的影响提供初始值，如图 7-10 所示。根据 7 号线石谢区间隧道结构弯矩进行验算，计算配筋小于管片实际配筋，可满足要求。结合现场采集的 7 号线石谢区间隧道影像及三维初始应力分析的结果可知，7 号线石谢区间隧道结构的变形和内力均未出现异常，呈较为良好的状态。

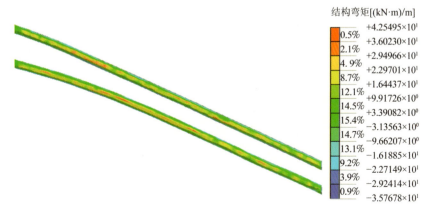

图 7-10　初始状态隧道结构弯矩图

3）穿越工程影响预评估

（1）外部作业影响等级

根据《城市轨道交通既有结构保护技术规范》（DBJ/T 15-120—2017）[2]对城市轨道交通沿线保护区的规定，隧道结构外边线外侧50m内应设置控制保护区。佛莞城际隧道与7号线石谢区间隧道净距为3.0～4.4m，两者的相对关系如图7-11所示。根据规范对外部作业影响等级划分和外部作业的工程影响分区的规定，本项目的接近程度为非常接近（I），外部作业的工程影响分区强烈影响区（A），可知本项目外部作业影响等级为特级。

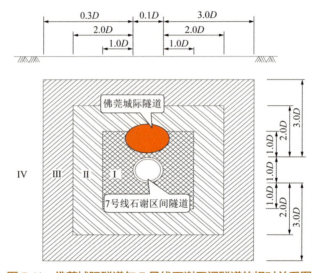

图7-11 佛莞城际隧道与7号线石谢区间隧道的相对关系图

（2）安全控制要求

隧道结构安全控制指标主要包括水平及竖向位移、差异沉降、管片裂缝宽度、径向收敛、变形曲率半径、管片接缝张开量、附加荷载、振动速度、轨道横向高差、轨向高差、轨间距、道床脱空量等[2]。上述控制指标值宜符合表7-3的要求。

城市轨道交通既有结构安全控制指标[2]　　　　　表7-3

安全控制指标	控制值	安全控制指标	控制值
隧道水平位移	<15mm	轨道横向高差	<4mm
隧道竖向位移	<15mm	轨向高差（矢度值）	<4mm
隧道径向收敛	<15mm	轨间距	>−4mm <+6mm
隧道轴线变形曲率半径	>15000m	道床脱空量	≤5mm
隧道变形相对曲率	<1/2500	振动速度	≤2.0cm/s
盾构管片接缝张开量	<2mm	盾构管片裂缝宽度	<0.2mm
隧道结构外壁附加荷载	≤20kPa	其他混凝土构件裂缝宽度	<0.3mm

注：1. 指标值不包括测量、施工等的误差量。
　　2. 表中数值为未考虑城市轨道交通既有结构已发生变形或病害情况下的安全控制指标，如既有结构已发生变形或病害，则应根据现状评估取值。

7.1.3 控制设计及计算

1）变形控制设计方案

考虑佛莞城际隧道掘进极有可能影响 7 号线石谢区间隧道的正常使用、承载能力以及耐久性能，故施工前对 7 号线石谢区间隧道进行了管片加强设计，并在两者相交区域进行"旋喷桩 + 注浆"加固。

（1）既有隧道管片加强

为了减小佛莞城际盾构隧道上跨对 7 号线石谢区间隧道的影响，在影响区域对 7 号线隧道管片配筋进行了加强，其中 7 号线左线隧道加强段的里程为 ZDK5 + 140～ZDK5 + 310，右线隧道加强段的里程为 YDK5 + 100～YDK5 + 260，具体位置见图 7-12。标准块、邻接块和封顶块的加强段配筋比普通段分别增加了 20%、12% 和 15%，见表 7-4。

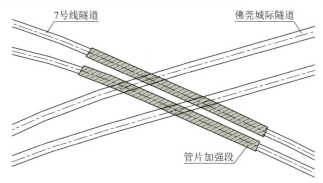

图 7-12 7 号线石谢区间隧道管片加强段范围

加强段管片配筋对比表 表 7-4

标准块				邻接块				封顶块			
普通段配筋（kg）	加强段配筋（kg）	增加量（kg）	百分比（%）	普通段配筋（kg）	加强段配筋（kg）	增加量（kg）	百分比（%）	普通段配筋（kg）	加强段配筋（kg）	增加量（kg）	百分比（%）
277.5	333.4	55.9	20	248.7	279.2	30.5	12	77.7	89.5	11.7	15

（2）既有隧道保护加固方案

7 号线石谢区间隧道与佛莞城际隧道相交区域内进行"旋喷桩 + 注浆"加固，加固范围内的地层上部为全风化泥质砂岩，下部为中风化泥质砂岩。其中，佛莞城际隧道顶部以上采用旋喷桩加固，选取桩径为 800mm、桩间距为 600mm 的双管旋喷桩，加固区高度约 3m；佛莞城际隧道洞身范围及 7 号线隧道顶部之间，采用注浆加固，注浆孔采用直径为 110mm 的钻孔，浆液扩散半径为 1m，水泥采用 42.5 级以上普通硅酸盐水泥，水灰比为 1∶1，注浆压力为 0.5～1.0MPa。加固区平面范围为佛莞城际隧道外 4.0m，加固面积共 1550m²，加固区域顶部为佛莞城际隧道顶部以上不小于 2.0m 的位置，底部为 7 号线隧道顶部。旋喷桩加固区域与注浆加固区域平面布置分别见图 7-13 与图 7-14，加固范围见图 7-15 与图 7-16。

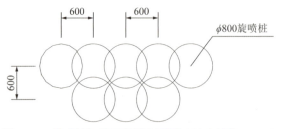

图 7-13　旋喷桩加固区平面布置图（尺寸单位：mm）

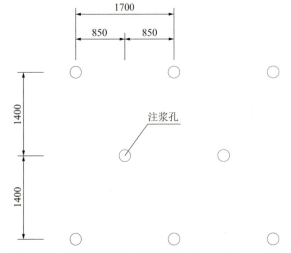

图 7-14　注浆加固区平面布置图（尺寸单位：mm）

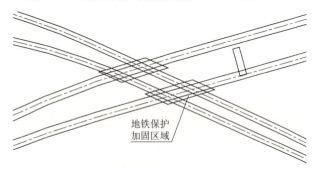

图 7-15　旋喷桩与注浆加固区域平面图

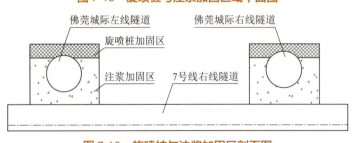

图 7-16　旋喷桩与注浆加固区剖面图

2）数值分析

采用 Midas GTS/NX 软件建立三维有限元模型，模拟计算佛莞城际隧道施工对 7 号线石谢区间隧道的不利影响，重点分析盾构隧道施工期间 7 号线隧道结构的变形和内力情况，进而评估 7 号线隧道的结构及运营安全状态。

（1）模型说明

根据佛莞城际隧道与 7 号线石谢区间隧道的交叠关系，结合新建佛莞城际隧道的施工工法、工期安排、施工机械等资料，建立三维有限元模型。各岩土层物理力学参数见表 7-1，模型管片几何尺寸及物理力学参数见表 7-5。

隧道管片主要参数表 表 7-5

隧道结构	内径（mm）	外径（mm）	环宽（mm）	材料	本构关系
7 号线石谢区间盾构隧道管片	5400	6000	1500	C50	弹性
佛莞城际盾构隧道管片	7700	8500	1600	C50	弹性

三维有限元模型包含 7 号线石谢区间隧道、佛莞城际隧道与 1 号横通道、岩土层及加固区，见图 7-17～图 7-19。

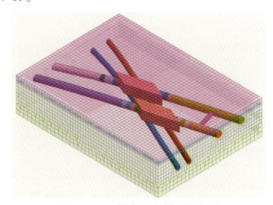

图 7-17　三维有限元模型透视图

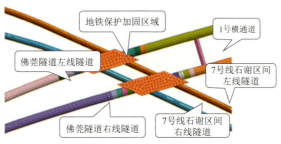

图 7-18　隧道模型俯视图

新建佛莞城际隧道正下方的 7 号线石谢区间隧道跨度约 52m，因此，可将佛莞城际隧道掘进对 7 号线石谢区间隧道结构的影响区域划分为主要影响区和次要影响区，其中主要影响区以佛莞城际隧道与 7 号线石谢区间隧道交会区域为中心，两侧各外扩 30m，共 112m，次要影响区为主要影响区以外的范围，见图 7-20。为重点研究佛莞城际隧道盾构掘进对 7 号线石谢区间隧道结构的影响，在盾构机进入主要影响区时开始进行精细化模拟。佛莞城际右线隧道盾构先行掘进，在穿越 7 号线石谢区间隧道后，左线隧道开始盾构掘进，共分为 41 个施工步骤，左右线盾构的掘进速度均为 5.2m/d。

图 7-19 隧道模型与加固区侧视图

图 7-20 主要影响区和次要影响区

（2）上跨施工对既有隧道影响分析

佛莞城际隧道盾构穿越过程中，当盾构机机头上跨时，因盾构机自重较大，作用荷载大于原状土的自重，底部荷载增大，形成加载工况；当后部附属设备穿过时，上部荷载小于原状土的自重，7 号线石谢区间隧道将受到上浮力作用，形成卸载工况。因此，模拟佛莞城际隧道盾构施工过程对 7 号线石谢区间隧道的影响时，必须同时考虑两种工况。

隧道典型交会点各工况下的位移如图 7-21 所示。可知，该典型位置在变形过程中表现为先沉降后隆起，隧道沉降量最大值为 0.07mm，隆起量最大值为 0.94mm。该变形规律主要受盾构机前端重量较大且后部重量相对小而形成了先加载后卸载的过程及开挖卸荷的综合影响。

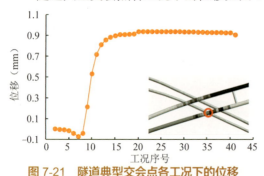

图 7-21 隧道典型交会点各工况下的位移

根据各管片实际配筋及各工况下的最大弯矩和对应的轴力，验算对应配筋，结果见表 7-6。验算结果表明，佛莞城际隧道盾构施工期间，7 号线石谢区间隧道结构的配筋可满足要求。

佛莞城际盾构隧道配筋计算表（折算为 1.5m 宽度后的设计值） 表 7-6

最大弯矩（kN·m）	对应轴力（kN）	计算配筋（mm²）	既有管片配筋（mm²）	裂缝宽度（mm）
97.54	170.14	948	3047	0.03

通过数值计算，分析由佛莞城际隧道开挖引起的 7 号线石谢区间隧道位移和内力变化情况，以此来判断上跨施工对既有隧道结构的影响。佛莞城际隧道在施工过程中，各施工工况下 7 号线石谢区间隧道结构的竖向位移、水平位移以及弯矩情况分别如图 7-22～图 7-24 所示。

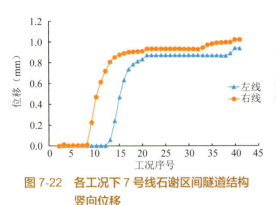

图 7-22 各工况下 7 号线石谢区间隧道结构竖向位移

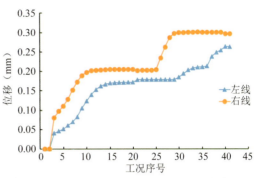

图 7-23 各工况下 7 号线石谢区间隧道结构水平位移

由数值计算结果可以得出以下结论:

①随着佛莞城际隧道盾构的掘进,在盾构机接近 7 号线石谢区间隧道上方时,隧道顶部会出现较大幅度的位移增长,并在盾构机穿越既有 7 号线石谢区间隧道上方后趋于稳定。7 号线石谢区间隧道顶部位移最大值为 1.03mm,出现在 7 号线石谢区间右线隧道与佛莞城际隧道左线交会处,整个模拟过程中 7 号线石谢区间隧道结构未发生明显竖向变形。

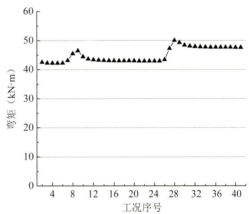

图 7-24 各工况下 7 号线石谢区间隧道结构弯矩

②随着佛莞城际左、右线隧道盾构的掘进,7 号线石谢区间左线与右线隧道水平位移均持续增大,施工期间隧道结构水平位移最大值约为 0.30mm,出现在 7 号线石谢区间左线隧道与佛莞城际隧道左线交会处。

③在整个模拟过程中,7 号线石谢区间隧道结构的弯矩值变化不大,最大值约 50.03kN·m。

④根据各工况的隧道结构内力,验算 7 号线石谢区间隧道结构裂缝宽度,在施工期间最大裂缝宽度为 0.03mm。

(3)水位变化对既有隧道影响分析

佛莞城际隧道在掘进过程中,可能由于地下水的流失而导致地下水位的变化,进而直接影响 7 号线石谢区间隧道结构安全。因此,为分析地下水位变化对隧道结构的影响,需要对比分析地下水位下降不同深度时隧道结构沉降量以及内力的变化情况。根据工程勘察报告提供的地下水位深度可知,佛莞城际隧道与 7 号线石谢区间隧道交会处地下水深度约为 5.2m。假定水位分别下降 0m、2m、4m、6m、8m 和 10m 六种工况,隧道结构沉降量和弯矩变化分别如图 7-25、图 7-26 所示。

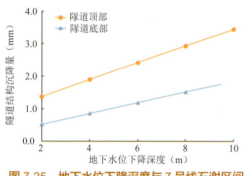

图 7-25 地下水位下降深度与 7 号线石谢区间隧道结构沉降量关系图

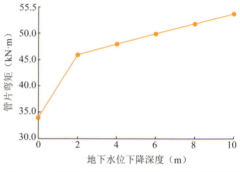

图 7-26 地下水位下降深度与 7 号线石谢区间隧道结构弯矩关系图

根据地下水位下降不同深度的 7 号线石谢区间隧道结构内力，验算得到对应的最大裂缝宽度见表 7-7。

各工况下 7 号线石谢区间隧道结构内力状况（折算为 1.5m 宽度后的设计值）　表 7-7

工况序号	地下水位下降深度（m）	最大弯矩值（kN·m）	最大轴力值（kN）	裂缝宽度（mm）
0	0	66.28	372.41	0.02
1	2	89.63	399.49	0.03
2	4	93.58	409.02	0.03
3	6	97.41	423.08	0.03
4	8	101.15	441.83	0.04
5	10	104.79	456.73	0.04

由以上数值计算结果可以得出以下结论：

① 7 号线石谢区间隧道结构沉降量随地下水位下降深度的增加而增大。当地下水位下降 2m 时，隧道顶部和底部的沉降量分别为 1.38mm 和 0.51mm；当地下水下降 10m 时，隧道顶部和底部的沉降量分别为 3.45mm 和 1.84mm。

② 水位下降将引起 7 号线石谢区间隧道结构内力的变化，且其变化量随地下水位下降深度的增加而增大。当地下水下降 10m 时，隧道结构的最大弯矩值为 53.7kN·m。

③ 根据地下水位下降不同深度的 7 号线石谢区间隧道结构内力可验算得到对应的最大裂缝宽度。当地下水位由初始状态下降 2m 后，裂缝宽度由 0.02mm 增大到 0.03mm；当地下水位由初始状态下降 10m 后，裂缝宽度继续增大到 0.04mm。

（4）佛莞城际隧道运营对 7 号线石谢区间隧道影响分析

佛莞城际采用和谐号 CRH6 型动车组，车辆长度为 24.5m，编组长度为 201.4m，轴重为 17.1t，轴距为 2500mm。列车运行时总荷载为轨道结构自重 q_1 与列车荷载 q_2 之和，即 $q = q_1 + q_2$，计算方法为：

$$q_1 = \frac{G}{l_0} \tag{7-1}$$

$$q_2 = \frac{F}{l_0 \times s} \tag{7-2}$$

以上式中：G——纵向每延米轨道结构自重（kg/m），包含了钢轨和扣件；

l_0——荷载分布宽度（m）；

F——列车荷载图示中的集中荷载值（N）；

s——荷载作用间距（m），此取轨距。

由式(7-1)与式(7-2)可得到列车运行状态的总荷载 $q = q_1 + q_2$。综合分析 7 号线列车和佛莞城际列车的车速、轴重、列车发车频次以及车长等研究，得出 7 号线列车和佛莞城际列车动荷载曲线，详见图 7-27、图 7-28。

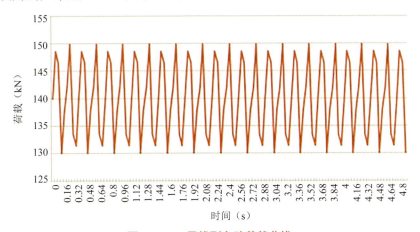

图 7-27　7 号线列车动荷载曲线

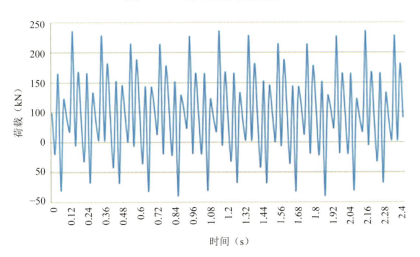

图 7-28　佛莞城际列车动荷载曲线

根据佛莞城际列车运营情况，模拟列车运行状态对 7 号线石谢区间隧道结构的影响，对应的结构变形和内力极值见表 7-8。并根据各管片实际配筋及各工况下的最大弯矩和对应的轴力，验算对应的配筋，结果见表 7-9。

佛莞城际运营期间 7 号线石谢区间隧道结构变形与内力极值　　　　表 7-8

最大竖向变形量（mm）	最大水平变形量（mm）	最大弯矩值（kN·m）	最大轴力值（kN）
0.02	0	47.66	918.58

盾构隧道配筋计算表（折算为 1.5m 宽度后的设计值）　　　　表 7-9

最大弯矩（kN·m）	对应轴力（kN）	计算配筋（mm²）	既有管片配筋（mm²）	裂缝宽度（mm）
92.94	1791.21	971	3047	0.04

根据数值计算结果可知，在佛莞城际列车运营期间，7 号线石谢区间隧道结构的竖向和水平位移最大值为 0.02mm，水平位移最大值接近 0mm；最大弯矩值为 47.7kN·m；计算得到裂缝宽度为 0.04mm。可知，佛莞城际列车运行时可满足 7 号线石谢区间隧道结构的安全要求。

因此，根据上述佛莞城际隧道上跨 7 号线石谢区间隧道的施工过程及佛莞城际运营过程的计算结果，认为佛莞城际隧道施工与运营期间不危及 7 号线石谢区间隧道的结构安全，亦不影响地铁 7 号线后期的运营安全。

7.1.4　实测分析

1）监测方案

本穿越工程外部作业影响等级为特级，需要对 7 号线石谢区间隧道结构进行实时监测，监测的目的主要体现在以下两点：

（1）通过对监测数据的整理分析，掌握 7 号线石谢区间隧道结构的受力状态和变形状态，进而掌握隧道结构的稳定状态，确保工程质量及隧道安全，使地铁运营过程处于受控状态。

（2）为佛莞城际隧道施工提供信息化指导，第一时间反馈既有 7 号线石谢区间隧道安全状态，为分析隧道变形的成因提供数据支持，以指导施工单位修改和完善施工方案，将上跨施工对隧道的变形影响控制在较小范围内，对可能引发的安全问题提前预警，规避风险，确保地铁线路的安全运营。

在佛莞城际隧道上跨施工阶段，采用全自动测量机器人全天候无人值守监测。监测内容主要包括隧道竖向位移、隧道水平位移和相对收敛。此外，当 7 号线石谢区间隧道结构出现新增裂缝或者已有裂缝生长加快等情况时，对重点关注的裂缝采用裂缝监测传感器实时自动监测。

7 号线石谢区间隧道监测范围：右线区间里程为 YDK5 + 120.9～YDK5 + 225.7，左线区间里程为 ZDK5 + 163.9～ZDK5 + 271.2。该区间隧道左、右线各布设 21 个监测断面，监测断面不等间距布置，在每个穿越投影交叉区域隔环布置监测断面，往远处可适当扩大间距但最大不超过 10m，具体布设位置见图 7-29。每个监测断面布设 5 个监测点，分别在隧道顶部、隧道两侧各布设 1 个监测点,于隧道底部布设 2 个监测点,用于反映道床的差异沉降,如图 7-30 所示。

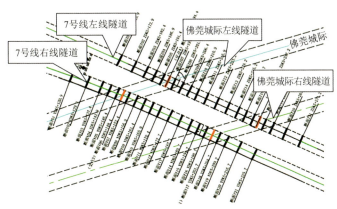

图 7-29 7 号线石谢区间隧道监测断面布置平面图

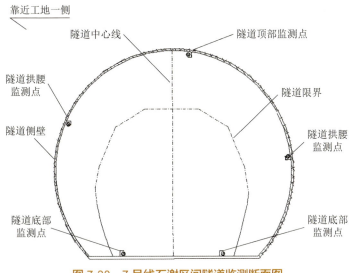

图 7-30 7 号线石谢区间隧道监测断面图

所有监测、测试元件和设备的安装埋设均在盾构施工至保护区范围之前完成,并测试各项目的初始值。各工期对应的自动监测频率见表 7-10,各监测项目的预警值和控制值见表 7-11。

自动监测频率　　　　　　　　　　　　　　　　　　　　　表 7-10

序号	施工项目	监测频率	备注
1	盾构施工穿行之前	2 次/d	具体执行时需考虑设计单位及安全评估单位意见
2	盾构施工穿行阶段	1 次/2h	
3	盾构施工穿行之后	2 次/d	
4	达到报警值或出现险情	4 次/d	

监测项目的预警值和控制值（单位：mm）[2]　　　　表 7-11

安全控制指标	预警值（mm）	控制值（mm）
隧道水平位移	<10	<15
隧道竖向位移	<10	<15
隧道径向收敛	<10	<15
结构裂缝宽度	迎水面<0.1，背水面<0.1	迎水面<0.2，背水面<0.3

2）监测结果分析

7号线石谢区间隧道结构累计沉降量（Z轴）监测情况见表7-12，水平横向位移（Y轴）和纵向位移（X轴）监测情况见表7-13和表7-14。分析7号线石谢区间隧道施工的进展情况及监测数据的稳定性，可以得到7号线石谢区间隧道最大累计变形量为1.78mm，监测点号为Z07-3，位于左线里程ZDK5+194.4处的隧道侧墙。在整个监测过程中，7号线石谢区间隧道变形监测项目累计变化量及日变化量均未达到原定的监测警戒值，即该穿越工程引起的7号线石谢区间隧道结构变形满足安全控制要求。

7号线石谢区间隧道各断面累计沉降量最大值情况统计表　　　　表 7-12

断面	点号	环号	里程	累计变化量（mm）	备注
左线断面06	Z07-3	406	ZDK5+194.4	+1.78	Z方向为铅垂线方向，Z轴"+"表示隧道上浮
	Y07-3	376	YDK5+149.4	−1.67	

7号线石谢区间隧道各断面累计最大横向位移值的测点情况统计情况　　　　表 7-13

断面号	点号	环号	里程	累计变化量（mm）	备注
左线断面09	Z09-3	414	ZDK5+206.4	+0.69	Y方向基本垂直于隧道纵向，垂直于X方向，往盾构掘进方向为"+"
右线断面16	Y16-2	409	YDK5+198.7	−0.67	

7号线石谢区间隧道各断面累计最大纵向位移值的测点情况统计情况　　　　表 7-14

断面号	点号	环号	里程	累计变化量（mm）	备注
左线断面02	Z02-4	392	ZDK5+172.9	+0.61	X方向基本平行于隧道纵向。沿隧道往石壁站方向为"+"，往谢村方向为"−"
右线断面17	Y17-5	411	YDK5+201.7	+0.57	

7.1.5　小结

佛莞城际隧道上跨7号线石谢区间隧道工程中，新建隧道外径为8.5m、内径为7.7m，既有隧道外径为6.0m、内径为5.4m。穿越段地层主要为强风化和中风化泥质砂岩。在隧道交叠区域，两隧道净距为3.0～4.4m。工前调查评估结果显示，穿越工程周边无敏感建（构）筑物，且既有隧道整体健康状态基本良好。经穿越工程影响预评估，判定本项目外部作业影响等级为特级。

为降低穿越工程对既有隧道的影响，施工前对7号线石谢区间隧道进行了管片加强设计，并在两者相交区域进行"旋喷桩+注浆"加固。采用数值模拟方法评估新建隧道施工及运营对既有隧道的影响，结果表明：佛莞城际隧道施工与运营不危及7号线石谢区间隧道的结构安全，亦不影响地铁线路后期的运营安全。此外，现场监测数据显示，既有隧道结构最大累计变形量为1.78mm。在整个监测过程中，既有隧道结构变形均未达到监测警戒值，即该地下穿越工程引起的既有隧道结构变形满足安全控制要求。

7.2 佛莞城际盾构隧道上跨广州地铁7号线钟汉区间盾构隧道

7.2.1 工程概况

广州地铁7号线钟村站—汉溪长隆站区间（钟汉区间）线路出钟村站后以小曲线半径由正东方向转为东偏北方向，下穿市广路箱涵后进入汉溪大道，之后一直沿汉溪大道由西往东偏北方向进入汉溪长隆站。区间沿线主要建（构）筑物为市广路箱涵、新光路快速立交桥（含匝道）桥桩以及广州地铁3号线大石南站—汉溪南站区间隧道。7号线钟汉区间隧道采用盾构法施工，隧道外径为6.0m，内径为5.4m，壁厚为0.3m。佛莞城际工程情况可参见7.1.1节。

在两线路穿越区，佛莞城际隧道位于硬塑状砂质黏性土和全风化混合花岗岩内，7号线钟汉区间隧道全断面位于强风化混合花岗岩内。相关岩土层物理力学参数值见表7-15。

各岩土层物理力学参数 表7-15

岩土名称	重度（kN/m³）	天然含水率（%）	孔隙比	变形模量（MPa）	直接快剪		固结快剪	
					黏聚力（kPa）	内摩擦角（°）	黏聚力（kPa）	内摩擦角（°）
〈1〉素填土	18.8	24.9	0.799	5	15.0	10.0		
〈3-1〉粉细砂	18.0			12	0	29.0		
〈4N-2〉粉质黏土	19.3	28.3	0.811	6.5	20.1	16.8	30.0	16.4
〈5Z-2〉砂质黏性土	18.6	25.4	0.818	22	23.7	23.5	26.6	22.4
〈6Z〉全风化混合花岗岩	18.9	23.8	0.763	45	26.0	25.4	28	21.0
〈7Z〉强风化混合花岗岩	19.4	20.9	0.673	100	35.0	24.5	40.0	26.7

在佛莞城际隧道与7号线钟汉区间隧道交会处（DK4+775处），上跨的佛莞城际隧道与下部的7号线钟汉区间隧道斜交，夹角约62°。佛莞城际的线间距约24.4m，7号线钟汉

区间的线间距约 13m，两者平面关系详见图 7-31。

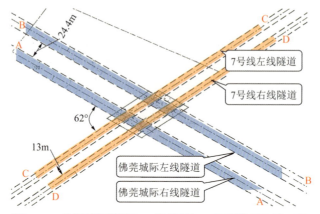

图 7-31 佛莞城际隧道与 7 号线钟汉区间隧道平面关系图

以各隧道为中心生成剖面，佛莞城际右、左线隧道与 7 号线钟汉区间隧道剖面关系分别见图 7-32、图 7-33。

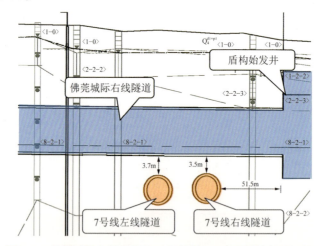

图 7-32 佛莞城际右线隧道与 7 号线钟汉区间隧道剖面关系图

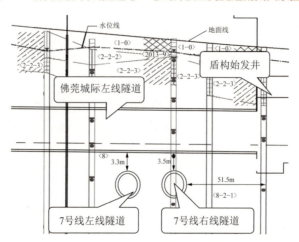

图 7-33 佛莞城际左线隧道与 7 号线钟汉区间隧道剖面关系图

7号线左、右线钟汉区间隧道与佛莞城际隧道剖面关系分别见图7-34、图7-35。

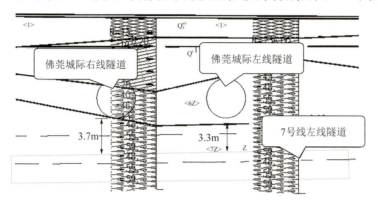

图7-34　7号线左线钟汉区间隧道与佛莞城际隧道剖面关系图

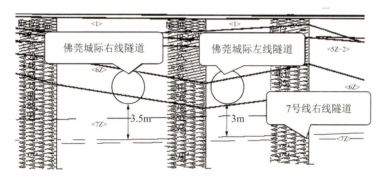

图7-35　7号线右线钟汉区间隧道与佛莞城际隧道剖面关系图

在佛莞城际隧道与7号线钟汉区间隧道交叠区域，7号线隧道覆土厚度为24.42～25.03m，佛莞城际隧道覆土厚度为12.83～12.92m，两者净距为3.0～3.7m。

7.2.2　调查评估

1）周边环境调查

在地下穿越工程开始前，需要对周边环境状况开展调查。相关图纸文件及现场勘踏结果表明，穿越工点周边无敏感建（构）筑物，工程现场如图7-36所示。

2）既有隧道结构现状评估

（1）7号线隧道现状调查

在盾构掘进施工前，对7号线钟汉区间隧道与佛莞城际隧道交叠处的管片现状进行调查，详见图7-37～图7-39和表7-16。调查结果表明，7号线钟汉区间左、右线隧道结构的健康状态良好，未见明显渗漏水、开裂、剥离、掉块及错台现象。

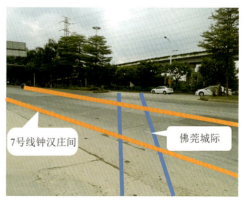

图7-36　工程现场

图 7-37　7 号线钟汉区间左线隧道 ZDK9+748 处　　图 7-38　7 号线钟汉区间左线隧道与大石断裂交点　　图 7-39　7 号线钟汉区间右线隧道 ZDK9+787 处

隧道相交处信息　　表 7-16

位置	里程	对应环号
7 号线钟汉区间左线隧道	约 ZDK9+748	705
	约 ZDK9+912	851
7 号线钟汉区间右线隧道	约 YDK9+787	770

（2）初始应力分析

7 号线钟汉区间隧道施工完成后的初始应力状态见图 7-40，根据隧道结构弯矩进行验算，计算配筋小于管片实际配筋，可满足要求。此外，结合现场采集的 7 号线钟汉区间隧道结构影像分析，可知 7 号线隧道结构的变形和内力均未出现异常，呈较为良好的状态。

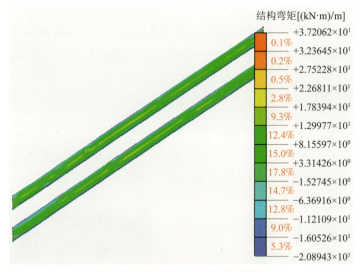

图 7-40　初始状态隧道结构弯矩图

3）穿越工程影响预评估

（1）外部作业影响等级

佛莞城际隧道与 7 号线钟汉区间隧道净距为 3.0～3.7m，两者的相对关系如图 7-41 所示。

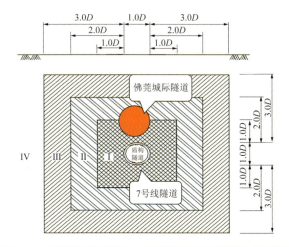

图 7-41 佛莞城际隧道与 7 号线钟汉区间隧道相对关系图

根据外部作业影响等级划分和外部作业的工程影响分区的规定，本项目的接近程度为非常接近（Ⅰ），外部作业的工程影响分区强烈影响区（A），可知本项目外部作业影响等级为特级。

（2）安全控制要求

隧道结构安全控制指标可参考 7.1.2 节内容，具体指标控制值宜符合表 7-3 的要求。

7.2.3 控制设计及计算

1）变形控制设计方案

为减小佛莞城际隧道盾构上跨过程对 7 号线钟汉区间隧道的影响，对影响范围内的 7 号线隧道进行管片加强设计，并在两者交叠区域采取旋喷桩加固。

（1）既有隧道管片加强

当佛莞城际隧道上跨 7 号线钟汉区间隧道时，对影响区域内的 7 号线隧道管片进行了配筋加强，配筋情况参见表 7-4。其中，7 号线左线隧道加强段的里程为 ZDK9＋690～ZDK9＋850，对应的管片环号为 715～755；右线隧道加强段的里程为 YDK9＋700～YDK9＋860，对应的管片环号为 740～780，具体位置详见图 7-42。

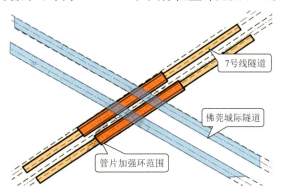

图 7-42　7 号线钟汉区间隧道管片加强段范围

（2）既有隧道保护加固方案

在7号线钟汉区间隧道与佛莞城际隧道相交区域进行旋喷桩加固，加固区范围内的地层主要为残积土、全风化花岗岩，底部区域局部为强风化二长花岗岩。旋喷桩加固范围为7号线隧道外侧4.0m，佛莞城际隧道外4.0m，加固面积约为1170m²，加固深度范围为7号线隧道以下不小于2.0m，7号线隧道以上不小于4.0m，加固区高度约12.3m。加固区域详见图7-43、图7-44。

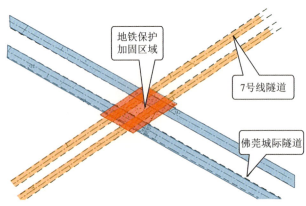

图7-43 旋喷桩加固区域平面图

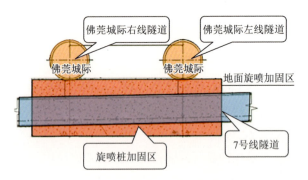

图7-44 旋喷桩加固区域剖面图

2）数值分析

采用Midas GTS/NX软件建立三维有限元模型，模拟计算佛莞城际隧道施工对7号线钟汉区间隧道的不利影响，重点分析盾构施工期间7号线隧道结构的变形和内力情况，进而评估地铁7号线结构及运营安全状态。

（1）模型说明

佛莞城际隧道与7号线钟汉区间隧道交叠处各土层物理力学参数见表7-15，模型管片几何尺寸及物理力学参数见表7-5，三维模型见图7-45～图7-47。有限元模型中包含了7号线钟汉区间隧道、佛莞城际隧道、岩土层及加固区。

佛莞城际隧道正下方的7号线钟汉区间隧道跨度约20m，其主要影响区以佛莞城际隧道与7号线隧道交会区域为中心,两侧各外扩30m,共80m;次要影响区是主要影响区以外的范围,如图7-48所示。盾构施工工况顺序为佛莞城际左线隧道盾构先行掘进,在穿越7号线隧道后右线隧道开始盾构掘进,左、右线盾构的掘进速度均为5.2m/d,共计38个施工步骤。

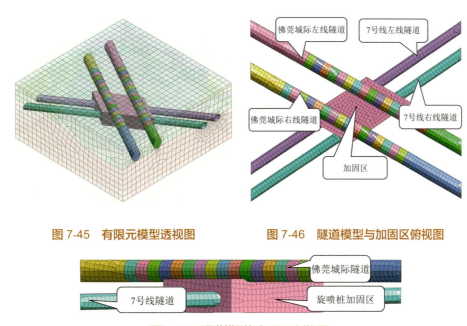

图 7-45 有限元模型透视图　　图 7-46 隧道模型与加固区俯视图

图 7-47 隧道模型与加固区侧视图

（2）上跨施工对既有隧道影响分析

结合实际施工进度、盾构机各组件自重及计算工况模拟,可获得佛莞城际隧道盾构施工过程对隧道结构顶部的变形及内力的影响,典型交汇点在各工况的位移值如图 7-49 所示。可知,该典型交汇点在变形过程中表现为先沉降后隆起,隧道沉降量最大为 0.054mm,隆起量最大为 1.096mm。

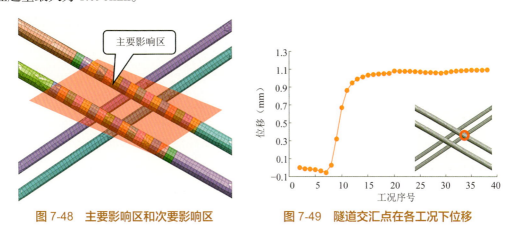

图 7-48 主要影响区和次要影响区　　图 7-49 隧道交汇点在各工况下位移

根据各管片实际配筋及各工况下的最大弯矩和对应的轴力,验算对应配筋,结果见

表7-17。结果表明,佛莞城际隧道盾构施工期间,7号线钟汉区间隧道结构的配筋可满足要求。

佛莞城际隧道配筋计算表（折算为1.5m宽度后的设计值） 表7-17

最大弯矩（kN·m）	对应轴力（kN）	计算配筋（mm²）	既有管片配筋（mm²）	裂缝宽度（mm）
64.043	1276.550	683	3047	0.023

佛莞城际隧道在施工过程中,各施工工况下7号线钟汉区间隧道结构的竖向位移、水平位移以及弯矩情况如图7-50～图7-52所示。

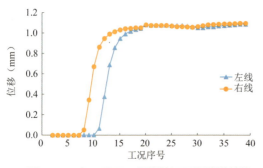

图7-50 各工况下7号线钟汉区间隧道结构竖向位移

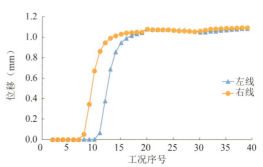

图7-51 各工况下7号线钟汉区间隧道结构水平位移

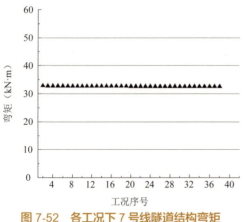

图7-52 各工况下7号线隧道结构弯矩

根据施工过程模拟,得到以下结论:

①佛莞城际隧道盾构掘进期间,7号线钟汉区间隧道顶部位移最大值为1.1mm,出现在7号线钟汉区间右线隧道与佛莞城际右线隧道交会处。

②随着佛莞城际左线隧道盾构的掘进,7号线钟汉区间左线与右线隧道水平位移均持续增大,并在施工完后达到最大值0.17mm,出现在7号线钟汉区间右线隧道与佛莞城际左线隧道交会处。

③在整个施工模拟过程中,7号线钟汉区间隧道结构的弯矩值变化不大,最大值约32.84kN·m。

④根据各工况的隧道结构内力,7号线钟汉区间隧道结构在施工期间最大裂缝宽度为0.02mm。

（3）水位变化对既有隧道影响分析

根据工程勘察报告提供的地下水位深度可知,佛莞城际隧道与7号线钟汉区间隧道交会处地下水深度约为5.2m。假定水位分别下降0m、2m、4m、6m、8m和10m六种工况,隧道结构竖向位移和内力变化分别如图 7-53 与图 7-54 所示。

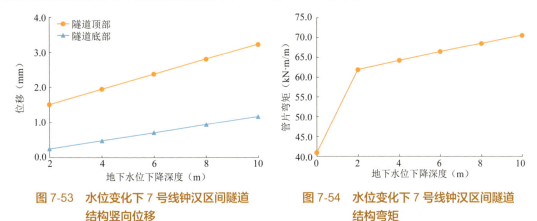

图 7-53　水位变化下 7 号线钟汊区间隧道结构竖向位移

图 7-54　水位变化下 7 号线钟汊区间隧道结构弯矩

根据地下水位下降不同深度的 7 号线钟汊区间隧道结构内力，验算得到对应的最大裂缝宽度，见表 7-18。

各工况下 7 号线钟汊区间隧道结构内力状况（折算为 1.5m 宽度后的设计值）　表 7-18

工况序号	地下水位下降深度（m）	最大弯矩值（kN·m）	最大轴力值（kN）	裂缝宽度（mm）
0	0	79.897	1047.513	0.029
1	2	120.756	1097.284	0.035
2	4	125.280	1124.947	0.037
3	7	129.585	1154.481	0.040
4	8	133.729	1191.944	0.042
5	10	137.740	1204.935	0.043

由以上数值计算结果可以得出以下结论：

①当地下水位下降 2m 时，7 号线钟汊区间隧道顶部和底部的沉降量分别为 1.52mm 和 0.25mm；当地下水下降 10m 时，隧道顶部和底部的沉降量分别为 3.23mm 和 1.17mm。

②7 号线钟汊区间隧道结构内力变化量随地下水位下降深度的增加而增大，当地下水下降 10m 时，隧道结构的弯矩值为 70.64kN·m。

③当地下水位由初始状态下降 2m 后，裂缝宽度由 0.03mm 增大到 0.04mm，增幅为 20.7%；当地下水位由初始状态下降 10m 后，裂缝宽度由 0.03mm 增大到 0.04mm，增幅为 48.3%。

（4）佛莞城际运营对既有隧道影响分析

根据佛莞城际运营情况，模拟列车运行状态对 7 号线钟汊区间隧道结构的影响，对应的结构变形和内力极值见表 7-19。并根据各管片实际配筋及各工况下的最大弯矩和对应的轴力，验算对应的配筋，结果见表 7-20。

佛莞城际运营期间7号线钟汊区间隧道结构变形与内力极值　　　表7-19

最大竖向变形量（mm）	最大水平变形量（mm）	最大弯矩值（kN·m）	最大轴力值（kN）
0.03	0.002	36.46	703.56

佛莞城际隧道配筋计算表（折算为1.5m宽度后的设计值）　　　表7-20

最大弯矩（kN·m）	对应轴力（kN）	计算配筋（mm²）	既有管片配筋（mm²）	裂缝宽度（mm）
71.10	1371.94	762	3047	0.03

根据数值计算结果，佛莞城际运营期间，7号线钟汊区间隧道结构的竖向和水平位移最大值为0.03mm，水平位移最大值接近0mm，最大弯矩值为36.46kN·m，计算得到裂缝宽度为0.03mm。可知，佛莞城际列车运行时可满足7号线隧道结构的安全。

上述计算结果表明，佛莞城际隧道盾构施工与运营不危及7号线隧道的结构安全，也不影响地铁后期的运营安全。

7.2.4 实测分析

1）监测方案

本地下穿越工程外部作业影响等级为特级，需要对7号线钟汊区间隧道结构进行实时监测。监测内容主要包括隧道竖向位移、隧道水平位移和相对收敛。

7号线钟汊区间隧道监测范围：右线区间里程为YDK9+737.95～YDK9+811.45，左线区间里程为ZDK9+724.53～ZDK9+796.53。该区间左线布设15个监测断面，右线布设16个监测断面，具体位置见图7-55，监测断面的测点布置见图7-30。

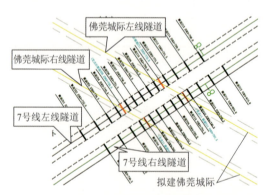

图7-55　7号线钟汊区间隧道监测断面布置平面图

所有监测、测试元件和设备的安装埋设均在盾构施工至保护区范围之前完成，并测试各项目的初始值。7号线钟汊区间各工期对应的监测频率见表7-10，各监测项目的预警值和控制值见表7-11。

2）监测结果分析

7号线钟汊区间隧道结构累计沉降量（Z轴）监测情况见表7-21，结构水平横向位移

（Y轴）和纵向位移（X轴）监测情况分别见表 7-22 与表 7-23。监测结果表明，7 号线钟汉区间隧道结构最大累计变形量为 1.72mm，监测点号 Z11-3 和 Z09-4，分别位于左线里程 ZDK9+772.53 和 ZDK9+765.03 处的隧道侧墙。在整个监测过程中，7 号线钟汉区间隧道结构变形监测项目累计变化量及日变化量均未达到原定的监测警戒值，即该地下穿越工程引起的 7 号线钟汉区间隧道结构变形满足安全控制要求。

7 号线钟汉区间隧道各断面累计最大沉降量统计情况　　表 7-21

断面号	点号	环号	里程	累计沉降量（mm）	备注
左线断面 11	Z11-3	743	ZDK9+772.53	+1.72	Z 方向为铅垂线方向。Z 轴 "+" 表示隧道上浮
左线断面 09	Z09-4	738	ZDK9+765.03	+1.72	
右线断面 13	Y13-3	755	YDK9+790.45	+1.71	

7 号线钟汉区间隧道各断面累计最大横向位移值统计情况　　表 7-22

断面号	点号	环号	里程	累计变化量（mm）	备注
右线断面 01	Y01-1	720	YDK9+737.95	+1.68	Y 方向为基本垂直于隧道纵向的方向。垂直于 X 方向往盾构掘进方向即西北方向为 "+"
左线断面 15	Z15-3	759	ZDK9+796.53	+1.64	
右线断面 03	Y03-4	731	YDK9+754.45	+1.62	

7 号线钟汉区间隧道各断面累计最大纵向位移值统计情况　　表 7-23

断面号	点号	环号	里程	累计变化量（mm）	备注
7 号线右线断面 12	Y12-2	753	YDK9+787.45	+1.56	X 方向为基本平行于隧道纵向的方向。沿隧道往钟村站方向为 "+"
7 号线右线断面 05	Y05-1	736	YDK9+761.95	+1.49	
7 号线左线断面 08	Z08-5	735	ZDK9+760.53	+1.44	

7.2.5　小结

佛莞城际盾构隧道上跨 7 号线钟汉区间隧道工程中，佛莞城际隧道外径为 8.5m、内径为 7.7m，7 号线隧道外径为 6.0m、内径为 5.4m。穿越段地层主要为硬塑状砂质黏性土和全风化花岗岩。在隧道交叠区域，两隧道净距为 3.0～3.7m。施工前调查评估结果显示，地下穿越工程周边无敏感建（构）筑物，且 7 号线隧道结构整体健康状态基本良好。经穿越工程影响预评估，判定本项目外部作业影响等级为特级。

为降低地下穿越工程对 7 号线隧道的影响，施工前对 7 号线钟汉区间隧道进行了管片加强设计，并在两线隧道相交区域进行旋喷桩加固。采用数值模拟方法评估佛莞城际隧道施工及运营对 7 号线隧道的影响，结果表明：佛莞城际隧道施工与运营不危及 7 号线钟汉区间隧道的结构安全，亦不影响地铁线路后期的运营安全。此外，现场监测数据显示，既有隧道结构最大累计变形量为 1.72mm。在整个监测过程中，既有隧道结构变形均未达到监测警戒值，即该穿越工程引起的既有隧道结构变形满足安全控制要求。

7.3 佛山地铁 2 号线盾构隧道下穿广州地铁 2 号线、7 号线盾构隧道

7.3.1 工程概况

佛山地铁 2 号线林岳东站—广州南站区间（林广区间）从林岳东站出发，沿林岳大道南侧的空地向东敷设，下穿陈村水道、同时下穿原西海咀泵站，再转向东南下穿既有广州地铁 2 号线、7 号线出入段线隧道，再下穿石壁涌后沿石山大道由南向东到达终点站广州南站。

佛山地铁 2 号线在里程 YDK52+250～YDK52+350 附近分别下穿广州地铁 2 号线、7 号线，下穿影响既有地铁盾构隧道，既有隧道洞身主要位于强风化砂岩中，佛山地铁 2 号线隧道也为盾构隧道，主要位于中风化泥质粉砂岩中。佛山地铁 2 号线左、右线隧道与广州地铁 2 号线左、右线隧道的最小竖向净距分别为 7.5m 和 4.9m，与广州地铁 7 号线左、右线隧道的最小竖向净距分别为 8.5m 和 8.3m。图 7-56、图 7-57 分别为佛山地铁 2 号线与既有地铁线路平面、剖面位置关系图。

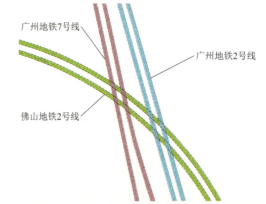

图 7-56 佛山地铁 2 号线与广州地铁 2 号线、7 号线平面位置关系图

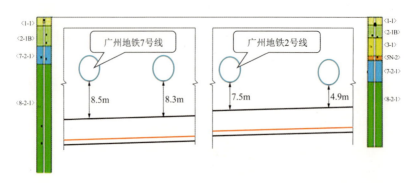

图 7-57 佛山地铁 2 号线与广州地铁 2 号线、7 号线剖面位置关系图

佛山地铁 2 号线隧道穿越地段岩土层自上而下依次为素填土、淤泥质土、粉细砂、粉质黏土、强风化砂岩、中风化砂岩，各岩土层物理力学参数见表 7-24。隧道主要所处地层

为中风化砂岩，可以看出广州地铁2号线、7号线出入段线盾构隧道所处地层土质条件良好，有利于控制因佛山地铁2号线隧道下穿施工引起既有地铁隧道结构的变形。

各岩土层物理力学参数　　　　　　　　　　　　　　表7-24

岩土名称	天然密度（g/cm³）	黏聚力（kPa）	内摩擦角（°）	压缩模量（MPa）	变形模量（MPa）
〈1-1〉素黏土	1.91	12	8.5		3
〈2-1B〉淤泥质土	1.68	8.4	5.2	1.99	3
〈3-1〉粉细砂	1.80	0	26.5		12
〈5N-2〉硬塑状粉质黏土	1.96	21.9	14.7	6.15	40
〈7-2-1〉强风化砂岩	2.02	35	20	6.5	150
〈8-2-1〉中风化砂岩	2.49				900

7.3.2　穿越工程影响预评估

1）外部作业影响等级

佛山地铁2号线与广州地铁2号线的最小净距为4.9m，结构接近程度为非常接近（Ⅰ），工程影响分区为强烈影响区（A），外部作业影响等级为特级；佛山地铁2号线与广州地铁7号线的最小净距为8.3m，结构接近程度为接近（Ⅱ），工程影响分区为显著影响区（B），外部作业影响等级为一级。

2）安全控制要求

隧道结构安全控制指标可参考7.1.2节内容，具体指标控制值宜符合表7-3的要求。

7.3.3　数值分析

1）模型说明

根据佛山地铁2号线林广区间盾构隧道和广州地铁2号线、7号线出入段线盾构隧道空间立体关系以及盾构掘进工程的施工特点，建立的三维有限元计算模型如图7-58、图7-59所示。

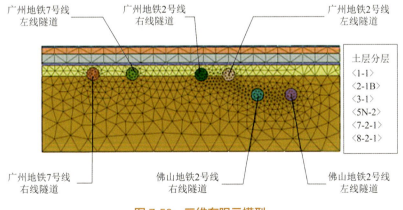

图7-58　三维有限元模型

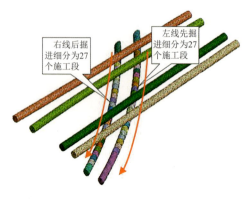

图 7-59 三维有限元模型细部轴视图

周边地层的力学性质对约束盾构掘进施工过程中既有隧道的受力和变形起着关键作用。为此,进行三维有限元模型模拟分析计算时须充分结合本工程的地层分布特点,岩土层参数选取参考表 7-24。

动态施工模拟的主要工况为:初始地应力场分析,广州地铁 2 号线、7 号线隧道施工,佛山地铁 2 号线左线盾构隧道掘进分步施工、佛山地铁 2 号线右线盾构隧道掘进分步施工。图 7-60 为施工段细分示意图,盾构施工采取了先左后右的顺序,按林岳东站至广州南站的走向,模型细化了佛山地铁 2 号线隧道部分施工段,细化工况为 S3~S27、S31~S55。

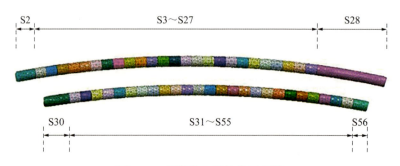

图 7-60 盾构施工段细分示意图

2)结果分析

(1)广州地铁 2 号线、7 号线隧道结构变形

因盾构施工工况较多,汇总时将佛山地铁 2 号线隧道下穿既有隧道的整个过程划分为穿越前、穿越中、穿越后三个阶段。对下穿过程的施工步骤做详细统计,根据新建佛山地铁 2 号线隧道与既有广州地铁 2 号线、7 号线隧道的空间位置关系选取相关性高的施工步进行汇总,汇总结果见表 7-25~表 7-30。

佛山地铁 2 号线下穿施工过程中广州地铁 2 号线隧道结构位移汇总　　表 7-25

计算工况	广州地铁 2 号线隧道最大位移量			
	水平位移		竖向位移	总位移
	T_1(mm)	T_2(mm)	T_3(mm)	T(mm)
S14	−0.07/−1.3	0.28/0	−0.62	1.4
S17	−0.09/−1.67	0.43/0	−1.98	2.49
S20	−0.01/−1.68	0.57/0	−3	3.15

续上表

计算工况	广州地铁2号线隧道最大位移量			
	水平位移		竖向位移	总位移
	T_1 (mm)	T_2 (mm)	T_3 (mm)	T (mm)
S23	0.21/−1.71	0.54/−0.05	−3.04	3.15
S26	0.33/−1.59	0.49/−0.13	−3.09	3.16
S42	1.39/−2.18	0.42/−0.3	−3.26	3.57
S45	1.31/−2.21	0.46/−0.32	−3.41	3.72
S48	1.24/−2.19	0.48/−0.35	−3.45	3.72
S51	1.16/−2.16	0.44/−0.41	−3.5	3.73
S54	1.44/−2.12	0.38/−0.49	−4.03	4.09
S57	2.58/−2.09	0.33/−0.55	−4.21	4.31

注："−"表示东侧水平位移或沉降;"+"表示西侧水平位移或隆起。

佛山地铁2号线下穿施工过程中广州地铁7号线隧道结构位移汇总 表7-26

计算工况	广州地铁7号线隧道最大位移量			
	水平位移		竖向位移	总位移
	T_1 (mm)	T_2 (mm)	T_3 (mm)	T (mm)
S2	−0.01/−0.52	0.11/−0.01	−0.42	0.64
S5	−0.01/−1.15	0.3/−0.06	−1.65	2
S8	−0.02/−1.4	0.44/−0.1	−2.49	2.6
S11	−0.02/−1.56	0.51/−0.13	−2.53	2.71
S14	0.07/−1.47	0.51/−0.81	−2.58	2.71
S30	0.66/−1.39	0.23/−0.43	−3.04	3.13
S33	0.63/−1.59	0.32/−0.47	−3.47	3.6
S36	0.59/−1.79	0.4/−0.5	−3.58	3.74
S39	0.55/−1.82	0.51/−0.55	−3.66	3.83
S42	0.53/−1.83	0.49/−0.6	−3.72	3.89
S57	0.94/−1.79	0.17/−0.83	−3.9	4.06

佛山地铁 2 号线下穿施工过程中广州地铁 2 号线隧道结构内力汇总　　表 7-27

计算工况	广州地铁 2 号线隧道结构内力			
	轴力		弯矩	
	F_{XX}（kN/m）	F_{YY}（kN/m）	M_{XX}（kN·m/m）	M_{YY}（kN·m/m）
S14	−640.96	−432.91	70.7/−67.03	13.62/−32.87
S17	−641.14	−433.26	70.7/−67.07	13.64/−32.91
S20	−640.6	−432.03	13.65/−33.01	13.65/−33.01
S23	−638.5	−428.83	71.2/−67.19	13.64/−33.17
S26	−634.75	−437.65	75.0/−67.9	14.05/−33.35
S42	−622.34	−439.77	77.8/−67.93	14.28/−33.86
S45	−620.65	−406.58	77.93/−68.0	14.3/−33.94
S48	−618.56	−423.06	78.5/−68.08	14.76/−34.04
S51	−615.79	−421.19	73.63/−68.16	14.28/−34.18
S54	−612.13	−414.76	75.12/−68.25	14.2/−34.34
S57	−609.3	−447.53	84.9/−69.36	16.41/−39.37

佛山地铁 2 号线下穿施工过程中广州地铁 7 号线隧道结构内力汇总　　表 7-28

计算工况	广州地铁 7 号线隧道结构内力			
	轴力		弯矩	
	F_{XX}（kN/m）	F_{YY}（kN/m）	M_{XX}（kN·m/m）	M_{YY}（kN·m/m）
S2	−613.25	−512.06	70.38/−69.59	13.08/27.98
S5	−612.9	−504.43	71.23/−69.53	13.29/−28.11
S8	−613.54	−494.87	71.36/−70.2	13.19/−28.26
S11	−617.47	−484.26	71.42/−70.82	13.22/−28.43
S14	−618.87	−477.55	71.48/−71.32	13.23/−28.53
S30	−619.74	−521.64	73.33/−73.65	13.59/−28.27
S33	−620.91	−515.16	72.86/−74.09	13.44/−28.37
S36	−630.22	−505.6	72.12/−75.84	13.14/−28.51
S39	−626.19	−492.59	71.44/−70.74	13.14/−28.71
S42	−627.82	−485.21	71.60/−72.58	13.29/−28.81
S57	−627.9	−530.62	71.89/−73.05	13.45/−28.19

既有隧道结构能力最大值统计（不计方向、取绝对值）　　　　表 7-29

既有隧道	T_1（mm）	T_2（mm）	T_3（mm）	T（mm）	F_{XX}（kN/m）	F_{YY}（kN/m）	M_{XX}（kN·m/m）	M_{YY}（kN·m/m）
广州地铁2号线	2.58	0.57	4.21	4.31	641.14	447.53	84.89	39.37
广州地铁7号线	1.83	0.83	3.9	4.07	630.22	532.02	75.98	28.82

隧道管片结构内力增幅统计值（不计方向、取绝对值）　　　　表 7-30

内力	广州地铁2号线			广州地铁7号线		
	初始值	最大值	增幅	初始值	最大值	增幅
F_{XX}（kN/m）	634.61	641.14	1.0%	613.37	630.22	2.7%
F_{YY}（kN/m）	424.54	447.53	5.4%	519.22	532.02	2.5%
M_{XX}（kN·m/m）	70.50	84.90	20.4%	69.63	75.98	9.1%
M_{YY}（kN·m/m）	32.96	39.37	19.4%	27.87	28.82	3.4%

由新建隧道下穿既有隧道区间的数值计算结果可得以下结论：

①盾构施工过程期间，广州地铁2号线隧道结构的最大水平位移为2.58mm，最大竖向位移为4.21mm，最大总位移为4.31mm；广州地铁7号线隧道结构的最大水平位移为1.83mm，最大竖向位移为3.9mm，最大总位移4.07mm。鉴于广州地铁2号线、7号线在佛山地铁2号线盾构隧道下穿掘进施工过程总位移值均未超过5mm，可见该盾构下穿施工对既有隧道的位移影响较小。

②下穿施工过程中，广州地铁2号线隧道结构的轴力F_{XX}的最大值为641.14kN/m，增幅为1.0%，F_{YY}的最大值447.53kN/m，增幅为5.4%；弯矩M_{XX}的最大值为84.90kN·m/m，增幅为20.4%，M_{YY}的最大值为39.37kN·m/m，增幅为19.4%。广州地铁7号线隧道结构的轴力F_{XX}的最大值为630.22kN/m，增幅为2.7%，F_{YY}的最大值为532.02kN/m，增幅为2.5%；弯矩M_{XX}的最大值为75.98kN·m/m，增幅为9.1%，M_{YY}的最大值为28.82kN·m/m，增幅为3.4%。可见，盾构下穿施工过程会使既有地铁隧道结构的内力发生一定程度的增大，但增加幅度较小。

（2）地表隆起与沉降

盾构掘进施工会引发地表沉降，对邻近建（构）筑物基础造成影响。以盾构施工步S56、S57为例，下穿施工过程中地表的竖向位移云图如图7-61所示。

由数值计算结果可知，盾构掘进会引起正上方地层沉降，在地表沿隧道走向形成两条明显的沉降带，产生的沉降值较小，最大沉降量为6.12mm。可见在该新建隧道下穿既有隧道过程中，不会引起较大的地面沉降。

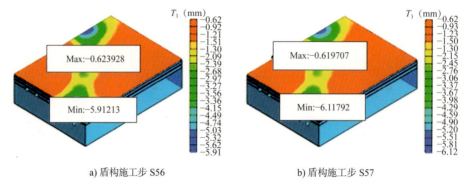

a) 盾构施工步 S56 　　　　　　　b) 盾构施工步 S57

图 7-61　下穿施工过程中地面竖向位移云图

因此，根据上述数值模拟结果可知，佛山地铁 2 号线隧道采用盾构方式下穿广州地铁 2 号线、7 号线出入段线盾构隧道的施工方案安全可行。

7.3.4　实测分析

1）监测方案

佛山地铁 2 号线隧道下穿广州地铁 2 号线、7 号线隧道拟定的隧道保护监测项目包括隧道沉降、隧道径向收敛、隧道水平位移。部分区段采用静力水准仪及激光测距仪对变形区域进行自动化监测，并辅以人工检核。在结构变形较大时，必须随时适时加密观测，必要时加入全自动测量机器人进行自动化监测。

监测范围为受施工影响区域，广州地铁 2 号线监测里程范围为 CDK1+209～CDK1+280、RDK1+162～RDK1+234，广州地铁 7 号线监测里程范围为 CDK1+471～CDK1+540、RDK1+165～RDK1+235，监测点平面布置如图 7-62 所示。佛山地铁 2 号线与广州地铁 2 号线、7 号线下穿部分每隔 5m 布设一个监测点，人工检核水平位移沉降点与静力水准点布设在一个断面，每个断面布设 1 个测点，水平沉降共用。如在监测过程中发现结构变形较大，应扩大监测范围，增加监测断面及断面上的监测点数量。

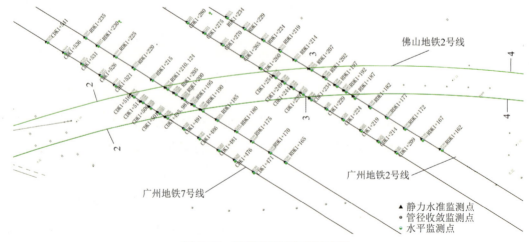

图 7-62　监测点平面布置示意图

自动监测频率随着施工阶段的变化呈动态调整，具体见表 7-31，监测频率与盾构机刀盘的相对位置如图 7-63 所示。人工检核部分在新建隧道施工到达穿越段前 50m 采集初始值（不少于 3 次），检核周期不多于 30d。各监测项目的预警值和控制值见表 7-11。

佛山地铁 2 号线下穿广州地铁 2 号线、7 号线部分自动监测频率　　表 7-31

下穿广州地铁 2 号线施工	下穿广州地铁 7 号线施工	监测频率	备注
盾构机离既有隧道 30～50m	盾构机离既有隧道 30～50m	1 次/d	
盾构机离既有隧道 10～30m	盾构机离既有隧道 12～30m	2 次/d	具体执行时需考虑设计单位、安全评估单位及运营单位意见
盾构机离既有隧道 10m 以内	盾构机离既有隧道 12m 以内	1 次/h	
到达报警值或出现险情	到达报警值或出现险情	4 次/h	

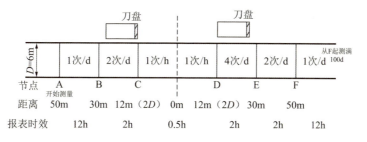

图 7-63　监测频率与盾构机刀盘的相对关系示意图

2）监测结果分析

（1）广州地铁 2 号线

佛山地铁 2 号线隧道下穿广州地铁 2 号线隧道的最终累计沉降见图 7-64 和表 7-32，各断面累计收敛位移值见表 7-33。广州地铁 2 号线隧道结构最大累计沉降量为 2.14mm，监测点号为 2ZJ09，位于广州地铁 2 号线入段线里程 RDK1＋202 处。最大累计收敛变形量为 －1.08mm，监测点号为 2ZD06。在整个监测过程中，既有隧道结构变形较小，无异常情况，处于安全可控状态。

（2）广州地铁 7 号线

佛山地铁 2 号线隧道下穿广州地铁 7 号线隧道的最终累计沉降见图 7-65 和表 7-34，各断面累计收敛位移值见表 7-35。广州地铁 7 号线隧道结构最大累计沉降量为 －2.03mm，监测点号为 7ZJ04，位于广州地铁 7 号线入段线里程 RDK1＋800 处。既有隧道结构最大累计收敛变形量为 －1.31mm，监测点号为 7ZD08，位于广州地铁 7 号线出段线里程 CDK1＋501。在整个监测过程中，结构变形较小，后期监测数据趋于稳定，因此该隧道结构处于安全可控状态。

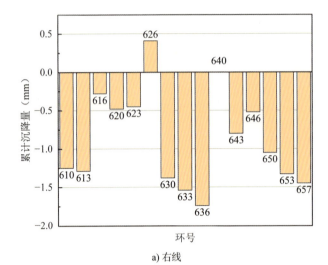

a) 右线

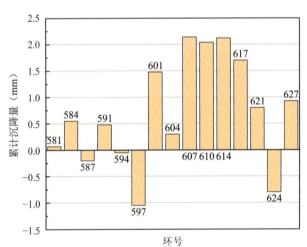

b) 左线

图 7-64 广州地铁 2 号线隧道最终累计沉降量

广州地铁 2 号线各断面累计最大沉降量情况统计　　表 7-32

断面号	点号	对应环号	里程	累计变化量（mm）	备注
广州地铁 2 号线出段线断面	2YJ09	636	CDK1+249	-1.79	"+"表示隧道上浮，"-"表示隧道下沉
广州地铁 2 号线入段线断面	2ZJ09	607	RDK1+202	+2.14	

广州地铁 2 号线各断面累计最大收敛位移值情况统计　　表 7-33

断面号	点号	对应环号	里程	累计变化量（mm）	备注
广州地铁 2 号线断面	2YD09	636	CDK1+249	+0.82	"+"表示隧道外扩，"-"表示隧道收缩
	2ZD06	597	RDK1+187	-1.08	

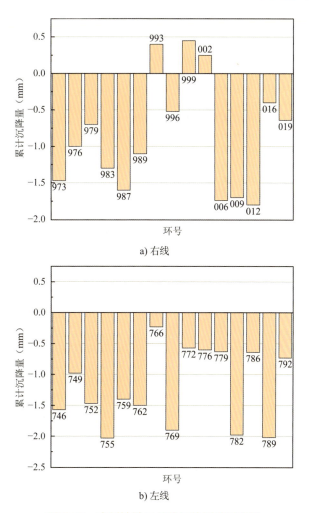

图 7-65 广州地铁 7 号线最终累计沉降量

广州地铁 7 号线各断面累计最大沉降量情况统计　　表 7-34

断面号	点号	对应环号	里程	累计变化量（mm）	备注
广州地铁 7 号线出段线断面	7YJ13	1012	CDK1+531	-1.87	"+"表示隧道上浮，"-"表示隧道下沉
广州地铁 7 号线入段线断面	7ZJ04	755	RDK1+180	-2.03	

广州地铁 7 号线各断面累计最大收敛位移值情况统计　　表 7-35

断面号	点号	对应环号	里程	累计变化量（mm）	备注
广州地铁 7 号线出段线断面	7YJ07	993	CDK1+501	-1.31	"+"表示隧道外扩，"-"表示隧道收缩
广州地铁 7 号线入段线断面	7ZJ06	762	RDK1+190	+1.08	

7.3.5 小结

佛山地铁 2 号线盾构隧道下穿广州地铁 2 号线、7 号线盾构隧道，穿越段主要地层位于中风化泥质粉砂岩。在隧道交叠区域，佛山地铁 2 号线隧道与广州地铁 2 号线、7 号线隧道的最小竖向净距分别为 4.9m 和 8.3m。经地下穿越工程影响预评估，判定佛山地铁 2 号线穿越广州地铁 2 号线的外部作业影响等级为特级，穿越广州地铁 7 号线的外部作业影响等级为一级。

采用数值模拟方法评估新建隧道施工对既有隧道和地面沉降的影响，结果表明：佛山地铁 2 号线隧道施工不危及广州地铁 2 号线、7 号线隧道结构安全，亦不会引起较大的地面沉降。此外，现场监测数据显示，穿越施工引起广州地铁 2 号线、7 号线隧道结构的最大累计沉降分别为 2.14mm 和 −2.03mm，最大累计收敛变形分别为 −1.08mm 和 −1.31mm。在整个监测过程中，既有隧道结构变形均未达到监测警戒值，即该地下穿越工程引起的既有隧道结构变形满足安全控制要求。

7.4 广州地铁 22 号线盾构隧道下穿 3 号线盾构隧道

7.4.1 工程概况

广州地铁 22 号线番禺广场站—市广路站区间（番市区间）中间风井—番祈 2 号盾构井段，在光明北路与东环路交会处下穿 3 号线汉溪长隆站—市桥区间（汉市区间）。3 号线汉市区间为盾构隧道，管片外径为 6.0m。22 号线番市区间为盾构隧道，管片外径为 8.5m。

22 号线番市区间下穿段与 3 号线线路方向基本垂直，交叉角约为 82°，22 号线隧顶距 3 号线隧底净距约 5.5m。下穿地层主要为〈1-2〉素填土层、〈4N-2〉粉质黏土、〈3-2〉中粗砂、〈5Z-2〉砂质黏土、〈6Z〉全风化混合花岗岩、〈7Z〉强风化混合花岗岩、〈8Z〉中风化混合花岗岩，洞身主要位于〈6Z〉、〈7Z〉、〈8Z〉地层，为典型的上软下硬地层。两线路相对位置关系见图 7-66、图 7-67。

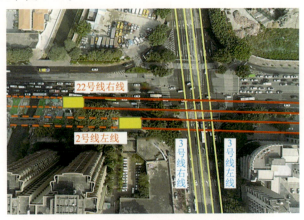

图 7-66　22 号线与 3 号线平面位置关系图

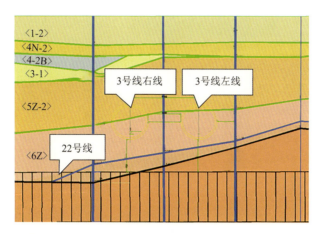

图 7-67　22 号线盾构隧道下穿 3 号线隧道横剖面图

7.4.2　穿越工程影响预评估

22 号线与 3 号线的最小净距为 5.5m，结构接近程度为非常接近（Ⅰ），工程影响分区为强烈影响区（A），外部作业影响等级为特级。

7.4.3　控制设计及计算

1）变形控制设计方案

（1）超前水平定向钻注浆加固

在 22 号线左线盾构掘进过程中，采用超前水平定向钻注浆加固，如图 7-68、图 7-69 所示。该工艺在注浆孔内预埋钢套筒（袖阀管）形成可循环多次注浆的"管棚"，既达到跟踪注浆的目的，又起到管棚支护的作用。管棚的地面成孔角度约为 18°，并逐渐转化为水平段进入 3 号线隧道底部，注浆参数见表 7-36。根据盾构推进时及推过之后的监测结果，进行多次、定点、定量跟踪注浆。

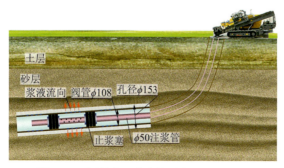

图 7-68　超前水平定向钻注浆加固示意图
（尺寸单位：mm）

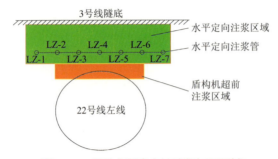

图 7-69 超前水平定向钻注浆加固区域

注浆参数　　　　　　　　　　　　　　　　　表 7-36

项目	参数
注浆材料	单液超细水泥浆、水玻璃类化学浆
浆液配比	单液超细水泥浆：水灰比为 1.5∶1，浆液调整由稀至浓，若 20min 内压力变化值小于 0.5MPa，则提升浆液配比，采用 1.25∶1 配比，依次类推，直至完成单次设定注浆施工； 水玻璃类化学浆：甲、乙液的混合比为 1∶1
注浆材料性能	密度 1.16～1.2310³kg/m³；结石率>95%；初始黏度 18～40s；胶凝时间（25℃）10s～100min
控制强度	抽芯检测加固后土体强度>1.5MPa
注浆压力	0.3～1.5MPa（注浆机出口压力）

（2）盾构机超前注浆

盾体超前注浆孔与盾体外边线夹角约为 8°（采用 WSS 注浆工艺），一圈共计 10 个孔，可利用拱部 4 个孔进行超前注浆，注浆前土仓内需满仓实土保压，每循环加固体长度为 10～15m。盾体超前注浆孔布置示意图 7-70 所示，盾构机超前注浆加固区域如图 7-71 所示。

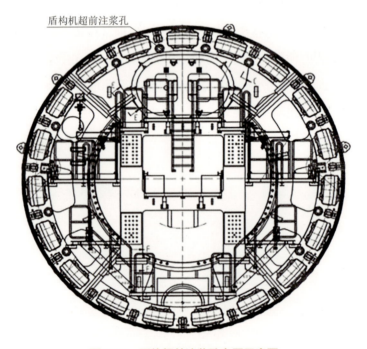

图 7-70 盾体超前注浆孔布置示意图

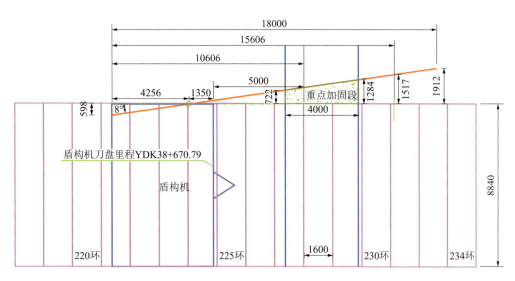

图 7-71　盾构机超前注浆加固区域（尺寸单位：mm）

（3）管棚注浆加固

当新建 22 号线左线隧道盾构顺利通过后，在左线隧道每环在 10 点方向预留 1 块钢管片，从左线隧道洞内向右线隧道打设大管棚。管棚钢阀管单根总长 19.2m，外插角约 11.5°，每环设计 2 根大管棚，共 16 根。钢阀管与刀盘开挖直径最近距离为 0.5m。管棚布设情况如图 7-72、图 7-73 所示。

（4）3 号线隧道病害处理和道床裂缝注浆修补

清查 3 号线隧道内道床、水沟、管片之间缝隙及病害裂缝情况，采用洞内注浆（环氧类）进行填充修补加固。加强 3 号线隧道内道床和管片之间的连接，左、右线隧道的加固范围均为 80m。

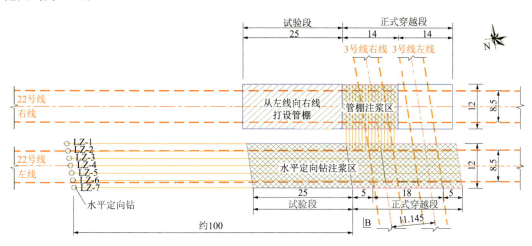

图 7-72　管棚注浆加固平面布置示意图（尺寸单位：m）

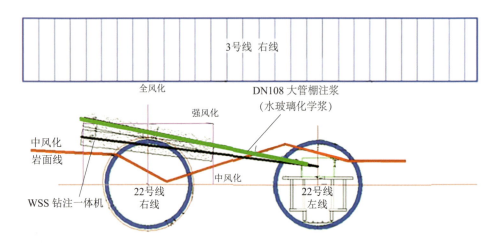

图 7-73　管棚注浆加固剖面布置示意图

2）数值分析

（1）模型说明

采用 Midas GTS/NX 软件建立三维有限元模型，模拟计算 22 号线盾构隧道下穿施工对 3 号线盾构隧道结构变形的影响，主要考虑自重、注浆压力、掌子面压力及千斤顶推力等荷载，数值计算模型如图 7-74 所示。

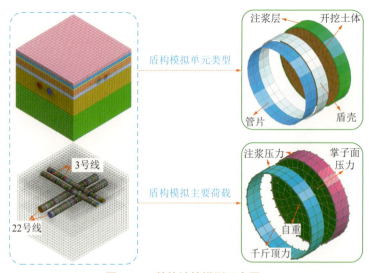

图 7-74　数值计算模型示意图

（2）计算结果分析

计算结果分别见图 7-75、图 7-76 所示，可以看出土体最大隆起量为 +4.1mm，最大沉降量为 -5.2mm。3 号线隧道在盾构掘进过程中，最大竖向位移为 -1.8mm，最大水平位移为 0.3mm，满足隧道结构安全控制要求。

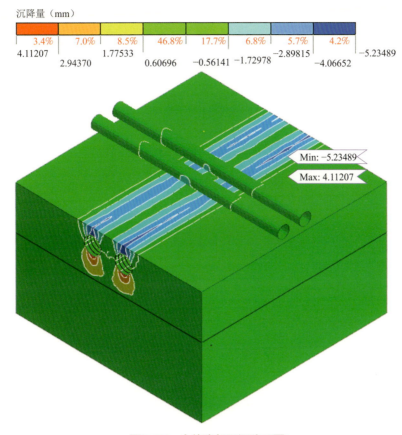

图 7-75 土体隆起及沉降云图

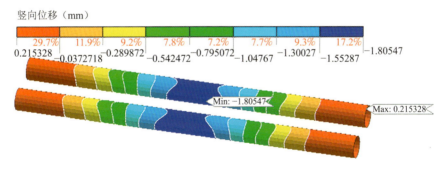

图 7-76 3 号线隧道结构竖向位移云图

7.4.4 实测分析

1）监测方案

3 号线盾构隧道采用自动化监测，重点监测隧道结构竖向位移、水平位移及径向收敛变形。穿越段监测断面间距为 5m，其余区段为 10m，共计 13 个断面，监测断面布置情况见图 7-77。按照广州地铁运营单位风险管理要求，3 号线隧道结构安全设置三级预警机制，见表 7-37。

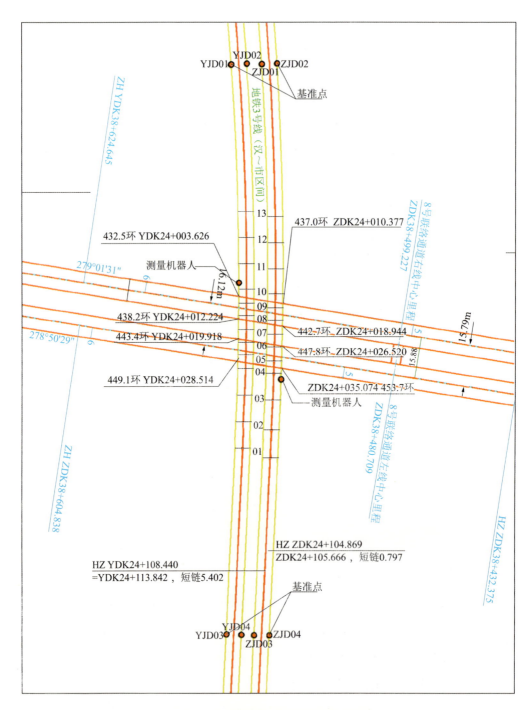

图 7-77 3 号线隧道结构自动监测布置图

隧道结构安全预警限值（单位：mm） 表 7-37

项目	黄色预警值	橙色预警值	红色预警值
隧道结构沉降/上抬	8～12 （12 为运营控制值）	12～20 （20 为标准控制值）	≥20

2）监测结果分析

22 号线左线隧道先行穿越，穿越过程引起 3 号线右线隧道高程变形发展情况如下：水平定向钻注浆阶段最大抬升至 8mm，盾构机超前 WSS 注浆阶段最大抬升至 9.7mm，穿越瞬间最大抬升至 10.7mm，盾尾完全脱出后抬升量逐步降至 5～6mm。

22 号线左、右两线隧道穿越完成后，3 号线左、右两线隧道的道床累计竖向位移分别如图 7-78 与图 7-79 所示。可以看出，3 号线左线隧道道床最大抬升量约 10mm，右线隧道道床最大抬升量为 13.2mm，该抬升量主要由前述超前注浆加固引起。总体而言，盾构下穿施工引起的既有隧道结构变形满足安全控制要求。

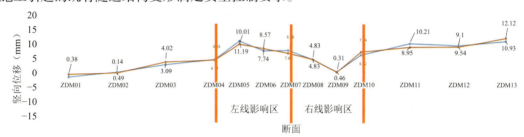

图 7-78　3 号线左线隧道道床累计竖向位移（2020-10-16，8:00）

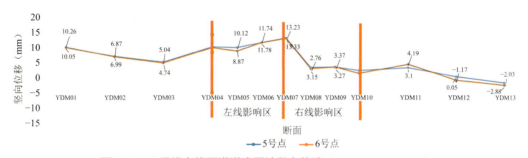

图 7-79　3 号线右线隧道道床累计竖向位移（2020-10-16，8:00）

7.4.5　小结

22 号线番市区间盾构隧道下穿 3 号线汉市区间盾构隧道工程中，新建 22 号线隧道外径为 8.5m，既有 3 号线隧道外径为 6.0m。穿越段地层主要为全风化、强风化、中风化混合花岗岩，为典型上软下硬地层。在交叠区域，两隧道最小净距约 5.5m。经穿越工程影响预评估，判定本项目外部作业影响等级为特级。

为降低地下穿越工程对既有隧道的影响，在地下穿越过程中采用超前水平定向钻注浆、盾构机超前注浆及管棚注浆等加固措施，并在地下穿越前进行既有隧道病害处理和道床裂缝注浆修补。采用数值模拟方法评估新建隧道施工对地面隆沉和既有隧道的影响，结果表明：地面隆沉和既有隧道结构变形均满足安全控制要求。此外，现场监测数据显示，3 号线隧道道床最大抬升量为 13.2mm，主要由超前注浆加固引起。总体而言，盾构下穿施工引起的既有隧道结构变形满足安全控制要求。

7.5 佛莞城际长隆盾构隧道穿越广州地铁 3 号线明挖隧道

7.5.1 工程概况

佛莞城际下穿和侧穿广州地铁 3 号线的部分为佛莞城际长隆隧道（长隆隧道），隧道全长 10.95km，设置两座地下站。长隆隧道采用双洞单线方案，根据地质条件不同及工程需要，隧道分别采用盾构法及明挖法施工。长隆隧道在 YDK5＋375 附近出长隆站后，在里程 YDK6＋497.320～YDK7＋397.361 范围内与 3 号线隧道几乎平行，最小净距约为 14m；在 YDK8＋100 里程榄塘村附近以 600m 半径向东转弯接入番禺大道站，在 YDK8＋350～YDK8＋410 处下穿 3 号线明挖隧道。下穿 3 号线隧道段长隆隧道采用盾构法施工，线间距约为 19.19m，隧道拱顶埋深 20～22m。

3 号线汉溪长隆站—市桥站区间（汉市区间）在里程 YDK21＋787～YDK22＋140（ZDK21＋789.717～ZDK22＋143.979）段为明挖隧道，施作时采用明挖顺作法施工，基坑采用放坡开挖，基坑深度在 7.8～14.5m 之间。放坡段边坡防护采用钢筋挂网喷 100mm 混凝土支护，靠基坑底段采用土钉墙支护，土钉按间距 1.5m×1.5m 布置，长度为 10～11m，插入角为 15°，土钉进入基坑底部以下深度约 1.5m，未侵入长隆隧道掘进范围。

长隆隧道与 3 号线汉市区间盾构隧道段的关系为：在 YDK19＋968.820～YDK20＋868.756 之间，长 899.9m 的范围内，两隧道近乎平行行进，最小净距约 14m，两线隧道的剖面关系见图 7-80。

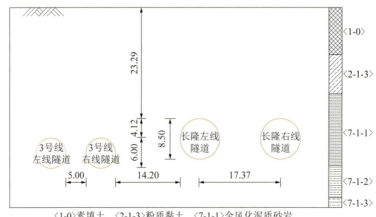

图 7-80　长隆隧道与 3 号线隧道并行段横剖面图（尺寸单位：m）

长隆隧道与 3 号线隧道的关系为：长隆左线隧道沿掘进方向依次下穿 3 号线隧道明挖

双层双跨、单层双跨、单层单跨结构，长隆左线隧道下穿处，3号线隧道中心里程分别为YDK21+848、ZDK21+867；长隆右线隧道沿掘进方向依次下穿3号线隧道明挖单层单跨、废水泵房段、单层单跨结构，长隆右线隧道下穿处，3号线隧道中心里程分别为YDK21+890、ZDK21+906，长隆隧道与3号线隧道的最小净距约为9m，与废水泵房结构底板的最小净距约为5.7m。两者关系见图7-81、图7-82。

长隆隧道穿越3号线隧道的影响范围内地层依次为填土、粉质黏土、全风化混合花岗岩。其中，长隆隧道主要在全风化混合花岗岩内穿行，节理裂隙发育，基岩裂隙水主要赋存在全风化～强风化带中。地下水量较大，主要靠上层的孔隙潜水下渗补给，中等富水，基岩裂隙水较丰富。径流条件较好，透水性较强，其流通性及水量大小受裂隙发育程度影响，分布不均匀。3号线隧道主要埋设在粉质黏土层，基底局部位于全风化混合花岗岩层，地质情况好，能有效减小基底回弹和隧道变形。相关岩土层参数见表7-38。

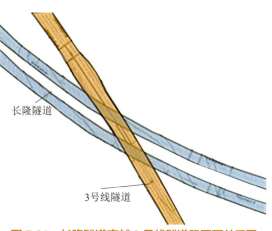

图7-81 长隆隧道穿越3号线隧道段平面关系图

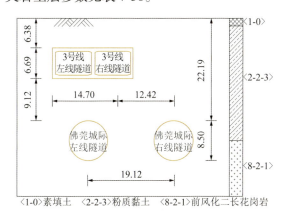

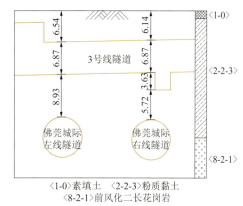

图7-82 长隆隧道穿越3号线隧道段剖面关系图（尺寸单位：m）

各岩土层物理力学参数 表7-38

岩土名称	天然重度γ（kN/m³）	静止侧土压力系数k_0	变形模量E_0（MPa）	黏聚力c（kPa）	内摩擦角φ（°）
素填土	20			12	7
粉质黏土	17	0.48		12.5	8
粉质黏土	18	0.48	21.32	28.6	15
粉质黏土	19	0.33	36.15	30.3	15.6

续上表

岩土名称	天然重度γ（kN/m³）	静止侧土压力系数k_0	变形模量E_0（MPa）	黏聚力c（kPa）	内摩擦角φ（°）
全风化花岗岩	19	0.48		30	15.7
强风化花岗岩	23			30	65
中风化花岗岩	25			31	70

7.5.2 调查评估

1）既有隧道结构现状评估

长隆隧道侧穿及下穿 3 号线隧道段自运营以来的累计沉降监测数据分别见表 7-39 和表 7-40。可以看出，在侧穿段，3 号线盾构隧道的最大累计沉降量为 5.24mm；在下穿段，3 号线明挖隧道的最大累计沉降量为 –11.52mm。侧穿及下穿前 3 号线隧道结构累计沉降满足安全控制限值，但需要进一步评估长隆隧道近距离穿越对于 3 号线隧道结构安全状态的影响。

长隆隧道侧穿 3 号线隧道段累计沉降量　　　　　　　表 7-39

左线			右线		
点号	里程	累计沉降量（mm）	点号	里程	累计沉降量（mm）
HS1383	ZDK19 + 992.815	2.33	HS1388	YDK20 + 1068.4	–0.49
HS1399	ZDK20 + 237.58	2.57	HS1394	YDK20 + 159.95	–0.43
HS1411	ZDK20 + 421.51	2.90	HS1408	YDK20 + 370.93	1.45
HS1433	ZDK20 + 759.67	5.24	HS1430	YDK20 + 703.95	1.34

长隆隧道下穿 3 号线隧道段累计沉降量　　　　　　　表 7-40

左线			右线		
点号	里程	累计沉降量（mm）	点号	里程	累计沉降量（mm）
HS1503	ZDK21 + 829.70	–8.43	HS1504	YDK21 + 822.15	–11.52
HS1505	ZDK21 + 860.30	–0.80	HS1506	YDK21 + 852.37	–2.68
HS1507	ZDK21 + 890.51	–1.43	HS1508	YDK21 + 882.59	–0.74
HS1509	ZDK21 + 920.72	–6.18	HS1510	YDK21 + 915.92	–5.50

2）穿越工程影响预评估

（1）外部作业影响等级

长隆隧道与 3 号线盾构隧道的最小净距约为 14m，该工程的接近程度为较接近（Ⅲ），长隆隧道与 3 号线隧道距离在 16m 以内区域为显著影响区（B），该工程的外部作业影响等级为二级；而长隆隧道与 3 号线明挖隧道的最小净距约为 5.7m，该工程的接近程度为非常接近（I），外部作业的工程影响分区强烈影响区（A），该工程的外部作业影响等级为特级。

（2）安全控制要求

隧道结构安全控制指标可参考 7.1.2 节内容，具体指标控制值宜符合表 7-3 的要求。

7.5.3 控制设计及计算

1）变形控制设计方案

考虑到 3 号线隧道已投入运营，其轨道结构沉降标准较高，长隆隧道在下穿过程中，采用盾构拱顶设置水平长管棚的形式控制隧道开挖引起的地层沉降。水平长管棚设置范围为盾构隧道开挖所引起的破裂面，即与垂线成（$45° - \varphi/2$）的区域（φ 为围岩计算摩擦角）。管棚采用 ϕ325mm 钢管，环向间距为 425mm，布设断面如图 7-83 所示。为降低对地面交通的影响，管棚工作井设于道路两侧，在工作井侧壁沿长隆隧道开挖拱顶面打设长管棚，左右线隧道管棚长度分别为 135m、115m。管棚施工及注浆完毕后，长隆隧道采用黏土回填临时工作井，最后盾构掘进通过。

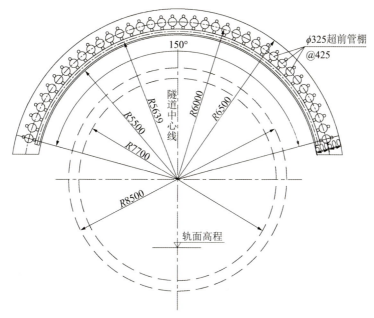

图 7-83 长隆右线隧道水平长管棚加固断面图（尺寸单位：mm）

2）数值分析

本节主要分析长隆隧道穿越施工对 3 号线隧道的影响，但在计算中未考虑水平长管棚的加固作用。通过 Midas GTS/NX 软件建立三维有限元模型，模拟长隆隧道在整个建设及运营过程对 3 号线隧道结构变形及受力的影响。分析过程包括两个阶段：一是长隆隧道掘进过程对3号线隧道结构的影响;二是长隆隧道建成投入运营后对3号线隧道结构影响。

(1) 模型说明

三维有限元模型采用板单元模拟隧道结构,四面体单元模拟地层,基于莫尔-库仑(Mohr-Coulomb)破坏准则模拟地层情况,岩土层参数见表7-38。由于3号线汉市区间内二层结构与一层结构相接处以及废水泵房位置设有变形缝,故建模时将此种情况也考虑在内。

长隆隧道与3号线隧道的位置关系三维有限元模型如图7-84所示。将长隆隧道掘进对3号线隧道结构的影响分为主要影响区和次要影响区,主要影响区范围取地铁结构跨度的3倍,即110m范围,其余范围为次要影响区范围。

由于主要影响区范围内的隧道掘进对3号线隧道的影响较大,所以在主要影响区掘进过程中分段进行加密,以10m为一段;而次要影响区范围内的掘进分段以30m为一段。掘进过程共分为37个工况,具体见表7-41,土仓压力控制为0.15MPa。

图7-84 长隆隧道与3号线隧道的位置关系三维有限元模型

施工步骤　　　　表7-41

编号	工况	简述	备注
S0	初始应力状态	考虑岩土体和3号线隧道结构,即地层的原始状态,地下水位至地面	位移清零
S1	长隆右线隧道掘进	长隆右线隧道开挖30m,并施加土仓压力	
S2	长隆右线隧道管片安装	长隆右线隧道管片安装,并施加土仓压力	
S3	长隆左、右线隧道同时掘进	长隆右线隧道开挖60m,同时左线隧道开挖30m,并施加土仓压力	
S4	长隆左、右线隧道管片安装	长隆左、右线隧道管片安装,并施加土仓压力	
S5~S36	长隆隧道掘进及管片安装	按照S1~S4规律模拟长隆隧道分段开挖	

(2) 下穿施工对既有地铁隧道影响分析

各工况对应的3号线隧道结构沉降值曲线如图7-85所示。可以看出,随着长隆隧道的开挖,3号线隧道发生了一定位移,最大沉降值为3.4mm,发生在单层单跨结构及废水泵房处,即长隆隧道开挖正上方的3号线隧道结构处。结合前期对3号线隧道的监测数据,右线隧道最大沉降发生在YDK21+822.15处,已达到11.5mm;左线隧道最大沉降发生在ZDK21+829.7处,已达到8.4mm,均位于双层双跨处。数值模拟分析该监测点得到的竖向位移值分别为2.3mm和0.5mm。按照最不利的情况考虑:右线隧道总沉降量为13.8mm,

左线隧道总沉降量为 8.9mm，结构沉降值可满足变形控制要求。

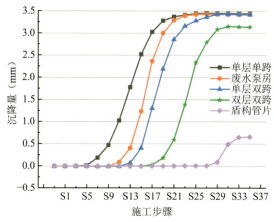

图 7-85　各工况对应 3 号线隧道结构沉降值曲线

各工况对应的 3 号线隧道结构水平位移值曲线见图 7-86。可以看出，随着长隆隧道的开挖，3 号线隧道结构发生了一定的水平位移，最大值为 0.71mm，位于单层双跨结构的顶板处。长隆隧道建设过程中，各工况对应的 3 号线隧道结构弯矩见图 7-87。随着长隆隧道的开挖，3 号线隧道结构的最大弯矩值为 633.6kN·m，位于双层双跨的底板处。

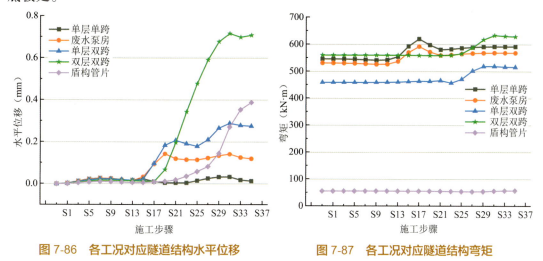

图 7-86　各工况对应隧道结构水平位移　　　图 7-87　各工况对应隧道结构弯矩

（3）地下水位变化模拟结果分析

长隆隧道在掘进过程中，由于地下水的流失，可能引起地下水位变化，而水位变化直接影响 3 号线隧道结构状态，导致结构发生竖向位移，为模拟水位下降对 3 号线隧道结构的影响，选取 3 号线隧道单层双跨结构段建立计算模型，对地下水位埋深 0m、降低 1m、2m、3m、4m、5m、6m 七个工况进行分析。各工况下 3 号线隧道结构的竖向位移和内力值见图 7-88、表 7-42。

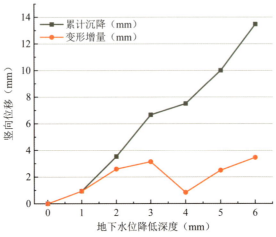

图 7-88 各工况下 3 号线隧道结构的竖向位移

各工况下 3 号线隧道结构的内力值统计 表 7-42

工况	弯矩（kN·m）	轴力（kN）	备注
初始位移	597.44	1034.99	初始位移清零
地下水位降低 1m	624.88	1020.41	
地下水位降低 2m	636.08	1050.64	
地下水位降低 3m	648.98	1083.91	
地下水位降低 4m	663.76	1120.12	
地下水位降低 5m	680.03	1158.15	
地下水位降低 6m	697.62	1197.06	

可知，地下水位变化会引起 3 号线隧道结构发生沉降，当地下水位变化在 4m 范围内时，3 号线隧道结构的沉降值在 10mm 以内；当地下水位降低达到 6m 时，3 号线隧道结构的累计沉降值达到了 13.47mm。此时，3 号线隧道结构的弯矩值增大了 16.8%，轴力值变化增大了 15.7%。

（4）佛莞城际运营对 3 号线隧道影响分析

通过对 3 号线和佛莞城际列车的轴重、列车发车频率以及车长等研究，得到 3 号线列车及城际列车对轨道的荷载曲线，如图 7-89 所示。有限元软件计算结果表明，最大结构位移仅为 7.9×10^{-7}m，可认为 3 号线隧道和长隆隧道在运营过程中的相互影响较小。

综上可知，佛莞城际盾构隧道施工过程对 3 号线明挖隧道结构变形及受力的影响均满足安全控制要求，但需关注 3 号线隧道结构周围地下水位的变化情况。此外，城际铁路运营阶段对既有隧道结构及地铁运营安全的影响较小。

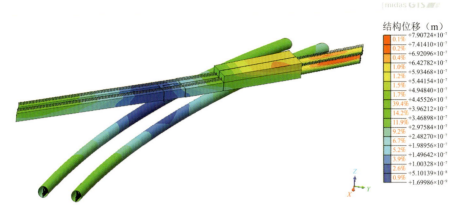

图 7-89　列车动力荷载作用下结构位移图

7.5.4　施工过程控制

在长隆隧道掘进过程中，虽然影响洞内位移场的因素众多，但主要受下列因素影响：隧道参数（隧道直径、埋设深度等）、隧道周围土层状况、掘进参数（掘进速度、超前压力等）。由于隧道洞径、埋设深度、周围土体性质等参数已经确定，因此，施工过程中采用合理有效的施工掘进方案，最大限度地控制 3 号线隧道的变形，成为本工程施工过程的一个关键。因此，应严格控制施工中的土仓压力，使实际土仓压力略大于计算值。根据地面沉降结果来实时调整土压力计算过程中的各种参数、安全系数，在盾构掘进过程中将土仓压力控制在一定合理范围内。通过设置多组沉降观测点，根据第一组数据得到盾构通过后的地层沉降变化情况，初步确定盾构掘进各项参数；并根据其他组数据来验证盾构掘进各项参数，以便进一步调整和修正。

1）保证开挖面稳定

在隧道施工过程中，容易出现黏性土附着在刀盘上致使刀盘扭矩增大，或土体进入土仓后被压密固化，致使开挖、排土很难达到平衡的状况。针对这种情况，向刀盘前方土体注入泡沫，在增大土体流动性的同时，降低其附着力，防止开挖土附着在刀头和土仓内壁；同时，利用刀盘辐条上的搅拌翼将泡沫和切削下来的土体加以搅拌，使之充分混合，变得较为蓬松，增大可排性。从而使开挖土量和排土量保持平衡，保证开挖面的稳定，减少对地层的扰动。

2）严格控制注浆施工

注浆作为盾构施工的一个关键工序，必须严格按"确保注浆压力，兼顾注浆量"的双重保障原则，紧密结合施工监控量测的反馈信息，不断优化注浆压力的设定，保证注浆量超过理论计算值，并在实际平均注浆量的合理范围内波动。

（1）同步注浆：根据实际施工中反映的地质情况、注浆速度、盾构推进速度、地面沉降情况对注浆进行调整，当注浆量不足或压力较高时，必须更换注浆位置继续压注，直至注浆量达到要求为止。同步注浆量应控制在理论空隙量的 150%～200%。注浆材料应选用有 5% 膨胀性能的浆液。

（2）二次注浆：在正常同步注浆施工后，根据监测资料进行必要的二次注浆，以充填第一次注浆收缩后留下的空隙。

3）减少盾构推进方向的改变

盾构推进过程中严格执行"勤纠偏，小纠偏"的原则，严禁大幅度纠偏，尽量减少施工原因造成的盾构推进方向的改变。

4）保证拼装质量

隧道管片的变形量与管片拼装的质量紧密联系，在施工过程中，必须强化施工管理，保证管片拼装紧固结实，减少管片变位、变形。

5）信息化监测管理

在施工过程中实时监测，依据地面监测数据指导施工，及时调整盾构施工各项参数，以及加强对隧道结构的变形的监测。将监测结果及时上报业主、地铁运营、总体及设计单位，从而及时提出应对措施，以保证突发情况下地铁运营安全。

盾构机在掘进该段时，要对盾构掘进参数进行详细研究，根据地质的特殊性及监测结果对注浆配比、压力、盾构推力、速度等参数进行优化，确保在地下穿越既有隧道时盾构机连续、平稳地通过，使地面沉降保持在最小状态，满足管理部门的相关要求。

7.5.5 实测分析

1）监测方案

鉴于长隆隧道下穿3号线隧道的外部作业影响等级为特级，实际工程中采取了自动化监测系统动态监测隧道变形。监测项目包括隧道水平位移、竖向位移、收敛、结构裂缝、道床与轨道变位等[1,3]。监测里程范围为 ZDK21+807～ZDK21+948（YDK21+784～YDK21+920），监测点布置如图7-90所示。根据工程资料，穿越过程监测频率如图7-91所示。

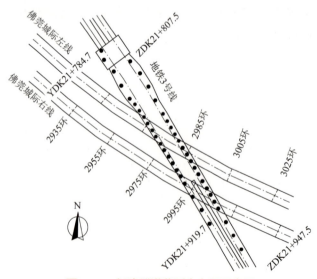

图7-90 长隆隧道监测点布置示意图

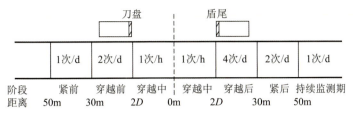

图 7-91 隧道穿越工程自动化监测频率

图 7-91 中,紧前、穿越前、穿越中(2D~0)阶段监测起始时间以刀盘进入开始计算;穿越中(0~2D)、穿越后、紧后阶段结束时间以盾尾离开开始计算。根据《城市轨道交通结构安全保护技术规范》(CJJ/T 202—2013)[1]制定该项目的预警值和控制值,见表 7-43。

城市轨道交通结构安全控制指标(单位:mm) 表 7-43

安全控制指标	预警值	控制值
隧道水平位移	<4.8	<6
隧道竖向位移	<4.8	<6
隧道径向收敛	<4.8	<6
轨道横向高差	<2	<4
结构裂缝宽度	迎水面<0.1,背水面<0.15	迎水面<0.2,背水面<0.3

注:指标值不包括测量、施工等误差。

2)监测结果分析

3 号线隧道结构累计沉降量监测情况见表 7-44。可以看出隧道结构最大累计沉降量为 1.97mm,位于左线里程 ZDK21+827.5 处,基本处于长隆隧道正上方。在整个监测过程中,隧道结构变形监测项目累计变化量及日变化量均未达到原定的监测预警值,即该穿越工程引起的 3 号线隧道结构变形满足安全控制要求。

3 号线隧道各断面累计最大沉降量 表 7-44

断面号	里程	累计沉降量(mm)	备注
左线断面 Z3	ZDK21+827.5	-1.97	"+"表示隧道上浮,"-"表示隧道下沉
右线断面 Y18	YDK21+884.7	-1.56	

7.5.6 小结

佛莞城际长隆隧道先平行侧穿 3 号线汉市区间盾构隧道区段,随后下穿该区间明挖隧道区段,穿越段地层主要为全风化混合花岗岩层。长隆隧道与 3 号线隧道盾构段和明挖段的最小净距分别为14m和5.7m，相应的外部作业影响等级分别为二级和特级。

为降低地下穿越工程对3号线隧道的影响，长隆隧道在穿越过程中采用盾构拱顶设置水平长管棚的形式控制开挖引起的地层沉降。采用数值模拟方法评估长隆隧道施工及运营对3号线明挖隧道的影响，结果表明：长隆隧道施工及运营对3号线隧道结构的影响较小，但需关注3号线隧道结构周围地下水位的变化情况。此外，现场监测数据显示，3号线隧道结构最大累计沉降为1.97mm。在整个监测过程中，3号线隧道结构变形未达到监测预警值，即该穿越工程引起的既有隧道结构变形满足安全控制要求。

7.6 深圳地铁9号线盾构隧道上跨1号线矿山法隧道

7.6.1 工程概况

深圳地铁9号线红岭站—红岭南站区间（红红区间）位于深南大道与红岭南路交叉口处，隧道上方7m是深圳市最重要、车流量最大的深南大道；隧道一侧4m处为施工过街通道主通道，另一侧紧邻深圳大剧院地下室；隧道正前方是市政过街通道，下方0.7m是已运营的1号线矿山法隧道，区间周边工程条件复杂。

9号线盾构机从大剧院站始发，在深南中路路口上跨1号线科学馆站—大剧院站区间（科大区间）、2号线燕南站—大剧院站区间（燕大区间），沿红岭中路北行，最后到达红岭站吊出。9号线隧道与1号线隧道平面、剖面位置关系见图7-92与图7-93。

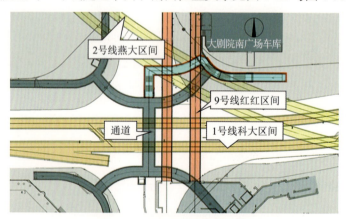

图7-92 隧道周边环境平面图

9号线隧道主要位于中粗砂、硬塑状砾质黏性土层，1号线矿山法隧道底部位于花岗岩强风化层，9号线隧道与1号线隧道之间夹持土为可塑状砾质黏性土，净间距最小为0.7m。地层主要物理力学参数见表7-45。由于9号线盾构隧道与2号线隧道净距12m大于1.5D，两者相互影响较小，因此，本文重点研究9号线隧道以小间距上跨1号线隧道的影响规律。

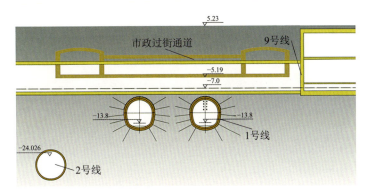

图 7-93 地下穿越工程周边环境剖面图（单位：m）

各岩土层物理力学参数 表 7-45

岩土名称	天然密度 （g/cm³）	黏聚力 （kPa）	内摩擦角 （°）	弹性模量 （MPa）	泊松比
素填土	1.91	10	12	3.25	0.35
黏土	1.85	21.1	20.2	15	0.3
中粗砂	1.98	30	0	22	0.28
可塑状砾质黏性土	1.74	14.2	23.2	25	0.3
硬塑状砾质黏性土	1.82	18.7	24.3	45	0.28
全风化花岗岩	1.85	30	28	70	0.27
强风化花岗岩	1.9	50	30	120	0.25
中风化花岗岩	2.6	3000	38	3000	0.22

7.6.2 穿越工程影响预评估

9 号线隧道与 1 号线隧道的最小净距为 0.7m，结构接近程度为非常接近（Ⅰ），工程影响分区为强烈影响区（A），外部作业影响等级为特级。

7.6.3 数值分析

1）模型说明

采用 Midas GTS/NX 软件建立三维有限元模型，重点分析盾构施工各个步骤对 1 号线隧道的影响。为提高模型计算效率，根据 1 号线隧道与 9 号线隧道的相对位置，取模型长 60m、宽 45m、高 30m，计算模型如图 7-94 所示。

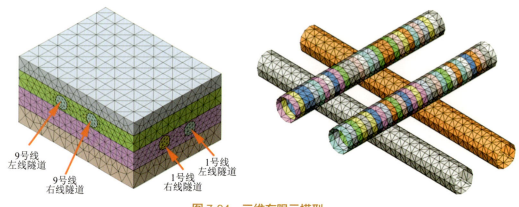

图 7-94 三维有限元模型

本节采用线弹性模型模拟土体弹性变形阶段,采用莫尔-库仑本构模型模拟土体塑性变形。施工步骤定义如下:首先进行初始地基应力分析,而后修建1号线矿山法隧道,再开挖9号线左线盾构隧道(每次向前推进1.5m/1环管片),最后修建9号线右线盾构隧道(每次向前推进1.5m/1环管片)。

以下选取六个典型步骤分析9号线盾构隧道上跨1号线矿山法隧道时对矿山法隧道产生的影响。

步骤1:9号线左线盾构隧道推至1号线右线矿山法隧道正上方时;

步骤2:9号线左线盾构隧道推至1号线左线矿山法隧道正上方时;

步骤3:9号线左线盾构隧道推至模型边界;

步骤4:9号线右线盾构隧道推至1号线右线矿山法隧道正上方时;

步骤5:9号线右线盾构隧道推至1号线左线矿山法隧道正上方时;

步骤6:9号线右线盾构隧道推至模型边界。

2)结果分析

(1)掘进施工模拟结果分析

为研究9号线隧道对先后上跨的1号线左、右线隧道的变形影响,将盾构与1号线左、右线隧道交叉点拱顶变形进行对比,分别见图7-95、图7-96。

从图7-95中可以看出,随着地铁9号线盾构机的掘进,1号线隧道整体呈上浮趋势(正值代表上浮)。当盾构机推进至1号线右线隧道上方时,右线隧道开始上浮,盾构机推至1号线左线隧道外轮廓后,右线隧道上浮基本稳定,当9号线双线隧道盾构机通过后,1号线右线隧道上浮达到峰值1.03mm;当9号线右线隧道盾构机穿越1号线隧道上方时,1号线右、左线隧道变形影响的变化规律一致。但可以看出1号线右线隧道拱顶竖向变形大于左线隧道竖向变形,盾构施工对1号线右线隧道的影响大于对左线隧道的影响,即先穿越的隧道对既有隧道的竖向变形影响大于后穿越的隧道。

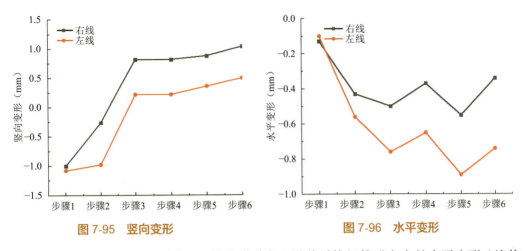

图 7-95 竖向变形　　　　　　　图 7-96 水平变形

此外，从图 7-96 中可以看出，1 号线隧道产生沿着盾构机推进方向的水平变形（峰值为 0.94mm），随着盾构机推进，1 号线隧道偏移量逐渐增加。当 9 号线盾构机脱离影响范围后，1 号线隧道水平位移有所减小，盾构施工对 1 号线左、右线隧道的影响变形规律大体一致，但是对左线隧道的影响大于右线隧道，即水平方向上新建盾构隧道对先穿越的既有隧道影响小于后穿越的既有隧道。

（2）不同间距模拟结果分析

为了分析上下线净间距（夹土层厚度）对穿越施工的影响，利用 9 号线红红区间上跨计算模型调整上下线间距（0.05D、0.1D、0.2D、0.3D），并对拱顶竖向位移进行分析（图 7-97）。

可以看出，当上跨施工的净间距达到 0.05D（0.3m）时，拱顶上浮位移有了急剧变化，超出掘进峰值 1.03mm，而净间距为 0.1D（0.6m）时，拱顶上浮为 1mm，因此可将其作为上跨施工的最小控制范围。

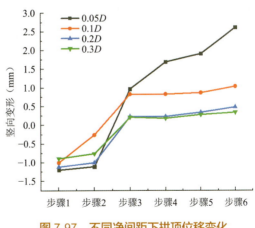

图 7-97　不同净间距下拱顶位移变化

7.6.4　实测分析

为确保上部新建 9 号线隧道施工和下部既有 1 号线隧道运营安全，考虑 1 号线运营要求，该工程采用自动化监测方案，利用夜间非运营时段在 1 号线隧道洞内布置测点，监测现场见图 7-98。

根据监测结果可知，最大竖向变形（隆起）发生在 9 号线隧道先穿越 1 号线右线隧道的拱顶位置，最大变形为 2.9mm（图 7-99），而对于后穿越 1 号线左线隧道的拱顶位置，最大变形仅为 0.12mm。可以看出，盾构施工对先穿越的 1 号线右线隧道的影响明显大于后穿越的左线隧道，这一结论与数值模拟结论相符。

图 7-98　自动化监测现场

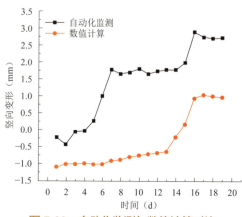

图 7-99　自动化监测与数值计算对比

可以看出，穿越节点拱顶竖向变形的数值计算结果基本符合 1 号线隧道的实际变形情况，两者反映的变化规律基本一致。由于数值模拟简化了实际的施工过程，导致结果上存在一定偏差，而施工中的不同操作也可能导致 1 号线隧道偏移突变。但总体来说，数值计算结果与 1 号线隧道实际变形的基本趋势是相符的，实际变形幅度与数值计算的结果偏差在工程可接受的范围内。

7.6.5　小结

9 号线盾构隧道上跨 1 号线矿山隧道工程中，穿越段地层主要为中粗砂、硬塑状砾质黏性土层。在隧道交叠区域，两线隧道最小净距约为 0.7m。经穿越工程影响预评估，判定本项目外部作业影响等级为特级。

采用数值模拟方法评估新建 9 号线隧道施工对既有 1 号线隧道的影响，结果表明：9 号线隧道施工对 1 号线隧道结构的影响较小。此外，根据监测结果，既有 1 号线隧道结构最大竖向变形为 2.9mm。在整个监测过程中，隧道结构变形均未达到监测警戒值，即该穿越工程引起的既有地铁隧道结构变形满足安全控制要求。

7.7　广州地铁 18 号线盾构隧道、22 号线矿山法隧道下穿 3 号线矿山法隧道

7.7.1　工程概况

广州地铁 18 号线番禺广场站—南村万博站区间（番南区间）和 22 号线番禺广场站—

市广路站区间（番市区间），南起番禺广场站，两线平行铺设段向西北方向行进，出番禺广场站后，在清河东路下方同时下穿 3 号线市桥站—番禺广场区间（市番区间），平面呈斜交，交叉角度为 77°。在穿越段，18 号线番南区间为双洞双线盾构隧道，管片外径为 8.5m，隧道拱顶埋深约为 30.9m；22 号线番市区间为单洞双线矿山法隧道，毛洞宽度为 14.3m，高度为 12m，隧道拱顶埋深约为 28.1m。为保证 3 号线隧道运营安全，工期筹划为待 22 号线隧道洞通后，18 号线隧道再进行下穿。各条线路的相对位置关系如图 7-100 所示。

图 7-100　18 号线、22 号线与 3 号线相对位置关系图

18 号线左、右线隧道与 3 号线隧道竖向净距分别为 4.7m、5.7m，22 号线隧道拱顶与 3 号线隧道竖向净距 2.7m。两线下穿地层主要为〈1〉杂填土层、〈4-2B〉淤泥质土层、〈5H-2〉残积土层、〈6H〉全风化花岗岩层、〈7H〉强风化花岗岩层、〈8H〉中风化花岗岩层、〈9H〉微风化花岗岩层，两线隧道拱顶及洞身主要位于〈8H〉、〈9H〉地层。各条线路的横剖面图如图 7-101 所示。

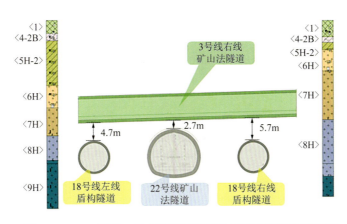

图 7-101　18 号线、22 号线隧道下穿 3 号线隧道横向剖面图

7.7.2 穿越工程影响预评估

18号线隧道与3号线隧道的最小净距为4.7m,结构接近程度为非常接近(I),工程影响分区为强烈影响区(A),外部作业影响等级为特级;22号线隧道与3号线隧道的最小净距为2.7m,结构接近程度为非常接近(I),工程影响分区为强烈影响区(A),外部作业影响等级为特级。

7.7.3 实测分析

1)监测方案

在18号线盾构隧道、22号线矿山法隧道下穿3号线隧道前,在3号线隧道结构内布设自动化监测点,对隧道竖向位移、水平位移、径向收敛及左右轨道道床横向高差进行监测。测点断面间距为5m、10m、15m,合计16处,各断面在道床两侧、拱腰两侧及拱顶设置监测点,如图7-102所示。监测频率按表7-46的要求设置。

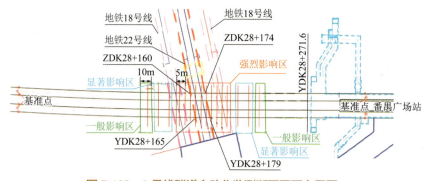

图7-102 3号线隧道自动化监测断面平面布置图

监测频率 表7-46

项目	施工进度	频率(次/d)
自动监测项目(左右轨道道床横向高差、隧道竖向位移、隧道水平位移、隧道径向收敛)	盾构穿越前距离隧道50~20m	1
	盾构穿越前距离隧道20~10m	4
	盾构穿越中距离隧道前后10m	6
	盾构穿越后距离隧道10~20m	4
	盾构穿越后距离隧道20~50m	1
	盾构穿越后距离隧道大于50m及停工期间	1

2)监测结果分析

监测结果见表7-47,可以看出受18号线隧道和22号线隧道施工的双重叠加影响,3

号线上行线隧道最大累计竖向位移为 −10.85mm，下行线隧道最大累计竖向位移为 −10.65mm，总体实施效果良好。其中，18 号线左线隧道盾构穿越引起的最大竖向位移变化为 −0.4mm，18 号线右线隧道盾构穿越引起的最大竖向位移变化为 −1.6mm，因此，累计竖向位移主要由 22 号线矿山法隧道施工引起。

3 号线隧道累计变形监测数据（单位：mm） 表 7-47

监测项目	上行线	下行线
水平位移	11.05	5.31
竖向位移	−10.85	−10.65
径向收敛	4.87	−4.9
轨道横向高差	−1.53	1.25

7.7.4 小结

22 号线盾构隧道、18 号线矿山隧道先后下穿 3 号线矿山隧道，穿越段地层主要为中风化～微风化花岗岩层。在隧道交叠区域，18 号线、22 号线新建隧道与既有 3 号线隧道的最小净距分别为 4.7m 和 2.7m，相应的外部作业影响等级均为特级。现场监测数据显示，3 号线上行线隧道最大累计竖向位移为 −10.85mm，下行线隧道最大累计竖向位移为 −10.65mm，总体实施效果良好。

7.8 佛山地铁 3 号线桂城站下穿广佛线桂城站

7.8.1 工程概况

桂城站为佛山地铁 3 号线的第 25 座车站，与已经运营的广佛线换乘，车站位于南桂东路与南海大道交叉路口，沿南海大道南北向布置。两条道路均为城市主干道，车流密集。车站周边现状主要为居住及商业用房。广佛线桂城站为地下三层岛式车站，全长 211.4m，标准段宽为 20.9m，车站基坑开挖深度为 24.22～26.72m。车站基坑支护结构安全等级为一级，采用明挖顺作法施工。新建 3 号线桂城站与广佛线桂城站南侧相交重合段长度为 53.26m，南侧基坑靠近原桂城站 B 出入口，最小距离约 15.6m；北侧相交重合段长度为 29.6m，北侧基坑靠近原桂城站 E 出入口，最近约 11.57m，如图 7-103 所示。待 3 号线桂城站主体结构施工完毕后，对广佛线桂城站主体结构进行改造，将两者重合段部分侧墙进行凿除，保留原预留暗柱。

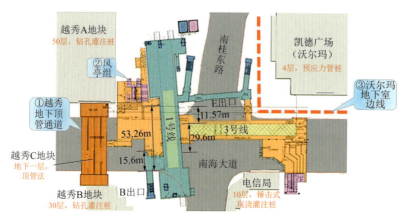

图 7-103 桂城站位置关系图

广佛线桂城站为地下两层结构，覆土 3m，车站总长 163.1m，车站标准段宽 20.7m，车站底板埋深最深处约 24.12m。广佛线桂城站基坑采用 800mm 厚的"地下连续墙 + 内支撑"支护，标准段嵌固深度为 9m，3 号线换乘节点处嵌固深度为 5m，连续墙底部延伸至不透水层。广佛线桂城站底板位于中砂层，3 号线桂城站基底主要位于风化岩层，如图 7-104 所示。各岩土层物理力学参数取值见表 7-48。

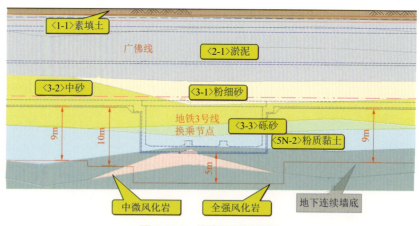

图 7-104 线路地质剖面图

各岩土层物理力学参数　　　　　　　表 7-48

岩土名称	天然密度ρ_0 (g/cm³)	孔隙比 e_0	剪切试验				渗透系数 K (m/d)	侧土压力系数 K_0
			直接快剪		固结快剪			
			黏聚力 c (kPa)	内摩擦角 ϕ (°)	黏聚力 c (kPa)	内摩擦角 ϕ (°)		
〈1〉人工填土			10.0	15.0	14.0	20.0	1.0	0.54
〈2-1A〉淤泥	1.58	1.74	5.0	4.0	8.0	8.0	0.001	0.82
〈2-1B〉淤泥质土	1.75	1.18	7.0	5.0	10.0	9.0	0.001	0.72
〈2-2〉淤泥质粉细砂	1.78		3.0	20.0	5.0	25.0	2.0	0.54

续上表

岩土名称	天然密度ρ_0 (g/cm³)	孔隙比 e_0	剪切试验				渗透系数 K (m/d)	侧土压力系数 K_0
			直接快剪		固结快剪			
			黏聚力c (kPa)	内摩擦角ϕ (°)	黏聚力c (kPa)	内摩擦角ϕ (°)		
〈2-2-1〉粉细砂	1.80			22.0		28.0	5.0	0.33
〈2-4〉粉质黏土	1.95	0.78	14.0	10.0	16.0	11.0	0.02	0.43
〈3-1〉粉细砂	1.80			25.0			5.0	0.25
〈3-2〉中砂	1.85			32.0			12.0	0.33
〈3-3〉砾砂	1.98			37.0			15.0	0.33
〈4-2B〉淤泥质土	1.75	1.19	9.0	6.0	10.0	9.0	0.001	0.72

7.8.2 穿越工程影响预评估

（1）外部作业影响等级

从接近程度来看，新建 3 号线桂城站与既有广佛线桂城站的相对净距小于 $0.5H$（H 为 3 号线桂城站基坑开挖深度，$H = 24.12\text{m}$），属于非常接近（Ⅰ）；从工程影响分区来看，3 号线桂城站在 $0.7h_1$（h_1 为外部作业结构底板埋深，$h_1 = 26.72\text{m}$）之间，属于强烈影响区（A）。因此，3 号线桂城站对广佛线桂城站结构的影响属于特级。

（2）安全控制要求

本地下穿越工程结构安全控制指标应符合表 7-49 的要求。

3 号线桂城站下穿广佛线桂城站控制要求 表 7-49

编号	控制项目	控制部位	控制要求
1	隧道结构竖向位移	结构底板、拱顶、侧墙	沉降累计值：10.0mm 上浮累计值：5.0mm 变化速率：1.0mm/d
2	隧道结构水平位移	结构底板、拱顶、侧墙	累计值：5.0mm 变化速率：1.0mm/d
3	隧道结构变形缝差异沉降	结构变形缝两侧	变化速率：1.0mm/d
4	轨道结构（道床）竖向位移	道床的纵、横断面	差异沉降：$0.4\%L_s$（L_s 为沿轴向两监测点间距）
5	轨道静态几何形位	轨道	轨道横向高差：<4.0mm 轨向高差：<4mm 轨间距：$-4\text{mm}<d<+6\text{mm}$
6	隧道轨道结构裂缝	结构裂缝两侧	迎水面：<0.2mm 背水面：<0.3mm

7.8.3 控制设计及计算

1）变形控制设计方案

（1）换乘节点变形控制设计

负三层底板浇筑完成后，换乘节点在凿除第五道混凝土腰梁时，南北两侧地下连续墙突发漏水漏沙事故。为控制工程风险，在地下连续墙处采用沙袋反压，如图7-105所示。

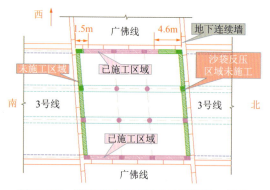

图7-105　换乘节点负三层主体结构施工情况

随后，负三层南北侧的混凝土腰梁、南北侧墙、东西侧墙及南北侧墙靠西侧的4根壁柱暂停施作，对负三层进行砂土回填。负二层板暂不能施工的侧墙和结构柱位置处预留钢筋接驳器。负三层底板顶面、东西侧墙内侧及负三层结构柱涂刷聚氨酯防水涂料。负三层回填土采用砂黏土，回填时分层分段均匀回填，每次回填厚度不大于300mm，密实度≥95%，如图7-106所示。此外，底板纵梁预留的南北侧墙壁柱的钢筋应采取除锈剂防腐措施。

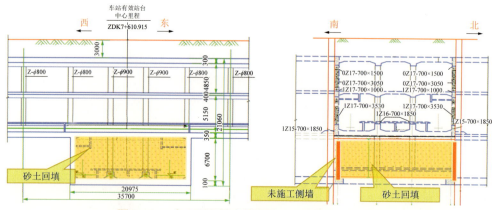

图7-106　负三层回填土剖面图（尺寸单位：mm）

基坑开挖至负二层板位置时，换乘节点西北角斜向下打入袖阀管，对西北角未施作的墙后土体进行注浆加固止水，如图7-107、图7-108所示。

从负二层板位置，分层开挖至基坑底，每开挖一层土，在西南角打入袖阀管，对未施作的墙后土体进行注浆加固止水，如图7-109、图7-110所示。

施工3号线车站底板时，破除靠西侧的两幅连续墙，分层挖除部分土体，分层钢板封闭未施作的连续墙接缝，架设临时钢支撑并施加预加力，如图7-111、图7-112所示。

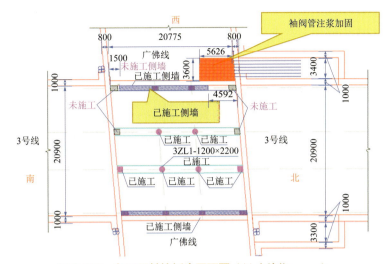

图 7-107　负二层基坑板底平面图（尺寸单位：mm）

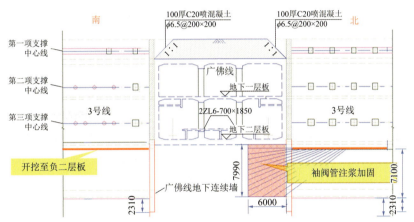

图 7-108　负二层基坑剖面图（尺寸单位：mm）

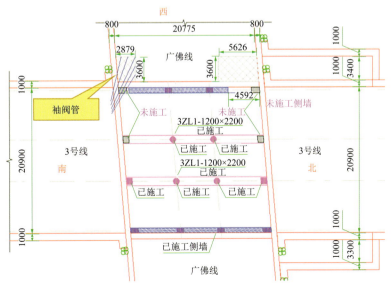

图 7-109　负三层底板基坑平面图（尺寸单位：mm）

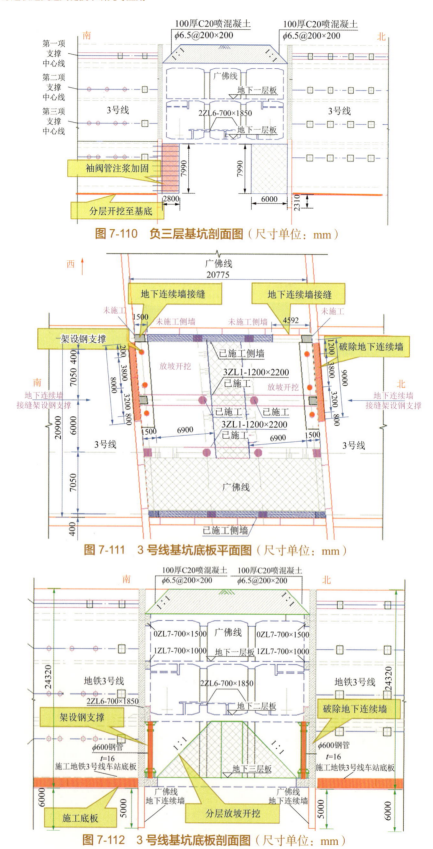

图7-110 负三层基坑剖面图（尺寸单位：mm）

图7-111 3号线基坑底板平面图（尺寸单位：mm）

图7-112 3号线基坑底板剖面图（尺寸单位：mm）

对广佛线桂城站负三层换乘节点内未完成的侧墙和柱进行施工，并开挖换乘节点内剩余部分土体。待施工完成的侧墙和柱达到设计强度后，拆除临时钢支撑，并破除换乘节点内3号线车站方向剩余的地下连续墙。换乘节点平面如图7-113所示。

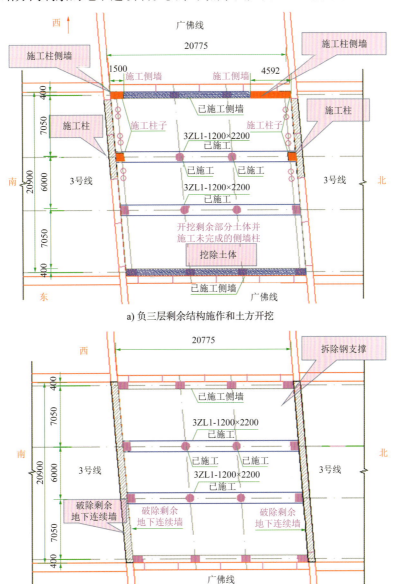

图 7-113 换乘节点平面图（尺寸单位：mm）

（2）邻近建筑保护控制设计

沃尔玛地下室边线与基坑最近距离为2.48m，底板埋深为8m，桩基础，围护结构采用"锚管+水泥土墙"支护，锚管进入基坑范围内。车站基坑施工过程中在靠近地下室外边线和车站围护结构内侧施作一排旋喷桩进行封闭，然后对内部土体采用袖阀管注浆加固，加固深度至砂层底部，地下连续墙成槽时冲掉锚管，如图7-114、图7-115所示。

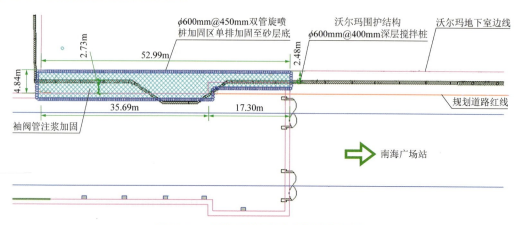

图 7-114 沃尔玛地下室加固位置平面图

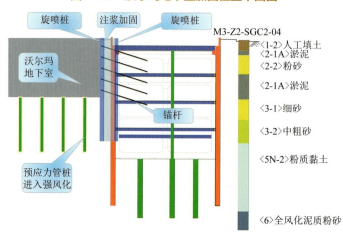

图 7-115 沃尔玛地下室加固位置剖面图

此外，越秀 A 地块顶管与基坑最近距离为 10.16m，管顶埋深为 5.8m，基底位于砂层，顶管施工时对基底的砂层进行了注浆加固。车站基坑施工过程中在靠近顶管一端的基坑外侧施作 3 排三轴搅拌桩槽壁加固，加固深度至砂层底部。该处加固时考虑区间端头加固，并在地下连续墙成槽前完成加固，如图 7-116、图 7-117 所示。

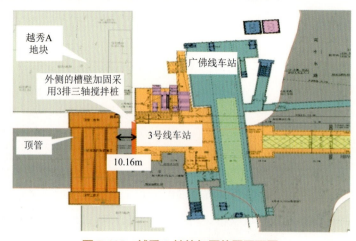

图 7-116 越秀 A 地块加固位置平面图

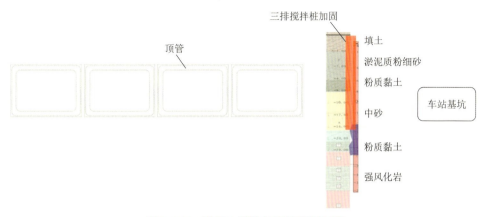

图 7-117 越秀 A 地块加固位置剖面图

2）数值分析

采用 Midas GTS/NX 软件建立三维有限元模型，分析 3 号线桂城站基坑开挖和广佛线车站结构改造对基坑紧贴的广佛线车站（已运营）的影响。

（1）模型说明

根据邻近广佛线车站和新建 3 号线桂城站基坑工程的空间立体关系，以及基坑工程支护结构特点，建立三维有限元计算模型，如图 7-118 所示。

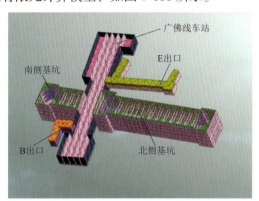

图 7-118 广佛线车站与 3 号线车站及附属三维有限元模型

3 号线车站周边地层力学性质对约束基坑施工过程中广佛线车站结构的受力和变形起着关键作用，为此，进行三维模拟分析计算时需充分结合本工程的地层分布特点合理选取计算参数，具体见表 7-50。

基坑施工工况　　　　　　　　　　　　　　　表 7-50

工况名	详细工序	工况名	详细工序
工况 1	初始地应力场分析	工况 5	开挖 2 至施作第二道支撑
工况 2	初始水头	工况 6	开挖 3 至施作第三道支撑
工况 3	施作地下连续墙	工况 7	开挖 4 至施作第四道支撑
工况 4	开挖 1 并施作第一道支撑	工况 8	车站改造

深基坑施工对邻近广佛线车站结构影响的三维动态模拟主要流程为：初始应力场分析，降水，施作地下连续墙，开挖至第一道支撑底，施作第一道支撑，开挖至基坑底，施作主要结构底板，然后施作车站结构及侧墙，并拆除相应的支撑结构，回填车站覆土。按照先后顺序对广佛线车站结构进行局部拆除侧墙等节点改造。

（2）广佛线车站结构变形及受力分析

基坑施工及车站改造过程中，邻近既有地铁车站结构的变形及受力计算结果见表 7-51～表 7-53。可以发现，随着基坑开挖深度逐渐增加，水平位移和竖向位移逐渐增大，开挖到基底时，分别为 2.97mm 和 3.76mm。随着拆除基坑支撑及分段凿除既有地铁车站围护结构，同时在既有地铁车站施作梁柱结构的工况下，水平位移减小至 2.82mm，而竖向位移增大至 6.64mm。主要是因为基坑开挖过程中，基底产生隆起，引起向上位移，而在既有地铁车站南北两侧侧墙凿除过程中，施作梁柱，水平方向得到约束。

基坑施工及车站改造过程既有地铁车站结构位移汇总表（单位：mm） 表 7-51

计算工况	既有地铁车站的最大位移量											
	水平位移				竖向位移				总位移			
	顶板	中板	底板	侧墙	顶板	中板	底板	侧墙	顶板	中板	底板	侧墙
工况 1	0	0	0	0	0	0	0	0	0	0	0	0
工况 2	0	0	0	0	0	0	0	0	0	0	0	0
工况 3	0.11	0.02	0.07	0.11	0.69	0.68	0.67	0.69	0.69	0.68	0.67	0.74
工况 4	0.37	0.35	0.15	0.26	0.95	0.90	0.79	0.95	1.02	0.96	0.80	1.25
工况 5	0.77	1.10	0.36	0.52	2.07	2.03	1.84	2.07	2.21	2.31	1.87	2.88
工况 6	1.01	2.26	0.69	0.77	3.04	3.00	2.03	3.04	3.21	3.76	2.91	3.96
工况 7	1.17	2.97	1.22	0.97	3.76	3.74	3.62	3.75	3.94	4.79	3.82	6.73
工况 8	0.86	2.82	1.43	0.78	3.32	3.90	6.64	2.20	3.37	3.95	6.77	2.55

基坑施工及车站改造过程 B、E 出入口结构位移汇总表（单位：mm） 表 7-52

计算工况	既有地铁车站的最大位移量		
	水平位移	竖向位移	总位移
工况 1	0	0	0
工况 2	0	0	0
工况 3	0.06	−0.43	0.53
工况 4	0.23	0.41	1.04
工况 5	0.44	1.04	1.52
工况 6	0.68	1.56	2.23
工况 7	0.83	1.93	2.66
工况 8	0.49	0.83	2.68

基坑施工及车站改造过程中既有地铁车站结构弯矩汇总表（单位：kN·m/m） 表 7-53

计算工况	最大/最小弯矩（M_{XX}）				最大/最小弯矩（M_{YY}）			
	顶板	中板	底板	侧墙	顶板	中板	底板	侧墙
工况 1	204/−129	12/−27	117/−298	393/−229	172/−136	17/−24	286/−200	260/−317
工况 2	235/−142	15/−35	148/−390	839/−413	193/−151	17/−28	395/−264	606/−423
工况 3	223/−142	15/−35	155/−392	842/−428	193/−151	17/−28	395/−270	608/−427
工况 4	223/−142	15/−34	141/−390	827/−394	193/−151	17/−28	395/−254	592/−420
工况 5	223/−142	15/−34	138/−387	816/−368	193/−151	17/−28	395/−254	579/−414
工况 6	223/−142	15/−33	138/−385	806/−334	193/−151	17/−28	395/−254	578/−409
工况 7	223/−142	15/−33	138/−384	802/−394	193/−151	17/−28	396/−253	579/−407
工况 8	224/−142	16/−38	276/−401	802/−578	192/−151	18/−30	396/−257	796/−926

基坑施工及车站改造造成既有地铁车站的受力状态发生了一定程度的变化，顶板最大弯矩 M_{XX} 为 224kN·m，M_{YY} 为 193kN·m；中板最大弯矩 M_{XX} 为 38kN·m，M_{YY} 为 30kN·m；底板最大弯矩 M_{XX} 为 401kN·m，M_{YY} 为 396kN·m；侧墙最大弯矩 M_{XX} 为 578kN·m，M_{YY} 为 926kN·m。既有地铁车站结构受力均处于正常水平，满足结构受力要求。

3）监测结果分析

（1）隧道结构水平位移监测

对于上行线隧道，注浆前累计水平位移最大监测点是 S17-1，位移值为 1.76mm，各监测点未发现异常变形；注浆期间，所有测点累计水平位移最大值为 1.91mm；既有地铁车站破除门洞施工期间，对结构影响较小，累计水平位移量为 1.92mm，满足安全控制值要求。

对于下行线隧道，注浆前累计水平位移最大监测点是 X5-2，位移值为 1.79mm；注浆期间，所有测点累计水平位移最大值为 1.96mm；既有地铁车站破除门洞施工期间，对结构影响较小，累计水平位移量为 −1.94mm，满足安全控制值要求。

（2）隧道结构竖向位移监测

对于上行线隧道，注浆前累计竖向位移最大监测点是 S8-1，位移值为 −1.96mm；注浆期间，所有测点累计竖向位移最大值为 −3.09mm；既有地铁车站破除门洞施工期间，累计竖向位移量为 −2.31mm，满足安全控制值要求。

对于下行线隧道，注浆前累计竖向位移最大监测点是 X8-4，位移值为 −1.94mm；注浆期间，所有测点累计竖向位移最大值为 3.24mm；既有地铁车站破除门洞施工期间，累计竖向位移量为 3.08mm，满足安全控制值要求。

（3）隧道结构收敛监测

对于上行线隧道，注浆前累计收敛最大监测点是 S8-1，收敛值为 1.79mm；注浆期间，所有测点累计收敛最大值为1.85mm；既有地铁车站破除门洞施工期间，累计位移量为-1.63mm，满足安全控制值要求。

对于下行线隧道，注浆前累计收敛最大监测点是X2，收敛值为-1.62mm；注浆期间，所有测点累计收敛最大值为-1.96mm；既有地铁车站破除门洞施工期间，累计位移量为1.83mm，满足安全控制值要求。

（4）既有地铁车站顶部沉降监测

整个施工期间，所有测点累计沉降最大监测点是CJ30，既有地铁车站顶部最终累计沉降最大值为-2.3mm，各观测点没有发现异常变形，满足安全控制值要求。

（5）站厅沉降监测

整个施工期间，所有测点累计沉降最大监测点是CJ45，站厅最终累计沉降最大值为1.82mm，各观测点没有发现异常变形，满足安全控制值要求。

从上述监测数据来看，监测期间各项监测数据均未发现异常变形，累计变化量均未超出设计报警值，监测数据处于稳定状态。

（6）既有地铁车站结构安全性验算

根据有限元计算结果，提取基坑施工以及车站改造过程中的既有地铁车站结构内力计算结果进行结构安全验算，分别按强度控制和裂缝控制两种方法进行验算。结果表明，既有地铁车站在现有材料、尺寸及配筋情况下的结构承载能力、裂缝等均满足安全控制要求。

综合上述分析，可认定基坑施工过程及车站改造过程对于既有地铁车站结构的影响满足安全规定。为确保基坑施工过程中邻近既有地铁车站结构的安全，提出以下几点建议：

①合理安排车站南北两侧深基坑施工，尽量保证同时施工，控制基坑施工过程中产生的车站水平向位移。

②深基坑工程施工应遵循分区、分块、分层、对称、限时原则，必要时在靠近既有地铁车站结构一侧采取坑内留土堆载反压措施，以降低深基坑土体开挖卸载对既有地铁车站结构的不利影响。

③鉴于既有地铁车站结构的水平位移与基坑围护结构的侧向水平位移密切相关，施工过程中应加强对深基坑围护结构受力和水平侧向位移、基坑内支撑受力和地表沉降等的监控量测工作，必要时根据监测信息采取相应的加固措施进行控制。

④鉴于深基坑施工在一定程度上会降低既有地铁车站主体结构的抗浮安全系数，施工过程中应加强对既有地铁车站主体结构的竖向位移监测工作，必要时根据监测信息采取相应的加固措施进行控制。

⑤施工中应加强基坑止水及排水措施，做好相关节点部位渗漏水的应急处理预案。

⑥既有地铁车站改造施工应尽量安排在广佛线非运营阶段，同时做好相应施工节点工况的衔接，避免破坏车站结构对地铁运营造成影响。一旦发现车站结构位移、裂缝等超限现象，应立即采取应急措施，如在顶、中板位置施作临时钢支撑等，并加强对广佛线轨道、

设备的检查。

7.8.4 实测分析

工程的监测范围为朝安站（不含）—桂城站（含）—南桂路站（不含）上下行线隧道区间，监测总长度为110m，上下行线隧道各设置17个监测断面，如图7-119所示。

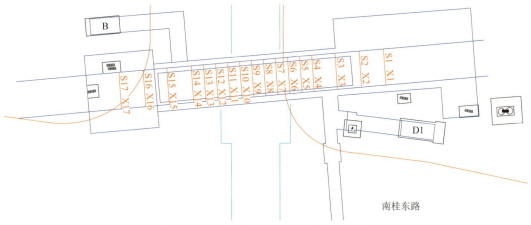

图 7-119 广佛线桂城站监测平面布置图

监测项目主要包括既有地铁隧道结构水平位移、收敛变形、车站沉降等，自动化监测频率见表7-54。监测预警等级划分及应对管理措施参见表6-5，结合2.5.2节提及的相关轨道交通安全控制指标，地铁监测安全控制指标见表7-55。

既有地铁隧道结构自动化监测频率　　　　　　　　　　　　表 7-54

施工工况	基坑支护施工及开挖阶段	换乘节点施工阶段	换乘节点注浆过程	回填基坑后	到达预警值或出现险情
地铁隧道结构水平位移	1次/d	3次/d	1次/2h	1次/3d	4次/d
地铁隧道结构竖向位移					
轨道道床结构					
消防疏散口沉降	1次/d				
车站站厅、站台沉降	1次/周				
结构裂缝宽度	1次/月				1次/周

地铁监测安全控制指标（单位：mm）　　　　　　　　　　　表 7-55

序号	项目	黄色预警值	橙色预警值	红色预警值/控制值
1	隧道结构水平位移	3.5	4.25	5
2	隧道结构竖向位移	7	8.5	10
3	地铁隧道结构收敛	3.5	4.25	5
4	地铁隧道结构收敛	3.5	4.25	5

续上表

序号	项目	黄色预警值	橙色预警值	红色预警值/控制值
5	消防疏散口沉降、地铁车站站厅层沉降	21	25.5	30
6	结构裂缝	0.2	0.25	0.3

7.8.5 小结

3号线桂城站下穿广佛线桂城站工程中，新建地铁车站主体结构施工完毕后，需对既有地铁车站主体结构进行改造，以实现两条线路换乘。穿越段地层主要为砂砾和粉质黏土层。经穿越工程影响预评估，判定本项目外部作业影响等级为特级。

为降低新建地铁车站结构施工对既有地铁车站结构的影响，采用袖阀管注浆和施工过程控制等控制手段。为控制邻近建筑结构变形，采用"锚管+水泥土墙"支护结构、旋喷桩加固、搅拌桩加固及袖阀管注浆加固等措施。采用数值模拟方法评估新建地铁车站结构施工对既有地铁车站结构的影响，结果表明：新建地铁车站结构施工不危及既有地铁车站结构安全。此外，根据监测结果，监测期间各项监测项目均未出现异常，亦未超出设计报警值。

本章参考文献

[1] 中华人民共和国住房和城乡建设部. 城市轨道交通结构安全保护技术规范: CJJ/T 202—2013[S]. 北京: 中国建筑工业出版社, 2013.

[2] 广东省住房和城乡建设厅. 城市轨道交通既有结构保护技术规范: DBJ/T 15-120—2017 [S]. 北京: 中国城市出版社, 2017.

[3] 中华人民共和国住房和城乡建设部. 城市轨道交通工程监测技术规范: GB 50911—2013[S]. 北京: 中国建筑工业出版社, 2013.

隧道地下穿越轨道交通
关键技术研究与应用 | 第 8 章

总结

本书以珠三角地区地下穿越工程为背景,通过案例统计分析,总结了珠三角地区地下穿越工程的主要特点和技术难点,包括新建地下工程断面大、净距小、穿越次数多、地质条件复杂等。系统地梳理了地下穿越工程前、中、后期的调查评估体系,重点介绍了5种新型地球物理勘探技术在地下穿越工程中的应用;阐述了被穿越对象安全状态调查和评估体系,并提出了定性分析和定量分析相结合的地下穿越工程风险和影响评估方法;总结了经验法、理论法和数值法的基本原理及其在地下穿越工程计算分析中的应用。针对复杂地下穿越工程的加固技术,分别梳理了地基和结构的预加固和后加固等被动控制方法,以及施工阶段的设备选型和工艺参数优化等主动控制方法和应急预案,并提出了地下穿越过程中结构内力等四类指标和四级预警体系的监控量测建议。结合广州地铁设计研究院股份有限公司在珠三角地区地下穿越工程案例的实践经验,重点从加固工法优选的角度总结形成以下隧道地下穿越轨道交通工程关键技术:

(1)根据典型案例的加固工法统计结果(图8-1和表8-1),总结加固工法选型建议如下:当夹层土为强风化~微风化地层且净距大于0.6D(D为隧道直径或等效直径)时,一般无须采取加固措施;当夹层土为上软下硬地层时或为土层~全风化地层且净距小于1.0D时,一般需根据现场情况选择合适的加固工法;对于均质微风化地层等工况,无须采取加固措施的最小净距可适当放宽至0.2~0.4D;其余工况条件需根据其他条件确定是否需要采取加固措施。

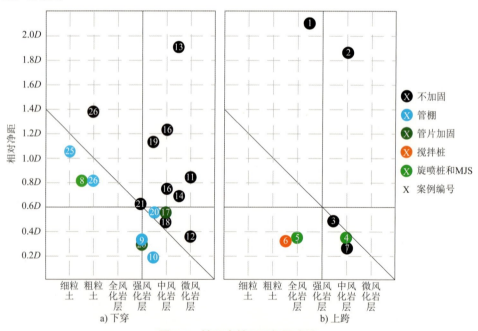

图8-1 地下穿越工程加固方法

(2)对于穿越净距特别小、环境保护要求非常高、穿越节点存在上软下硬等不良地质或地下障碍物等情况,可借助邻近车站基坑或竖井在新建隧道拱顶120°~150°范围内施作管棚或管幕等超前加固措施,且纵向长度范围宜超过被穿越对象边缘正投影1.0D及以上。

第8章 总结

珠三角地区典型地下穿越工程案例

表 8-1

序号	新建工程 名称	新建工程 结构类型	新建工程 所在地层	既有工程 名称	既有工程 结构类型	既有工程 所在地层	空间关系	平面夹角(°)	穿越关系 夹持岩土层	穿越关系 最小净距(m)	相对净距 h/D	控制方案
1	广州兴业大道电力隧道	顶管 φ4.14m	粉质黏土	佛莞城际	盾构 φ8.5m	粉质黏土、全风化~强风化花岗岩	上跨	59	粉质黏土、全风化~强风化花岗岩	8.68	2.097	无
2	深圳地铁9号线	盾构 φ6.0m	中粗砂、砾质黏土	深圳地铁2号线	盾构 φ6.0m	全风化花岗岩	上跨	60	强风化~微风化花岗岩	11.26	1.877	无
3	广佛环线	盾构 φ8.8m	强风化粉砂岩	广州地铁7号线	盾构 φ6.0m	强风化~中风化粉砂岩	上跨	49	强风化~中风化粉砂岩	3.85	0.438	无
4	佛莞城际	盾构 φ8.5m	全风化~强风化泥质砂岩	广州地铁7号线	盾构 φ6.0m	中风化泥质砂岩	上跨	41	中风化泥质砂岩	3	0.353	采用加强型管片，全风化层地表 φ800mm@600mm 旋喷桩加固，强风化~中风化层地表注浆加固
5	佛莞城际	盾构 φ8.5m	全风化花岗岩	广州地铁7号线	盾构 φ6.0m	全风化花岗岩	上跨	62	全风化花岗岩	3	0.353	采用加强型管片，全风化层地表 φ800mm@600mm 旋喷桩加固
6	广佛环线	明挖 29.4m×10.6m	粉砂、粉质黏土、砂砾质黏土	广州地铁6号线	盾构 φ6.0m	砂砾质黏土、全风化花岗岩	上跨	85	砂砾质黏土、全风化花岗岩	3.39	0.320	φ800mm水泥搅拌桩加固
7	广州地铁8号线	盾构 φ6.0m	全风化~中风化碎屑岩	广州地铁5号线	盾构 φ6.0m	全风化~中风化碎屑岩	上跨	90	中风化碎屑岩	1.57	0.262	无
8	广州地铁9号线	盾构 φ6.0m	粗砂、粉质黏土、中风化~微风化灰岩、溶洞	京广铁路京广高铁	路基	—	下穿	70	粉质黏土、粗砂	4.9	0.817	φ2000mm@1700mm 水平 MJS 加固，普速区单线、高铁区三层

续上表

序号	新建工程			既有工程			穿越关系					控制方案
	名称	结构类型	所在地层	名称	结构类型	所在地层	空间关系	平面夹角(°)	夹持岩土层	最小净距(m)	相对净距 h/D	
9	广州地铁18号线	暗挖 15.6m×13.8m	强风化花岗岩	广州地铁7号线	盾构 φ6.0m	强风化花岗岩	下穿	90	强风化花岗岩	5.15	0.330	拱顶150°φ108mm@300mm管棚，φ42小导管注浆
10	广州地铁22号线	暗挖 14.3m×12m	中风化～微风化花岗岩	广州地铁3号线	盾构 φ6.0m	全风化～强风化花岗岩	下穿	77	强风化～中风化花岗岩	2.7	0.189	拱顶150°φ108mm@300mm管棚，φ42mm注浆小导管
11	穗深城际琶洲支线	盾构 φ13.1m	微风化花岗岩	广州地铁4号线	盾构 φ6.0m	强风化～微风化花岗岩	下穿	88	微风化花岗岩	11.17	0.853	无
12	广佛环线	盾构 φ8.5m	微风化泥质粉砂岩、微风化砾岩	广州地铁21号线	盾构 φ6.0m	微风化泥质粉砂岩、微风化砾岩	下穿	76	微风化泥质粉砂岩、微风化砾岩	3.03	0.356	无
13	广州地铁13号线	盾构 φ6.7m	微风化泥质粉砂岩	广州地铁1号线	盾构 φ6.0m	中风化～微风化泥质粉砂岩	下穿	52	中风化～微风化泥质粉砂岩	12.68	1.893	无
14	广州地铁13号线	盾构 φ6.7m	中风化砂岩	广州地铁5号线	盾构 φ6.0m	强风化泥质粉砂岩	下穿	68	中风化～微风化泥质粉砂岩	4.57	0.682	无
15	佛山地铁2号线	盾构 φ6.7m	中风化砂岩	广州地铁2号线	盾构 φ6.0m	强风化～中风化砂岩	下穿	34	中风化砂岩	8.3	1.239	无
16	佛山地铁2号线	盾构 φ6.7m	中风化泥岩、微风化粉砂岩	广州地铁7号线	盾构 φ6.0m	强风化～中风化泥岩	下穿	43	中风化砂岩	4.9	0.731	无
17	广州地铁14号线	盾构 φ6.7m	全风化碎屑岩、强风化泥岩	广州地铁3号线	盾构 φ6.0m	全风化碎屑岩、强风化泥岩	下穿	31	中风化泥岩	3.36	0.560	广州地铁3号线采用加强型管片
18	广州地铁8号线	盾构 φ6.0m	微风化碎屑岩	广州地铁1号线	车站 17.7m×11.6m	填土、强风化碎屑岩	下穿	76	中风化碎屑岩	2.83	0.472	无

续上表

序号	新建工程			既有工程			穿越关系					控制方案
	名称	结构类型	所在地层	名称	结构类型	所在地层	空间关系	平面夹角(°)	夹持岩土层	最小净距(m)	相对净距 h/D	
19	广佛环线	盾构 ϕ8.5m	中风化粉砂质泥岩、中风化砾岩	广州地铁5号线	盾构 ϕ6.0m	中粗砂、强风化粉砂质泥岩	下穿	70	强风化~中风化粉砂质泥岩	9.59	1.128	无
20	广州地铁18号线	盾构 ϕ8.5m	中风化~微风化花岗岩	广州地铁3号线	盾构 ϕ6.0m	全风化花岗岩	下穿	82	强风化~中风化花岗岩	4.7	0.553	超前水平定向钻注浆加固兼做管棚，盾构机超前注浆、洞内管棚
21	广佛环线	盾构 ϕ8.5m	强风化泥质砂岩	广州地铁3号线	明挖车站 38.6m×14.2m	淤泥质黏土、粉质黏土、全风化~强风化泥质砂岩	下穿	82	强风化泥质砂岩	5.3	0.624	无
22	广佛环线	盾构 ϕ6.0m	强风化花岗岩	广州地铁3号线	盾构 ϕ6.0m	强风化花岗岩	下穿	71	强风化花岗岩	1.85	0.308	无
23	深圳地铁9号线	盾构 ϕ6.0m	强风化糜棱岩	深圳地铁1号线	盾构 ϕ6.0m	粉砂土、全风化~强风化砂岩、强风化糜棱岩	下穿	90	强风化糜棱岩	1.82	0.303	广州地铁1号线采用加强型管片
24	广佛环线	盾构 ϕ8.8m	强风化~中风化泥岩	广州地铁8号线	明挖 12m×7.3m	淤泥质黏土、粉砂	下穿	90	粉砂、砾砂、粉质黏土	11.94	1.357	无
25	佛莞城际	盾构 ϕ8.5m	粉质黏土、全风化花岗岩	广州地铁3号线	明挖 14.8m×6.75m	粉质黏土	下穿	23	粉质黏土	9	1.059	拱顶120ϕ325mm@425mm 管棚
26	穗深城际琶洲支线	盾构 ϕ13.1m	强风化~中风化泥岩	广州地铁8号线	明挖 12m×7.3m	淤泥质黏土、粉砂	下穿	90	粉砂、砾砂、粉质黏土	10.68	0.815	拱顶120ϕ159mm@400mm 管棚

（3）对于没有邻近车站基坑或竖井，也无法施作临时竖井用以施作管棚或管幕的情况，可采用超前水平定向钻对夹层土进行袖阀管注浆加固，并可保留注浆管以发挥超前加固作用。

（4）对于新建地下工程上跨既有地下工程的情况，可采用搅拌桩、旋喷桩（含MJS工法）、注浆等加固措施，平面加固范围宜覆盖新建和既有地下结构外轮廓线围合范围外0.5D，并可结合新建地下工程的地基处理一并设置；当采用搅拌桩、旋喷桩（含MJS工法）加固时，加固区底部距离既有地下结构顶部应不小于1m，以控制加固施工自身对既有地下结构的影响；当采用注浆加固时，可对新旧地下结构之间的地层进行加固处理。

（5）对于明确存在穿越需求的节点，被穿越对象宜在穿越影响范围内采用加强型衬砌，配筋率宜提高10%~20%，影响范围宜覆盖新建和既有结构外轮廓线围合范围外3.0D。

本章参考文献

[1] 广州地铁设计院施工图咨询有限公司. 兴业大道(新光快速路至新火车站)工程(近期 V 标电力隧道工程)对广州地铁三号线安全影响评估报告[R]. 2018.

[2] 广州地铁设计院施工图咨询有限公司. 广佛环线(广州南站—白云机场段)东环隧道上跨广州地铁七号线安全评估报告[R]. 2018.

[3] 广州地铁设计研究院有限公司. 佛莞城际铁路隧道上穿广州地铁七号线石壁站-谢村站区间隧道(DK0+400处)安全评估咨询报告[R]. 2016.

[4] 广州地铁设计研究院有限公司. 佛莞城际铁路隧道上穿广州地铁七号线钟村站-汉溪长隆站区间隧道(DK4+775处)安全评估咨询报告[R]. 2016.

[5] 广州地铁设计院施工图咨询有限公司. 广佛环线(广州南站—白云机场段)东环隧道上跨广州地铁六号线安全评估报告[R]. 2019.

[6] 广州地铁设计研究院有限公司. 广州市轨道交通八号线北延段工程(文化公园-白云湖)监测1标项目(五号线西村站及西村站-西场站区间上下行)地铁保护监测工程实施技术方案[R]. 2017.

[7] 中铁第一勘察设计院集团有限公司. 广州市轨道交通九号线工程广州北～花城路区间下穿武广客专、京广铁路专项设计(方案审查)[R]. 2011.

[8] 中国铁建广州市轨道交通十八和二十二号线项目八分部. 番南区间暗挖隧道下穿地铁7号线专项施工方案[R]. 2020.

[9] 广州地铁设计院施工图咨询有限公司. 穗莞深城际琶洲支线下穿广州地铁四号线安全评估报告[R]. 2021.

[10] 广州地铁设计院施工图咨询有限公司. 广佛环线(广州南站—白云机场段)东环隧道下穿广州地铁二十一号线安全评估报告[R]. 2018.

[11] 广州地铁设计研究院股份有限公司. 广州市轨道交通十三号线二期工程第 2 标段 E31# 盾构井～农林下路站区间下穿地铁 1 号线体育西路站～杨箕站区间隧道自动化监测施工方案[R]. 2019.

[12] 广州地铁设计研究院股份有限公司. 广州市轨道交通十三号线二期工程第 2 标段 E31# 盾构井～农林下路站区间下穿地铁 5 号线动物园站～杨箕站区间隧道自动化监测施工方案[R]. 2020.

[13] 广东省重工建筑设计院有限公司. 佛山二号线林岳东站～广州南站区间隧道下穿广州地铁二、七号线出入段线隧道施工的三维模拟分析及安全评估[R]. 2017.

[14] 广东省建筑科学研究院集团股份有限公司. 广州地铁 14 号线施工 12 标嘉禾望岗站～东平站盾构区间下穿既有三号线第三方监测技术方案[R]. 2016.

[15] 广州地铁设计研究院有限公司. 广州市轨道交通八号线北延段工程(文化公园～白云湖)监测 1 标项目(一号线陈家祠站及陈家祠站～西门口站区间上下行)地铁保护监测工程实施技术方案[R]. 2015.

[16] 广州地铁设计院施工图咨询有限公司. 广佛环线(广州南站—白云机场段)东环隧道下穿广州地铁五号线安全评估报告[R]. 2018.

[17] 广州地铁设计院施工图咨询有限公司. 广佛环线(广州南站—白云机场段)东环隧道下穿广州地铁三号线安全评估报告[R]. 2018.

[18] 广州地铁设计院施工图咨询有限公司. 广佛环线(广州南站—白云机场段)东环隧道下穿广州地铁八号线安全评估报告[R]. 2018.

[19] 广州地铁设计院施工图咨询有限公司. 佛莞城际长隆隧道对地铁隧道结构影响评估报告[R]. 2015.